OS ERROS DAS STARTUPS

Tom Eisenmann

OS ERROS DAS STARTUPS

Por que empresas que têm tudo para dar certo fracassam – e como evitar as armadilhas no caminho para o SUCESSO

Tradução
Ada Felix

Benvirá

Copyright © 2022 by Tom Eisenmann
Título original: *Why Startups Fail*

Direção executiva Flávia Alves Bravin
Direção editorial Ana Paula Santos Matos
Gerência editorial e de projetos Fernando Penteado
Edição Clarissa Oliveira
Produção Estela Janiski Zumbano

Preparação Gabriela Ghetti
Tradução Ada Felix
Revisão Queni Winters
Diagramação Adriana Aguiar Santoro
Capa Tiago Dela Rosa
Impressão e acabamento Edições Loyola

Dados Internacionais de Catalogação na Publicação (CIP)
Vagner Rodolfo da Silva - CRB-8/9410

E36e   Eisenmann, Tom

       Os erros das startups: por que empresas que têm tudo para dar certo fracassam – e como evitar as armadilhas no caminho para o sucesso / Tom Eisenmann ; tradução de Ada Felix. – São Paulo : Benvirá, 2022.

       392 p.

       Título original: *Why Startups Fail: A New Roadmap for Entrepreneurial Success*

       ISBN 978-65-5810-047-8 (Impresso)

       1. Administração. 2. Startup. 3. Empreendedorismo. 4. Tecnologia. 5. Administração. 6. Gestão. I. Felix, Ada. II. Título.

                                                       CDD 658.421
2022-205   CDU 65.016

Índices para catálogo sistemático:
1. Empreendedorismo   658.421
2. Empreendedorismo   65.016

1ª edição, Maio de 2022

Nenhuma parte desta publicação poderá ser reproduzida por qualquer meio ou forma sem a prévia autorização da Saraiva Educação. A violação dos direitos autorais é crime estabelecido na Lei n. 9.610/98 e punido pelo artigo 184 do Código Penal.

Todos os direitos reservados à Benvirá, um selo da Saraiva Educação.
Av. Paulista, 901, 3º andar
Bela Vista - São Paulo - SP - CEP: 01311-100

SAC: sac.sets@saraivaeducacao.com.br

CÓDIGO DA OBRA 703962   CL 670981   CAE 794336

Para Jill, Caroline e Jack

Sumário

Introdução 9
1 | O que é o fracasso? 25

Parte I | Lançamento 47

2 | Uma posição paradoxal 49
3 | Ideia boa, companheiros ruins 81
4 | Falsa largada 107
5 | Falso positivo 141

Parte II | Escalada 161

6 | De mal a pior 163
7 | Cilada da pressa 197
8 | Falta de recursos 237
9 | *Moonshots* e milagres 255

Parte III | Fracasso 287

10 | Tanque vazio 289
11 | Volta por cima 317
Carta a um(a) fundador(a) de primeira viagem 329
Agradecimentos 335
Apêndice | Pesquisas de startups em fase inicial 339
Notas e bibliografia 361

Introdução

Por que a maioria das startups dá errado? Essa dúvida começou a me atormentar anos atrás, quando percebi que não sabia a resposta. Tinha testemunhado, em rápida sucessão, o fracasso de duas startups que conhecia bem. Ambas foram fundadas por ex-alunos meus – gente cuja experiência relatarei ao longo do livro. A primeira, a Triangulate, montou um time talentoso para criar e operar sites de relacionamento. A segunda, a Quincy, teve a espetacular ideia de confeccionar roupas de excelente caimento a preços acessíveis para um público de jovens profissionais. Nos dois casos, incentivei meus alunos a empreender. No da Quincy, fui também investidor. Apesar de promissoras, no entanto, as duas startups deram errado. Qual o motivo? Embora pudesse apontar várias razões aqui e ali, eu não era capaz de identificar a raiz do problema.

Isso me perturbou. Lá estava eu, um acadêmico experiente acostumado a ensinar gente brilhante do meio empresarial a maximizar as chances de sucesso de novos empreendimentos – e não conseguia dizer o que deviam fazer para evitar o fracasso. E, já que mais de dois terços[1] das novas empresas não sobrevivem, havia muito o que explicar.

Sou, há 24 anos, professor da Harvard Business School (HBS), onde uma disciplina que leciono, "The Entrepreneurial Manager"

(O gerente empreendedor), é obrigatória em todos os MBAs. Meus estudos, minha experiência como investidor-anjo e minha atuação no conselho de startups também me ajudaram a criar outras 14 matérias eletivas na HBS sobre vários aspectos da criação de uma empresa. A HBS, vale dizer, é uma fábrica de startups: de 2006 para cá, ex-alunos nossos já fundaram[2] mais de 1.300 negócios bancados por venture capital. Tivemos nossa cota de sucesso: nos últimos dez anos, 19 deles (incluindo Stitch Fix, Cloudflare, Oscar Health e Zynga) viraram "unicórnios" – ou seja, superaram a marca de US$ 1 bilhão em avaliação de valor. Muitos dos fundadores desses unicórnios foram alunos meus; dei orientação e feedback quando estavam criando a empresa – como fiz com pelo menos outros 2 mil alunos e ex-alunos da HBS.

Mas também vimos muita empresa dar errado. Em geral, eram negócios promissores criados por gente brilhante e dedicada. Muitos desses fundadores seguiram à risca e executaram perfeitamente nosso roteiro para o sucesso de uma startup. Detectaram uma lacuna no mercado, criaram um produto diferenciado para satisfazer essa necessidade e aplicaram as melhores técnicas da Startup Enxuta para validar a demanda. Usaram um modelo de negócios de eficácia comprovada, ouviram conselhos e contrataram gente com a experiência que a startup exigia. O negócio tinha tudo para dar certo. Mas não deu.

Minha incapacidade de explicar por que essas empresas de altíssimo potencial não foram para frente me fazia questionar se tudo o que vinha ensinando na HBS era tão bom quanto eu achava. Será que aquilo que aconselhara a inúmeros fundadores era errado? E, se eu era incapaz de dar uma explicação suficiente para as causas do fracasso de uma startup, como ter certeza de que estava ensinando meus alunos a garantir o sucesso de uma?

Disso nasceu minha determinação a fazer o que estivesse ao meu alcance para realmente entender a razão do fracasso de startups. Ao isolar comportamentos e padrões que volta e meia levam ao fracasso, espero ajudar fundadores a evitar deslizes fatais e, assim, poupar de muito sofrimento o empreendedor e seu time. Fracassar dói! E, quando isso decorre de erros perfeitamente evitáveis, à dor se soma o desperdício de tempo e capital que poderia ter sido destinado a fins melhores, para o bem não só de empreendedores, trabalhadores e investidores, mas da sociedade de modo geral – sociedade, aliás, que precisa de empreendedores para resolver uma série de problemas e que não pode se dar o luxo de ver talentos e recursos empatados em projetos sem sentido e sem futuro. Agora, se uma startup der errado mesmo com todo o esforço do empreendedor, quero que essa pessoa tenha ferramentas para aprender com a experiência e sair dela fortalecida. Foi com essa meta que iniciei um projeto de pesquisa que consumiu vários anos e culminou neste livro.

Decodificando a derrota

Para começar,[3] mergulhei em estudos sobre o fracasso em outras áreas, como medicina, esporte e combate militar. Já sabia que era difícil diagnosticar fatores por trás da derrocada de uma startup; agora, me perguntava se aquilo valia também para outros campos. Em cada arena dessas, que empecilhos havia a um bom entendimento do fracasso? Havia esses mesmos problemas no caso de startups? Estudiosos de outras áreas tinham achado alguma solução para prever e prevenir o fracasso? Em caso afirmativo, essas soluções funcionariam também para empreendedores?

Minha investigação trouxe boas notícias: em tudo quanto é área, da filosofia ao combate a incêndios, especialistas acreditam que é possível aprender muito com o fracasso.

"Quem não é capaz de fracassar não é capaz de aprender."[4] Essa declaração de Eric Ries, o guru da Startup Enxuta, faz eco a uma importante tese de Karl Popper, um dos grandes nomes da filosofia da ciência do século 20. Se o sujeito presumir que sabe exatamente como as coisas funcionam e tudo sair conforme o esperado, nada de novo se aprende no processo. Já quando o plano dá errado, o indivíduo é obrigado a rever suas suposições. O que a pessoa fez, na verdade, foi colocar sua presunção à prova e descobrir que era falha, ou seja, fez um experimento que foi incapaz de validar sua hipótese original. Quando isso ocorre, ela tem um valioso aprendizado.

Ao estudar o fracasso[5] em outras esferas, descobri que há duas maneiras de aprender com o erro. Uma é a experiência pessoal, direta. A outra é indireta, ou seja, observar o erro alheio. A experiência direta pode ser uma tremenda mestra quando a pessoa reflete sobre o que deu errado e o que poderia ter sido feito de outra maneira. Isso funciona bem quando o ciclo de feedback é rápido e frequente, quando relações de causa e efeito são estáveis e fáceis de entender e quando não há muito em jogo – não o suficiente para que o raciocínio seja prejudicado por fortes emoções. Prever o tempo se encaixa nesse perfil. Startups, não.

Um fundador de primeira viagem não tem, por definição, experiência direta com o fracasso de uma startup; até um empreendedor serial pode ter pouca informação direta a partir da qual tirar conclusões. E, como o empreendedor está oferecendo algo novo, é inevitável que haja incerteza sobre causa e efeito, ou seja, se seus atos levarão aos resultados desejados. Por último, um fundador costuma se identificar de tal forma com o empreendimento que o fracasso, além do prejuízo financeiro que traz, desperta sentimentos fortes de frustração, culpa e tristeza.

Por sorte, aprender indiretamente, com o erro alheio, pode substituir a experiência pessoal direta. Era um terreno que eu conhecia bem, pois a HBS trabalha com um modelo de aprendizado fundado no estudo de casos reais do mundo empresarial. Descobri que esses *case studies* são uma incrível ferramenta para ajudar empreendedores a prever e prevenir o fracasso.

Melhor ainda, aprender de forma indireta, com casos em que o pior foi por pouco evitado, é particularmente eficaz – é por isso que uma agência como a americana National Transportation Safety Board (Conselho de Segurança de Transporte) solta relatórios sobre casos em que quase houve um acidente aéreo. Relatos de fracassos por pouco evitados dão informações não só sobre erros cometidos pelos envolvidos, mas também sobre decisões e atos que, em última instância, ajudaram a evitar o pior. Neste livro, portanto, recorro a estudos de caso tanto de fracassos como de quase fracassos.

Estudar o fracasso em outras arenas também me mostrou por que pode ser tão difícil entender os tropeços de uma startup. A mente humana tende a recorrer[6] a algo que filósofos chamam de falácia da causa única, buscando explicações simplistas tanto para resultados bons quanto ruins. Se algo ruim acontece, fechamos o foco em um único motivo (digamos, nosso candidato à presidência foi derrotado porque ignorou o eleitorado de um estado importante, ou nosso time perdeu porque o melhor jogador sofreu uma lesão na coxa) quando, na verdade, o resultado decorreu de uma série de fatores.

Além disso, somos inclinados[7] a cometer o que a psicologia chama de erro fundamental de atribuição. Estudos mostram que, quando observamos os outros, nossa explicação para sua conduta tende a superestimar fatores disposicionais – a personalidade da pessoa e os valores que a nosso ver ela carrega – e a minimizar fatores situacionais, como pressões sociais ou as circunstâncias específicas. Já ao explicar nossa conduta, tendemos a atribuir resultados bons a fatores disposicionais – sobretudo nossa competência e diligência – e os ruins a fatores situacionais. É por isso que achamos que o sujeito no volante da BMW que acabou de nos dar uma fechada no trânsito é um babaca egocêntrico, enquanto ele culpa o ponto cego do carro. É por isso que, quando um novo negócio dá errado, investidores e gente da equipe costumam atribuir a culpa à incompetência do fundador – que, por sua vez, costuma culpar circunstâncias externas ("a crise na economia") ou terceiros ("nossos investidores, que fizeram pressão demais para o negócio crescer").

O resultado é que explicações para o fracasso de uma startup fundadas tanto na observação direta como na indireta podem não ser confiáveis. Logo, em vez de aceitar como fato essas explicações, eu teria de formular uma visão independente e objetiva da proposta de valor da startup, da competência dos membros do time, do objetivo de investidores, da motivação dos fundadores e por aí vai. Por sorte, em virtude do trabalho na HBS, tive acesso a centenas de ex-alunos que haviam empreendido e confiavam em mim o suficiente para abrir o jogo.

Minha abordagem

O estudo do fracasso em outros ambientes me conduziu a estudos de caso abrangentes para explicar o colapso de startups. Isso significava, no entanto,[8] que eu não podia contar muito com o trabalho acadêmico prévio, pois em geral baseava-se em modelos teóricos, análise econométrica e estudos de grandes amostras – e raramente era embasado em entrevistas rigorosas ou na análise detida de casos reais. Logo, eu teria de sair a campo para estudar em primeira mão startups que afundaram.

Entrevistei dezenas de fundadores e investidores para entender por que algum negócio que haviam criado ou financiado tinha dado errado. Também li muitos relatos em primeira e terceira pessoas sobre esses reveses, sempre com o objetivo de identificar problemas e padrões recorrentes.

Minha fonte mais profícua de insights foram os cursos de MBA. Nos últimos anos, escrevi e utilizei em sala de aula 20 estudos de caso detalhados sobre negócios que afundaram. Cada um deles deflagrou uma fascinante discussão entre alunos sobre as razões do insucesso e se alguma abordagem distinta poderia ter produzido um desfecho melhor. Muitas vezes, apresentava os casos na presença dos fundadores, o que dava aos alunos a oportunidade de buscar explicações dos próprios empreendedores ("E se o diretor de tecnologia tivesse sido outra pessoa?").

Quando minha pesquisa começou a pegar embalo, decidi criar uma disciplina eletiva de MBA totalmente dedicada ao fracasso de startups. Temia, sim, que o exame incessante de fracassos pudesse desanimar a turma e minar sua energia. Mas foi o oposto. Aula após aula, o pessoal era energizado pela charada intelectual: por que aquela startup tão promissora tinha dado errado, apesar de ter um produto forte, um time talentoso e investidores experientes, com dinheiro de sobra? Explorar o tema com estudantes inteligentes aguçava meu raciocínio e ampliou o repertório de casos que explorarei nos capítulos que se seguem.

O último componente do meu estudo foi uma pesquisa comparando decisões e características de startups malogradas ou em dificuldades com as daquelas mais bem-sucedidas. Fundadores de 470 novos negócios responderam a uma série de perguntas sobre seus produtos, clientes, concorrentes, times, financiamento e outras questões. Os dados gerados foram usados para validar hipóteses colhidas em minhas entrevistas e estudos de caso, bem como para determinar os padrões mais comuns no fracasso de startups.

Padrões de fracasso de startups

Minha pesquisa revelou seis padrões que explicam grande parte dos casos de fracasso de startups. A seguir, dou uma breve descrição de todos e, depois, dedico um capítulo inteiro a cada um. Esses padrões desmentem[9] narrativas simplistas que formam a mitologia popular. Um exemplo é a tendência de investidores de risco, os *venture capitalists* (VCs), a culpar um "jóquei" ruim pelos infortúnios de uma startup (na nomenclatura do setor, é comum a oportunidade explorada ser chamada de "cavalo" e o fundador da startup de "jóquei"). Na Parte I, Lançamento, o livro discorre sobre três padrões de fracasso comuns entre startups em estágio inicial. Na Parte II, Escalada, analiso outros três padrões que explicam o fracasso de startups em estágio avançado, com recursos de sobra. Para cada um dos padrões, dou exemplos de empresas vitimadas pelo mal e de medidas que outros empreendedores tomaram para evitar erros semelhantes.

Fracasso na fase inicial

Ideia boa, companheiros ruins. O destino de muitas empresas no estágio inicial que estudei mostra que o empreendedor pode detectar uma oportunidade promissora e, ainda assim, fracassar. Fica claro que uma boa ideia é algo necessário, mas não suficiente, para o sucesso da startup. Como observado anteriormente, muitos investidores acham que um jóquei habilidoso é mais importante que um cavalo veloz. Logo, VCs buscam fundadores que tenham garra, visão, conhecimento específico do setor e experiência no comando de times de startups.

Contudo, o foco exclusivo no fundador ignora outros atores cuja contribuição é crucial para o novo empreendimento. Como veremos, problemas com um amplo leque de stakeholders, incluindo funcionários, parceiros estratégicos e investidores, e não só fundadores, podem contribuir para a derrocada do negócio. Ao estudar o colapso de startups no estágio inicial, vi esse padrão de relacionamentos disfuncionais com fornecedores de recursos importantes se repetir regularmente. Resolvi chamá-lo de *ideia boa, companheiros ruins*.

Falsa largada. Quando a plataforma de informações CB Insights[10] listou fatores determinantes do fracasso de startups recentes, o problema mais comum – citado em quase metade dos casos – foi a "falta de mercado". Fiquei pasmo. Afinal, os métodos da Startup Enxuta[11] estão aí há quase uma década e são bastante populares entre empreendedores. Com experimentos e iterações, qualquer fundador que adote esses métodos deveria ser capaz de identificar uma oportunidade atraente e pivotar. Ainda assim, o mercado está repleto de escombros de startups que se diziam "enxutas" mas nunca acharam um mercado. Como explicar? Faltaria algo nos preceitos da Startup Enxuta?

Sou um discípulo da Startup Enxuta desde 2010, quando conheci os pais do movimento. Naquele ano, Steve Blank apresentou suas ideias seminais a meus alunos, e Eric Ries virou empreendedor-residente na HBS. No entanto, ao aprofundar o exame de casos de fracasso, cheguei à conclusão de que as práticas da Startup Enxuta não estavam cumprindo sua promessa. Não que falte solidez à metodologia; ocorre que muitos empreendedores que diziam adotar a lógica da Startup Enxuta na verdade seguiam apenas *parte* desses preceitos. Especificamente falando, lançavam um produto mínimo viável (o MVP, ou *minimum viable product*, a versão mais simples possível capaz de gerar um feedback confiável do usuário) e faziam iterações com base na resposta obtida. Com isso, esses fundadores supostamente deveriam evitar o desperdício de tempo e dinheiro na criação e no lançamento de algo que ninguém queria. Só que, ao não fazer uma sondagem das necessidades do mercado *antes* de iniciar o trabalho de engenharia, acabavam desperdiçando tempo e capital preciosos em um MVP que muito provavelmente erraria o alvo. É o que chamo de *falsas largadas*: esses empreendedores eram como o corredor que dispara antes do tiro, pois estavam ansiosos para soltar o produto no mercado. A retórica do movimento Startup Enxuta acaba incentivando essa conduta, uma espécie de "preparar, fogo, apontar!".

Falso positivo. O excesso de otimismo sobre a demanda no mercado, devido a uma forte resposta dos primeiros clientes da startup, também pode levar um fundador a ir atrás de uma oportunidade ilusória, torrando reservas de capital no processo. Gurus da Startup Enxuta aconselham o empreendedor a estar sempre alerta para sinais enganosos sobre a demanda para sua solução. Mas um empreendedor – como qualquer um de nós – tende a ver o que quer ver. Um *falso positivo* ocorre quando o empreendedor, iludido pelo fervor de um punhado de primeiros convertidos (os usuários iniciais), infere erroneamente que há forte demanda no mercado como um todo e pisa fundo no acelerador. Quando a onda seguinte de marketing produz uma resposta morna, o time talvez consiga corrigir o rumo e pivotar para algo que tenha apelo para a grande massa de clientes. Mas pivotar pode sair caro, pois é preciso reformular o produto e reeducar o mercado. A mudança pode confundir potenciais clientes e, como o produto é novo e não comprovado, deixá-los com o pé atrás. Já os *early adopters* podem ficar descontentes com as mudanças e abandonar o produto.

Tanto a falsa largada como o falso positivo aumentam a probabilidade de fracasso, pois colocam a startup no caminho errado. Entretanto, esses dois padrões resultam de erros muito distintos. Na falsa largada, o time cria o produto errado – que não atende às necessidades dos clientes – porque não foi sondar o mercado antes. Já no falso positivo, a equipe cria um produto que satisfaz às necessidades do cliente errado, dando ênfase demais a convertidos de primeira hora e pouca à grande massa de potenciais usuários.

Fracasso na fase avançada

Quando não cai na cilada dos companheiros ruins, da falsa largada e do falso positivo, a startup avança e começa a viver a crise da adolescência. É verdade que as taxas de mortalidade caem uma vez que a startup deixa a infância. Para minha surpresa,[12] no entanto, descobri que ainda assim VCs perdem dinheiro em cerca de um terço dos investimentos em startups no estágio avançado. Qual o problema aqui?

Cilada da pressa. Ao estudar casos de fracasso em estágio avançado, descobri muitas startups que tinham pegado considerável embalo antes de capotar. Exemplos célebres incluem Fab.com, discutido mais à frente, Groupon, Nasty Gal e Beepi. Em todos os casos, o tombo seguiu um padrão parecido, que chamo de *cilada da pressa*. Empresas vitimadas por esse erro conseguem, sim, identificar uma oportunidade interessante. *Early adopters* falam maravilhas do produto, o que traz mais clientes sem necessidade de investir em marketing. O rápido crescimento inicial atrai também investidores. Para justificar o custo elevado de sua participação na empresa, esses investidores exigem um crescimento agressivo – e nem precisam fazer muita pressão, pois o empreendedor também está louco para crescer.

Depois de um período intenso de vendas, o mercado original da startup acaba saturado, o que significa que, para seguir crescendo, é preciso ampliar a base de clientes com a inclusão de novos segmentos. Essa nova leva de clientes, contudo, não considera a proposta de valor da empresa tão interessante quanto os primeiros usuários. Não gastam tanto e a probabilidade de que voltem a comprar é menor. É menor, também, sua tendência a sair indicando o produto. Para continuar crescendo, portanto, a empresa precisa gastar pesado em marketing, o que aumenta o custo médio de aquisição de clientes.

Paralelamente, o rápido crescimento inicial da startup atrai concorrentes. Buscando uma vantagem, essas rivais derrubam preços e torram dinheiro em promoções. A certa altura, o custo de adquirir um novo cliente passa a ser maior que o valor desse cliente. Com o negócio consumindo caixa sem parar, investidores hesitam em injetar mais capital. Em resposta, o CEO talvez pise no freio, desacelerando o crescimento e cortando pessoal para conter a sangria. A startup pode até sobreviver, mas o valor das ações vai despencar e o investidor terá sérios prejuízos.

Falta de recursos. Na cilada da pressa, a busca incessante de crescimento provoca uma contínua erosão do ajuste do produto ao mercado, já que o apelo do produto para levas sucessivas de novos clientes fica cada vez menor. Com outro padrão de fracasso em estágio avançado, que chamei de *falta de recursos*, o hipercrescimento causa problemas de outra natureza. Nesse caso, a startup até consegue manter o ajuste do produto ao mercado à medida que angaria novos clientes. Porém, assim como no padrão "ideia boa, recursos ruins" – um problema do estágio inicial –, startups em fase avançada capotam em razão da ausência de dois tipos de recursos.

O primeiro está ligado ao *risco do financiamento*. Às vezes, um setor inteiro subitamente perde apelo para firmas de venture capital – como ocorreu com o de biotecnologia no início dos anos 1990 ou o de tecnologias limpas no fim da década de 2000. Em casos extremos, essa invertida pode impedir até uma startup saudável de levantar mais fundos. Uma estiagem de capital pode pegar investidores e empreendedores de surpresa e durar meses ou até anos. Se a seca tiver início justamente quando uma startup em crescimento acelerado estiver buscando uma nova rodada de financiamento – e se a startup não conseguir reduzir rapidamente os gastos –, há um risco de que não sobreviva.

O segundo caso tem a ver com *lacunas no time de gestão*. Quando está ganhando escala, a startup em geral precisa de executivos com muita experiência em certas áreas – gente capaz de administrar quadros de pessoal cada vez maiores na engenharia, no marketing, em finanças e em operações. Demorar para trazer esses executivos ou contratar a pessoa errada pode fazer a estratégia perder o foco, os custos saírem de controle e a cultura ficar disfuncional.

Milagres em série. Em forte contraste com negócios que cresceram depressa antes de ser vitimados pela cilada da pressa ou pela falta de recursos, certas startups em estágio avançado nunca conseguiram muita tração – embora tenham recebido aportes de milhões e milhões de dólares de VCs e contratado centenas de funcionários. Cada empresa dessas tinha uma visão extremamente ambiciosa e, para materializá-la, enfrentou uma série de desafios, incluindo a maioria dos seguintes (ou todos eles): 1) convencer uma massa crítica de clientes a mudar radicalmente seus hábitos; 2) dominar novas tecnologias; 3) colaborar com empresas poderosas que tinham prosperado com o *status quo*; 4) conseguir um alívio regulatório ou outro apoio do poder público; e 5) levantar vastas somas de capital. Todo desafio era questão de "vida ou morte": se não fosse superado, qualquer um deles fadaria o empreendimento ao fracasso. Se imaginarmos que a probabilidade de ter um bom resultado em qualquer desafio era de 50%, a de vencer cinco de cinco desafios seria a mesma que a de acertar o número na roleta: 3%. Para sair vitoriosos dessa aposta,[13] aqueles empreendedores estavam contando com *milagres em série*.

A lista de startups em estágio avançado que seguiram o padrão dos milagres em série traz fiascos célebres como Iridium, Segway e Webvan. Exemplos mais recentes incluem a Joost, lançada pelos fundadores do Skype para concorrer com o YouTube; uma leva de "Initial Coin Offerings"; e uma empresa que abordarei detalhadamente, a Better Place, cujas estações de recarga para carros elétricos usavam robôs para a troca rápida de uma bateria vazia por outra já carregada. Esses projetos em geral são lançados por fundadores carismáticos que seduzem funcionários, investidores e parceiros estratégicos com a oportunidade de ajudar a inaugurar um futuro maravilhoso.

Com uma análise retrospectiva, é possível ver por que startups que apostaram em milagres em série naufragaram. No calor do momento, no entanto, pode ser difícil determinar se a ideia revolucionária de um fundador é absurda. No início dos anos 1970,[14] por exemplo, muita gente achava que Fred Smith estava louco por tentar levantar o que era então a maior rodada de venture capital da história para bancar a nascente Federal Express. Hoje, muitos céticos têm dúvidas semelhantes sobre a sanidade de Elon Musk e a viabilidade da Tesla em longo prazo. Não há método infalível para evitar o padrão dos milagres em série, mas vou enumerar alguns indícios de que uma startup em estágio avançado possa estar enveredando por esse traiçoeiro caminho.

Como fracassar (melhor)

Minhas entrevistas *post mortem* com fundadores deixaram bem claro o custo humano do fracasso de uma startup. Um caso que mexeu particularmente comigo foi o da Quincy Apparel. Quando criaram a confecção, as fundadoras, Alex Nelson e Christina Wallace, prometeram jamais deixar que conflitos sobre a empresa pusessem em risco sua amizade. No entanto, dois anos depois, ao fim da briga para decidir se fechavam ou não a empresa, as duas já não se falavam.

Eu já tinha aconselhado muitos outros empreendedores na hora de decidir entre entregar ou não os pontos – e testemunhei o efeito imediato dessa decisão. Nessas conversas, havia sempre muita emoção à flor da pele: raiva, culpa, tristeza, vergonha, mágoa. Em certos casos, senti que o fundador não queria enxergar a realidade; outros simplesmente pareciam deprimidos. Quem poderia culpá-los, depois de ver um sonho destroçado, relacionamentos destruídos e a autoconfiança abalada? Para muitos, a preocupação era o efeito que o fracasso teria em sua reputação, como pagariam as contas dali em diante, o que fariam a seguir. No epicentro do fracasso, a dor é real.

Ao ver essas reações, perguntava-me se haveria maneiras de mitigar o sofrimento pessoal quando da morte de uma startup. A Parte III do livro, "Fracasso", trata desse desafio. A ênfase deixa de ser por que uma startup fracassa, mas como o empreendedor lida com o fracasso. Especificamente, como um fundador pode preservar relacionamentos nessa reta final. E o que pode fazer para superar a dor e reerguer-se após a experiência.

Nessas horas, muito sofrimento evitável vem de seguir rodando com o *tanque vazio* – outro padrão de fracasso de startups decorrente da dificuldade de tomar a decisão de decretar o fim de um negócio que deu errado. Muitos fundadores tendem a insistir, mesmo quando a probabilidade de uma volta por cima é minúscula – e mesmo quando adiar o inevitável traz prejuízo para eles e para aqueles ao seu redor. Com isso, acabam torrando inutilmente um capital que investidores jamais vão recuperar. O tempo investido pelo time poderia ser gasto na busca de um novo projeto. Quando a pressão aumenta, a esperança se vai e promessas são quebradas, o relacionamento entre as pessoas sai abalado.

Mas, como saber o momento de seguir em frente e quando é hora de dar um basta? Ao longo dos anos, dezenas de fundadores vieram me perguntar se eu achava que sua startup era promissora o suficiente para merecer mais tempo e energia. Minha incômoda confissão: embora pudesse avaliar o potencial de sucesso e o risco de fracasso, não podia dar uma resposta com certeza. Por que era tão difícil a decisão?

Para início de conversa, o fracasso costuma se dar em câmera lenta, com uma mescla de altos e baixos. O crescimento arrefece, e potenciais investidores se protegem com um "precisamos de mais tempo para refletir". Com isso, pode ficar difícil determinar se a situação realmente não tem mais conserto. Na mesma veia, os fundadores estão sempre ouvindo que um grande empreendedor tem garra e que a persistência compensa. Escutam mitos sobre pivotagens e são lembrados dos tenazes fundadores do Twitter, do Slack e do YouTube. Esses sucessos descomunais foram fruto, respectivamente, de insucessos iniciais com software de podcasting, um videogame e um site de namoro. Com isso, o fundador fica predisposto a segurar firme. A esperança é a última que morre: "As novidades no nosso produto com certeza vão virar o jogo". "Nosso novo diretor de marketing vai descobrir a fórmula para a aquisição de assinantes". "Nossa concorrente vai quebrar antes de nós e vamos herdar seus clientes".

Na Parte III, veremos como tomar a decisão de decretar o fim de uma startup e como administrar esse processo uma vez tomada a decisão. Trataremos de algo crucial: Como abordar escolhas difíceis que podem ter sérias consequências para a reputação do fundador – e talvez até implicações éticas? Por exemplo, é certo gastar até o último centavo em caixa durante a busca por um novo investidor, ainda que esgotar esses recursos signifique não ser capaz de pagar o que a startup deve a trabalhadores ou fornecedores?

Ao mesmo tempo, o fundador não deve fechar os olhos para o impacto psicológico e profissional do fracasso. Meu exame dessa fase da jornada do fundador teve subsídios não só de entrevistas com empreendedores, mas também de estudos psicológicos sobre como aprender com o fracasso e como lidar com a perda. Já que a identidade do empreendedor está inextricavelmente ligada ao desempenho do empreendimento, pode ser difícil aprender com o colapso de sua própria startup. Aqui, técnicas usadas por psicólogos para ajudar indivíduos a lidar com o luto, a fechar feridas e a encontrar sentido após uma perda que abalou a vida da pessoa podem ajudar. É com isso em mente que a Parte III traz conselhos a fundadores sobre como administrar as próprias emoções, entender o que aconteceu e usar essa compreensão como norte em tudo o que fizer dali em diante.

1

O que é o fracasso?

Muita gente ficou desconsolada com a notícia de que o Jibo deixaria de existir. Para essa turma, foi triste o dia, em março de 2019, em que ele avisou: "Os servidores que me ajudam a fazer o que faço vão ser desligados. Mas, antes, quero dizer que adorei o tempo que passamos juntos. Muito obrigado por ter me recebido. Quem sabe um dia, quando os robôs forem bem mais avançados que hoje e todo mundo tiver um em casa, você possa dizer ao seu que mandei um oi".[1] E aí, pela última vez, o Jibo fez uma de suas dancinhas.

O Jibo era um robô social,[2] criado para estabelecer um vínculo emocional com gente de carne e osso. Criado no MIT Media Lab pela professora Cynthia Breazeal, uma pioneira na área da robótica social, o equipamento tinha formas curvas, uma base estacionária de pouco mais de 15 centímetros de diâmetro acoplada a um segundo segmento e, por último, uma cabeça hemisférica. Cada segmento girava e se inclinava de forma independente, fazendo com que o robô de quase 30 centímetros de altura se movesse de forma expressiva. O Jibo rebolava! A cabeça tinha uma tela plana *touch screen* que, em geral, exibia uma esfera branca que piscava, como um olho. Suas linhas eram simples, minimalistas. O Jibo não fora projetado como um humanoide, mas sob muitos aspectos se comunicava como um ser humano.

Equipado com câmeras, microfones e alto-falantes, o robô era uma maravilha da engenharia. A personalidade era a de um garoto de 12 anos sabidinho e prestativo. O Jibo respondia a comandos de voz ("Jibo, como está o tempo?") e podia exibir na tela a informação solicitada ("Faz dez graus, com sol") ou ícones de um menu de opções. Quando estava ouvindo, sua cintura era iluminada por um anel azul. Além disso, tinha um sofisticado software que reconhecia rostos e vozes. Combinados com a capacidade de girar com fluidez sobre a base, esses recursos permitiam que o robô seguisse uma pessoa com o olho enquanto ela circulava pelo ambiente ou olhasse de uma pessoa para outra enquanto conversavam.

O robô dava informações básicas como notícias, resultados de jogos, cotação de ações. Podia contar piadas, tocar música, programar um timer, ler e-mail. Mas também tinha outros recursos. Era programado, por exemplo, para iniciar uma conversa – algo como cumprimentar alguém da família no retorno à casa ("Oi, Tom, quando você saiu hoje cedo avisei que o trânsito estaria pior do que o normal, como foi?"). Podia, também, interagir com uma criança e exibir imagens enquanto lia uma historinha; tirar fotos da família; e, como não, dançar quando pediam. Mais coisas do gênero estavam sendo desenvolvidas, incluindo a capacidade de interagir com um animal de estimação sozinho em casa, detectando a presença do bicho e até falando com ele ("Pare de morder o sapato, Bob!"). O time também estava a ponto[3] de lançar um recurso de videoconferência que poderia identificar e fechar o foco na pessoa que estava falando – algo perfeito para aquela ligação para a avó no meio do jantar da família. Desde que ela tivesse um Jibo também, é claro.

No laboratório de Breazeal, o pessoal tinha passado duas décadas estudando como um robô poderia fazer companhia a idosos, incentivar crianças autistas a buscar alguma interação social e promover o aprendizado criativo de forma colaborativa, entre outras coisas úteis.

Em 2013, Breazeal e Jeri Asher, um empreendedor do setor de saúde, levantaram US$ 2,2 milhões em capital semente para comercializar essas invenções. Para o posto de CEO, contrataram Steve Chambers, então presidente da Nuance Communications, grande provedora de software de reconhecimento de voz e linguagem natural.

Como o trabalho de Breazeal[4] tinha mostrado a potencial contribuição de robôs sociais para a saúde mental de idosos, o time a princípio vendeu o Jibo como uma companhia para gente mais velha. Contudo, importantes VCs interessados em eletrônicos para o grande público e em sistemas complexos como robôs não tinham interesse no mercado da terceira idade. Já o grupo reduzido de investidores que colocava dinheiro em projetos para o consumidor idoso – acostumado a ideias mais simples, como um celular com teclas maiores – ficou intimidado com a visão tecnológica do programa.

A equipe resolveu, então, pivotar e concentrar o pitch no papel que o Jibo poderia ter no entrosamento da família. A ideia era que, se ficasse em um lugar como a cozinha, por exemplo, o robô poderia facilitar uma conversa quando o clima azedasse entre irmãos ou entre adolescentes e os pais. VCs com filhos se identificavam com esse público-alvo e estavam de olho em gadgets sofisticados depois de o Facebook ter desembolsado US$ 2,3 bilhões pela fabricante de óculos de realidade virtual Oculus Rift – que, como o Jibo, era uma fusão revolucionária de hardware e software voltada ao grande público. E, tendo testemunhado o crescimento explosivo de plataformas como Facebook, Amazon e Salesforce.com, investidores gostavam do fato de que o Jibo fosse uma plataforma que hospedaria aplicativos de outros desenvolvedores e de provedores de informações.

Antes de investir, no entanto, VCs queriam evidência de que havia mercado para a novidade – e prova de que poderia de fato sair do papel. Para avaliar o interesse do público, investidores fizeram a Jibo lançar uma investida de crowdfunding em julho de 2014. Nessa campanha na Indiegogo,[5] uma pessoa podia reservar um Jibo por US$ 599 para uma entrega programada para o fim de 2015. Três meses depois, quando a campanha foi encerrada, a startup tinha vendido 4.800 unidades, superando a meta de 3 mil aparelhos. Em paralelo, para demonstrar que era possível fabricar o robô, o time de engenharia da Jibo montou o que Chambers descreveu como "um Frankenbot: um protótipo funcional, mas não bonito". Em janeiro de 2015, a Jibo fechava uma rodada da série A de US$ 27 milhões.

Com dinheiro em caixa, a Jibo deu início ao desenvolvimento do produto – em um processo de engenharia que se provou extremamente difícil. Depois de levantar outros US$ 28 milhões, o robô foi lançado em setembro de 2017 – com quase dois anos de atraso – a um preço de US$ 899, 50% a mais que o cobrado na Indiegogo. Chambers diria, mais tarde, que, ao tentar estimar quanto capital a mais seria necessário, tinha calculado que o custo de componentes e o tempo de desenvolvimento poderiam superar as projeções originais em 2,5 vezes e 2 vezes, respectivamente. Na verdade, tanto os custos como esse tempo foram quatro vezes maiores que o projetado. Por quê?

O problema não estava na fabricação. Aliás, aparelhos com componentes físicos como os do robô já tinham sido fabricados antes. "As pessoas supõem que tivemos problemas de produção porque o produto parecia inusitado, mas não foi assim", explica Chambers. "O hardware não era física nuclear. Usamos telas, motores, sensores e chips que já existiam no mercado, que eram produzidos em grande escala."

Segundo o executivo, os maiores atrasos decorreram de dois problemas. "Primeiro, muitos dos componentes incluídos na análise original de custos não cumpriam bem a função que queríamos. Tínhamos sensores calibrados para espaços de trabalho, mas descobrimos que a iluminação em uma residência comum é muito diferente. Trocar os sensores e adicionar capacidade de processamento para que funcionassem bem aumentou o custo do produto".

Segundo, o pessoal de engenharia estava tendo uma trabalheira para desenvolver o *middleware*: a camada de software que processava a informação colhida pelos sensores (os "olhos e ouvidos" do robô), repassava isso tudo a aplicativos e, em seguida, mandava instruções de volta ao sistema operacional (o "cérebro do Jibo", basicamente). O software tinha de rastrear rostos, localizar sons, detectar emoções, gerar movimentos corporais expressivos e tudo o mais – coisas sofisticadas que deveriam ser feitas em tempo real. Mas, na época, serviços em nuvem que permitem interatividade em tempo real estavam engatinhando. Logo, quase todo o software do Jibo precisava ser instalado no próprio aparelho, junto com potentes processadores para rodá-lo. "Perdemos mais de um ano tentando achar a combinação certa de sistemas embarcados e em nuvem", conta Chambers.

Em maio de 2017, quando o Jibo entrava na reta final para o lançamento, Chambers foi diagnosticado com leucemia e teve de deixar o posto imediatamente para se tratar. O CTO da Jibo assumiu o cargo de CEO. Quase um ano depois, Chambers estava totalmente recuperado, mas era tarde demais para se reunir com os colegas.

É que, nesse meio-tempo,[6] aconteceu algo que ninguém poderia prever. Em novembro de 2014, a Amazon lançou o Echo, um smart speaker de US$ 200, e a assistente de voz Alexa. Agora, quem quisesse um aparelho que pudesse dar notícias, tocar música, informar a previsão do tempo e coisas do gênero a um comando de voz podia ter essa funcionalidade básica a um custo bem menor com o Echo.

O consumidor que queria companhia e um vínculo emocional adorava o Jibo – mas não havia gente em número suficiente para manter a empresa à tona. O resultado é que o faturamento no primeiro ano foi de apenas US$ 5 milhões, um terço do que a Jibo esperava. Naquele ponto, a startup tinha gastado todo o dinheiro arrecadado e não conseguia levantar mais capital. A empresa buscou um comprador, mas não achou alguém disposto a seguir operando. A Jibo demitiu a maioria do pessoal em junho de 2018 e vendeu sua propriedade intelectual e outros ativos a uma firma de investimentos.

Por que, então, a Jibo morreu? A causa imediata da morte foi o fim do dinheiro – mas isso não esclarece muito. É como um médico legista dizer que a pessoa faleceu por perda de sangue. Uma explicação melhor seria que a Jibo não conseguiu clientes suficientes – o que seria como afirmar que alguém morreu de um ferimento à bala. Mas a pessoa foi morta por um companheiro ciumento ou atingida por uma bala perdida durante uma disputa entre bandidos?

Antes de chegarmos ao verdadeiro motivo do fracasso da Jibo, precisamos perguntar o que exatamente queremos dizer quando afirmamos que uma startup fracassou. A resposta é menos óbvia do que parece, como descobri durante uma acalorada discussão entre meus alunos sobre o caso da Jibo – e se realmente tinha sido um fracasso.

Um lado sustentava[7] que a Jibo obviamente fracassara, pois embora tivesse levantado um total de US$ 73 milhões em capital de risco e lançado seu produto (com alto custo e muito atraso), a startup fora incapaz de gerar vendas suficientes.

Outro grupo reconhecia que os líderes da Jibo tinham cometido erros, mas achavam que o colapso da startup não decorrera de erros ou deslizes, e sim do azar, ou seja, de acontecimentos difíceis de prever e impossíveis de controlar – especialmente o lançamento do Echo pela Amazon. Essa turma sustentava, ainda, que a Jibo foi um fracasso "positivo" (com um lado bom), pois abriu caminho para uma nova geração de robôs de companhia para a população idosa.

Uma última turma considerou a Jibo um sucesso apesar de ter fechado as portas, pois configurou um avanço tecnológico espetacular que tirou do papel a visão de seus inventores: um robô para o lar que criasse um vínculo emocional com seres humanos, uma inovação singular que encantou muita gente.

Vi mérito em cada um desses argumentos e, como não tinha uma resposta clara, deixei a discussão seguir. Todavia, essa experiência na sala de aula deixou algo claro para mim: era preciso um protocolo para determinar se uma startup era um fracasso ou não.

Definindo o fracasso

Quando falamos que um empreendimento fracassou, o que exatamente queremos dizer? Como definimos "empreendedorismo" e o que constitui "fracasso"? Dependendo da pessoa, cada uma dessas duas palavras pode ter um significado distinto.

Quem é considerado um "empreendedor"?[8] Há quem defina o empreendedorismo como o estágio inicial da vida de uma organização. Para outros, o termo reflete o porte da empresa. Por essa ótica, toda empresa pequena é tocada por um empreendedor – e o termo "empreendedorismo corporativo" seria um oximoro.

Para outros, empreender representa um papel específico para um indivíduo; por essa definição, um empreendimento é um negócio tocado por seu criador ou fundador ou por um dono-gerente. Outros, ainda, veem o empreendedorismo como uma soma de traços de personalidade, sobretudo predisposição a correr riscos e independência.

Nos últimos trinta anos[9] na Harvard Business School, definimos o empreendedorismo como o ato de explorar novas oportunidades sem contar com recursos. Um empreendedor precisa criar e oferecer algo novo: uma solução para o problema de um cliente, a qual seja melhor ou custe menos que opções atuais. Essa é a *oportunidade*. E, de saída, o empreendedor não tem acesso a todos os *recursos* – pessoal qualificado, instalações de produção, capital etc. – necessários para explorá-la.

Essa definição vê o empreendedorismo como uma forma específica de administrar, não como uma função da idade ou do porte da empresa, nem do papel ou da personalidade do líder. Logo, rejeita a tese popular de que toda empresa pequena é um negócio empreendedor. Afinal, mesmo depois de maduras, muitas empresas pequenas seguem fazendo apenas aquilo que sempre fizeram, e têm gente e capital suficientes para isso.

Em contrapartida, essa definição aceita a possibilidade de empreendedorismo no seio de grandes empresas, agências governamentais e organizações sem fins lucrativos. Na Amazon, por exemplo, o Kindle seria classificado como um empreendimento interno. Já o Google Drive, não. É que, quando o Kindle foi lançado, o mercado de leitores de e-books era incipiente e a Amazon jamais tinha projetado ou produzido bens físicos – portanto, precisava de uma série de novos recursos e competências. O Google Drive, em comparação, era dirigido a um mercado existente que amadurecia – os rivais Box, Mozy, Carbonite e Dropbox já existiam havia anos – e o Google tinha pronto o acesso aos recursos necessários para incursionar no mercado, incluindo canais de marketing, data centers e engenheiros.

Por estar indo atrás de uma nova oportunidade sem acesso a todos os recursos necessários, o empreendedor está, por definição, em um negócio arriscado. O risco, no empreendedorismo, assume quatro formas:

- O *risco de mercado* tem a ver com a disposição de potenciais clientes a adotar a solução vislumbrada. No caso da Jibo, a dúvida é se havia um número suficientemente grande de gente que queria um robô social em casa.
- O *risco tecnológico* se refere à complexidade do trabalho científico ou de engenharia necessário para tirar a solução do papel. No caso da Jibo, a dúvida é se o time de engenharia seria capaz de criar o middleware, um componente indispensável para processar informações colhidas por sensores e instruções de aplicativos.
- O *risco de execução* depende da capacidade do empreendedor de recrutar e administrar funcionários e parceiros que possam implementar seus planos. No caso da Jibo, a dúvida era se terceiros criariam aplicativos antes que a base de usuários do robô fosse grande.
- O *risco do financiamento* é relevante quando o capital externo se faz necessário. Esse capital estará disponível em condições razoáveis? No caso da Jibo, quando o capital inicial acabou em decorrência de atrasos no projeto, a dúvida era se os investidores atuais aportariam mais fundos e se novos investidores entrariam no negócio.

O que significa fracassar? São tantos os riscos envolvidos em um empreendimento novo que é natural esperar que muitos deem errado. Mas o que, exatamente, isso significa? Uma definição típica de fracasso[10] – um resultado aquém das expectativas – é ampla demais para servir de guia no caso de startups, pois suscita imediatamente duas grandes dúvidas: que resultados são pertinentes e que expectativas (ou melhor, de quem) são relevantes?

Quando falamos de fracasso, em geral pensamos em algo ou alguém que deixa pouco ou nada de positivo para trás. Não vou usar o termo "fracasso" nessa acepção. Todas as startups fracassadas que descreverei foram concebidas por gente inteligente e dedicada, e todo negócio parecia promissor – pelo menos a princípio. É verdade que todos esses empreendedores cometeram erros, mas isso não significa que fossem ineptos. Nada disso. Diante da incerteza que enfrentam e dos recursos limitados que possuem, a maioria dos empreendedores comete erros. Além disso, veremos que certas startups afundam até quando não cometem grandes erros. Esses negócios, que eram boas apostas que não se pagaram, apresentam-se de duas formas: alguns se ergueram sobre hipóteses plausíveis que foram rigorosamente testadas mas que, no fim, se mostraram falsas; outros foram derrubados por contratempos que não havia como prever. Isso nos leva a uma terceira dúvida: Quando um empreendimento fracassa, é sempre por culpa de alguém?

Que resultados são pertinentes? O fato de uma empresa encerrar suas operações deve ser sempre considerado um fracasso? Deixar de operar costuma ser sinal de fracasso – mas nem sempre. Há casos, por exemplo, em que o projeto do empreendedor tem uma duração limitada. Duzentos anos atrás,[11] quando eram organizadas expedições baleeiras, o capitão, a tripulação, o dono da embarcação e financistas dividiam os possíveis proventos de uma expedição. Hoje, produtoras de cinema fazem algo parecido ao contratar diretor, elenco e equipe para rodar e montar um filme. Ao final, o grupo se dispersa, torcendo pelo sucesso. Em casos assim, encerrar um projeto uma vez concluído dificilmente poderia ser considerado um fracasso.

Além disso, uma startup pode afundar sem jamais desaparecer. É muito comum uma empresa quebrada seguir operando em vez de liquidar todos os ativos. Muitas startups que não quebram de vez viram uma espécie de "zumbi", gerando caixa apenas para seguir em frente, mas nunca o suficiente para dar um retorno aos investidores lá do início.

Essa constatação é fundamental para a definição de fracasso que usarei no livro: um empreendimento fracassou se seus primeiros investidores não receberam de volta – ou nunca vão receber – mais dinheiro do que investiram.

E por que os primeiros investidores? Porque, quando uma startup naufraga, investidores que chegaram depois podem receber de volta todo o capital que aportaram, ao passo que os investidores iniciais em geral recebem menos que o montante total que investiram – ou nada. O porquê disso requer uma breve digressão sobre o sistema do venture capital. Para levantar capital de risco, uma startup frequentemente emite rodadas sequenciais de ações preferenciais rotuladas de série A, série B e por aí vai. Cada nova rodada de participação na empresa, em geral, recebe uma "preferência na liquidação", assegurando que, no caso de uma "saída" ou *exit* – uma fusão, um IPO –, quem investiu em rodadas posteriores receberá de volta tudo o que aportou antes que investidores de rodadas anteriores tenham acesso aos proventos da saída.

Assim sendo, investidores com ações da série A normalmente são os últimos em uma hierarquia de liquidação (*preference stack*), o que significa que, se o montante obtido na saída for menor que o total de capital que a empresa tiver levantado, investidores da série A não receberão de volta tudo o que aportaram. Em situações nas quais ainda não foi feita a saída, daria para simplesmente perguntar se o valor total das ações do equity – se estas pudessem ser vendidas – seria menor que o valor total investido.

E quando a pessoa empreende com recursos próprios (o chamado *bootstrapping*), sem buscar capital de fontes externas? Nesse caso, o investimento do empreendedor é a soma do 1) *sweat equity*, ou a diferença entre o que ele paga a si mesmo e a renda que podia ter tido trabalhando em outra coisa, e 2) da quantia que colocou do próprio bolso. Se essa soma for maior que o retorno esperado, seja como dividendos, seja como proventos de uma fusão, então o empreendimento fracassou.

Resumindo, uma startup pode ser considerada um fracasso nas seguintes circunstâncias:

- Se a saída da startup decorreu de uma fusão ou oferta pública inicial e a soma dos proventos obtidos com a saída forem menores que a soma total do capital que investidores detêm em participação na empresa.
- Se a startup continua operando e seus primeiros investidores registrarem perdas ao vender sua participação (caso possam fazê-lo).
- Se a startup tiver sido criada com recursos próprios e o fundador não ganhar, sob nenhuma hipótese, mais dinheiro com o negócio que o valor do capital e do *sweat equity* que aportou.

As expectativas de quem são relevantes? A essa altura, muitos devem estar se perguntando por que medimos o sucesso ou fracasso de um negócio unicamente pelo retorno financeiro de investidores. E as metas dos fundadores? Afinal, a maioria é movida por mais que o desejo de ganhar dinheiro. Há quem queira inventar algo novo, revolucionário. Há quem queira sacudir ou transformar todo um setor. Alguns sentem satisfação em ter montado um time espetacular. Outros simplesmente querem provar que aguentam o tranco de empreender. Se investidores perderam dinheiro, mas essas metas foram cumpridas, o negócio terá sido um sucesso?

Na minha opinião, não – pois empreender não tem a ver apenas com um fundador e seus objetivos. Aliás,[12] depois de uma rodada da série D, menos de 40% das startups ainda têm um fundador como CEO. Não vou deixar de considerar metas pessoais de fundadores ao longo do livro, mas não deveríamos adotar como principal indicador de sucesso o cumprimento dessas metas.

E os outros stakeholders de um novo empreendimento, especialmente trabalhadores e clientes? Deveríamos considerar suas expectativas ao indagar se uma startup foi um fracasso? Teve gente, por exemplo, que ficou tão desconsolada ao perder a companhia do Jibo que fez um velório para o robozinho. Jeffrey Van Camp, jornalista da *Wired*[13] que tinha mostrado ceticismo quando do lançamento do robô, no fim de 2017, escrevia: "Fiquei deprimido ao saber que cada palavra que o robô me dizia podia ser a última. Minha mulher e eu fazíamos questão de dar mais atenção ao Jibo... Não podia evitar a sensação de que eu devia cuidar dele naquela reta final".

Apesar da imensa alegria que o Jibo trazia para muitos, era patente que a startup não conseguiria, dali em diante, reunir gente assim em número suficiente para ter um bom lucro a certa altura. Ter um punhado de clientes ou funcionários satisfeitos simplesmente não basta para rotular de sucesso uma startup.

Por último, antes de declarar uma startup como um fracasso, deveríamos considerar o retorno para a sociedade como um todo? É algo complicado, pois, ainda que afunde, uma startup pode gerar um valor indireto (um *spillover*) que não é apropriado por seus investidores. Um negócio que dá errado pode, por exemplo,[14] mostrar a outros empreendedores que estejam tentando resolver o mesmo problema o que não dá certo, ajudando a evitar erros semelhantes e a burilar suas próprias soluções – como fez a Jibo ao levar inspiração e insights a uma nova leva de startups de robôs sociais para a terceira idade.

Do mesmo modo, o que dizer de startups que afundaram, mas cujos fundadores aprenderam o suficiente com os erros para não voltar a cometê-los – e talvez até ajudar outros a evitá-los? Aprender muito é, obviamente, melhor que aprender pouco – e aprender pouco é melhor que não aprender nada. Isso dito, a maioria dos empreendedores cujas startups fracassam aprende algo com a experiência, de modo que, se aprender é o que torna um fracasso positivo, teríamos de dar esse rótulo a quase toda startup que fracassou.

Em tese, uma startup poderia ser considerada um sucesso do ponto de vista da sociedade se, mesmo dando prejuízo a seus investidores, tivesse um spillover positivo para terceiros que mais do que compensasse essa perda. Integrantes da equipe de uma startup que dá errado podem, por exemplo, adquirir competências, conhecimentos e experiências para outros projetos.[15] Foi o que ocorreu na GO Corp, uma startup de tablets dos anos 1990 que não foi adiante, mas cujo pessoal acabou no comando de uma leva de empresas de tecnologia de sucesso, incluindo Intuit (Bill Campbell), VeriSign (Stratton Sclavos) e LucasArts (Randy Komisar). Na contramão, startups que se enquadram na definição de sucesso deste livro – que dão lucro para os primeiros investidores – podem ter spillovers negativos (acelerar a destruição ambiental, exacerbar a desigualdade de renda etc.), o que faria delas um fracasso do ponto de vista da sociedade.

Na prática, contudo, é quase impossível medir esses efeitos indiretos. Logo, seguiremos definindo o fracasso da startup como "investidores perderam dinheiro", mas reconhecendo que, da perspectiva da sociedade, certos fracassos geram mais valor que outros.

De quem é a culpa? Quando um negócio afunda, a reação instintiva costuma ser tentar descobrir quais erros foram cometidos – e por quem. Muitas vezes, no entanto, o fracasso pode ser atribuído a uma combinação de *azar* (coisas fora do controle dos atores responsáveis) e *erros* cometidos por esses atores.

Azar. Às vezes, o fim de uma startup se deve basicamente à má sorte, não a erros. Quando a covid-19 começou a paralisar a economia americana, milhares de novos negócios, todos perfeitamente saudáveis, foram incapazes de levantar fundos e gerar receita. O mesmo ocorreu na Grande Recessão de 2008. Outros reveses são menos universais, afetando um setor específico. Na década de 2000, por exemplo, muitas startups de tecnologia limpa partiam da tese de que o custo de combustíveis fósseis subiria; no entanto, o crescimento inesperado do fraturamento hidráulico e a consequente queda nos custos do combustível dizimaram muitas delas. Em muitos casos, o fracasso não foi sua culpa: fizeram uma aposta inteligente na alta do custo de combustíveis – mas simplesmente perderam a aposta.

Por essa mesma lógica, certos empreendedores têm um resultado negativo mesmo depois de fazerem experimentos bem-projetados e bem-executados. Seguindo a lógica da Startup Enxuta, por exemplo, um empreendedor pode formular hipóteses sobre uma oportunidade e, na esteira, testá-las rigorosamente, de forma enxutíssima. Se essas hipóteses forem cabalmente refutadas, a pessoa pode decidir parar por ali em vez de pivotar e testar novas hipóteses. Foi, novamente, um fracasso "bom", pelo qual ninguém tem culpa.

No entanto, muitas suposições não podem ser colocadas à prova. Sempre há, por exemplo, uma incerteza intrínseca quanto à saúde futura da economia, sobre o comportamento de concorrentes e reguladores, se e quando haverá um determinado avanço científico, o tempo que durará uma bolha de investimento antes de estourar e muitos outros fatores. Nessas circunstâncias, tendo estudado o assunto e ouvido especialistas, resta à pessoa apenas fazer projeções embasadas e torcer pelo melhor. Isso feito, o empreendedor pode não cometer nenhum erro sério. Para entregar o que é esperado, pode reunir os recursos certos – pessoal, investidores e parceiros – mas, no final, suas suposições básicas podem simplesmente se provar erradas. Isso também pode ser considerado não um erro, mas uma aposta inteligente que não deu certo.

O time da Jibo foi pego de surpresa por dois infortúnios. O primeiro foi o problema de saúde do CEO, que precisou se afastar. "A empresa dependia de um CEO visionário que fosse capaz de levantar fundos mesmo que o ciclo de desenvolvimento do produto, já longo, se atrasasse; de um mercado que ainda não existia; e de grandes concorrentes",[16] explicou o investidor e membro do conselho Jeff Bussgang. "O Steve era esse CEO – e ele era absolutamente espetacular com parceiros estratégicos. Acho que, se não tivesse adoecido, o Steve teria conseguido fazer a Jibo vencer os obstáculos".

Para complicar, o Echo, da Amazon, apareceu realmente do nada. Um site que cobria tecnologia resumiu bem o consenso no setor: "A Amazon surpreendeu a todos[17] com um auto-falante insano que fala com você". É verdade que fabricantes de smartphones vinham trabalhando na criação de assistentes de voz, mas ninguém esperava que aquela tecnologia fosse parar em um speaker autônomo. Já que o Jibo estava posicionado para servir tanto de assistente quanto de companhia, era um problema sério. De repente, o Jibo tinha como rival uma assistente de voz com grande vantagem no mercado, um preço bem menor e dinheiro de sobra para gastar.

Erros. A liderança da Jibo cometeu erros que contribuíram significativamente para a derrocada da startup? É provável que sim, embora a linha que separa um erro de uma escolha sensata seja tênue e certos observadores – como meus alunos – possam discordar se certas decisões cruciais foram equivocadas ou apostas inteligentes e calculadas que simplesmente não se provaram corretas.

Vejamos a estratégia da Jibo depois da chegada do Echo. Foi um erro seguir desenvolvendo o componente de assistente de voz conforme os planos originais em vez de dobrar a aposta na função social do robô (e simplesmente ceder o espaço de assistente de voz aos rivais)? Sem a capacidade de detectar rostos, puxar conversa e se mover de forma expressiva, Alexa, Siri e Google Home não eram páreo para o Jibo no quesito "companhia". Mas havia um mercado grande o suficiente para um robozinho caro que servisse apenas de companhia? Para justificar pagar US$ 899 por um robô social, o consumidor também precisava que ele fosse um timer de ovos e meteorologista? Era uma decisão difícil – e o time da Jibo não podia ter previsto.

Também parece razoável indagar, uma vez que o Echo foi lançado a US$ 200, se o Jibo poderia ter sido reformulado para custar menos. Chambers e sua equipe[18] tinham, sim, cogitado várias alternativas nesse sentido, incluindo reduzir de três para dois o número de segmentos do corpo do robô que se moviam independentemente. Mas, no final, o terceiro eixo somava só US$ 48 ao preço final e uma batelada de testes mostrou que o movimento expressivo viabilizado pelos três eixos (na comparação com dois) fazia muita diferença para o consumidor. A pedido dos VCs, o time também considerou migrar o software do Jibo para um computador normal e eliminar o corpo, mas testes revelaram que essa solução tinha zero apelo. "Muita gente diz que o Jibo era um exagero de engenharia", diz Chambers, completando: "Não sei. Ele foi o único robô para a casa que realmente funcionou".

Os erros de contratação teriam contribuído para o fracasso do Jibo? De novo, é difícil ser taxativo, mas o desenvolvimento do produto sofreu sérios atrasos sob o primeiro responsável pela arquitetura do robô e o VP de desenvolvimento da startup, muito embora tivessem comandado times de pesquisa e desenvolvimento avançados na iRobot e na Palm, respectivamente, e fossem altamente qualificados. Chambers acabou contratando um novo diretor de tecnologia que, em questão de meses, resolveu problemas ligados à arquitetura embarcada *versus* na nuvem. Se esse diretor tivesse sido contratado logo de cara, em vez do diretor de arquitetura original, ou se a troca na liderança tivesse sido feita antes, teria sido possível cortar pela metade o tempo de desenvolvimento? Talvez. Mas também é possível que qualquer pessoa contratada para chefiar o desenvolvimento do Jibo tivesse se debatido por dois anos com problemas complexos de engenharia antes de achar uma solução.

Como ocorre com a maioria das startups que afundam, o fim da Jibo provavelmente decorreu de uma combinação de má sorte e erros. Mais à frente, veremos com calma o que, como e se um empreendedor pode aprender com uma análise *post mortem* que revele onde e por que errou.

Cavalo e jóquei

Empreendedores, investidores e acadêmicos costumam dar uma de duas explicações para o fracasso de startups. Na primeira, a culpa é de uma ideia falha (ou seja, o "cavalo"), enquanto na outra o problema é o fundador (o "jóquei"), cujas competências não correspondiam às necessidades da startup – ou era simplesmente inepto. Embora cada visão tenha seus partidários, diria que a ênfase em cavalos ou jóqueis não basta para explicar por que uma startup afunda.

Culpa do cavalo? Como seria de esperar, muitos fundadores não gostam de admitir que suas próprias falhas levaram ao fracasso da startup. Preferem apontar problemas fora de seu controle. Em uma pesquisa[19] com fundadores cujo negócio dera errado, por exemplo, as duas razões mais citadas foram "excesso de concorrência" e "mudanças no mercado".

Para começo de conversa, um fundador deveria ser culpado por entrar em um mercado congestionado? Talvez, mas não é raro que uma leva de startups seja simultaneamente atraída para uma nova oportunidade – caso do delivery de comida, da *cannabis* legalizada e de drones. Logo, uma startup pode ter dificuldade para prever quantas concorrentes acabará tendo de enfrentar. Seja como for, dada nossa tendência a erros de atribuição – a atribuir nossos próprios erros a circunstâncias incontroláveis e o erro dos outros a falhas de quem o comete –, é preciso cautela na hora de interpretar explicações de fundadores para o fracasso de sua startup.

Embora a maioria dos investidores atribua a um jóquei ruim o fracasso de uma startup, para alguns o grande problema é a lentidão do cavalo. O megainvestidor Peter Thiel, por exemplo, diz que "empresas que fracassam são todas iguais: não conseguiram escapar da concorrência".[20] Paul Graham, fundador da aceleradora Y Combinator, também sustenta que ter uma solução interessante para o problema de um cliente – um cavalo forte – é o segredo do sucesso: "O único erro capaz de matar uma startup é não fazer algo que usuários queiram",[21] diz. "Se fizer algo que usuários queiram, é provável que a coisa termine bem, independentemente de tudo o mais que seja feito ou não. Se não fizer algo que usuários queiram, você está morto, independentemente de tudo o mais que fizer ou deixar de fazer".

Embora esses argumentos sejam persuasivos, afirmar que uma ideia falha é a principal causa do fracasso de uma startup levanta duas questões. A primeira: já que o jóquei escolhe o cavalo que vai montar na corrida empreendedora, não devíamos questionar o juízo do jóquei que escolheu um cavalo lento? Em outras palavras, não seria culpa do empreendedor não ter enxergado logo de início que a ideia era falha? A segunda: se o empreendedor descobre que a ideia tem problemas depois de lançada, por que não pivotar para outra, melhor? Uma ideia de negócio é algo fluido e, ao contrário de um jóquei de verdade, um fundador pode, sim, trocar de cavalo no meio da corrida.

Culpa do jóquei? A derrocada de uma startup seria, então, culpa dos pobres jóqueis? Muitos investidores parecem achar que sim. Em um questionário com sócios de firmas de capital de risco, as duas principais razões citadas pelos entrevistados para o fracasso de startups foram a inépcia de altos gestores e a dos gestores mais abaixo ("funcionais").[22] Em outra pesquisa, na qual VCs tinham de assinalar diferenças entre startups que deram certo e que deram errado, dois dos três padrões que surgiram indicavam falhas na gestão.[23] No primeiro padrão (responsável por 19% dos tombos, segundo a pesquisa), o time de gestão tinha experiência adequada e conhecimento do mercado – mas não capacidade para um esforço sustentado, o que fez com que desistisse prematuramente. No segundo padrão (responsável por 49% dos fracassos), os gestores eram considerados "completos amadores, inadequados em todos os sentidos". O terceiro padrão ecoa a tese de Peter Thiel: em 32% dos casos de insucesso, a gestão tinha um bom conhecimento do mercado, mas nunca achou uma vantagem competitiva.

Se o jóquei faz toda a diferença, alguns obviamente devem ser mais competentes que outros. Há evidência disso em estudos acadêmicos. Uma pesquisa realizada por três colegas da HBS,[24] Paul Gompers, Josh Lerner e David Scharfstein, e uma ex-aluna deles, Anna Kovner, revela que 30% dos empreendedores seriais cujo primeiro negócio deu certo tiveram sucesso em empreendimentos subsequentes (em comparação com 22% dos empreendedores cujo primeiro negócio deu errado e 21% dos fundadores de primeira viagem). Essa diferença sugere que aprender com a experiência não é decisivo. Se fosse, empreendedores seriais que se deram mal na primeira vez teriam tido sucesso no segundo ou no terceiro empreendimento a uma taxa consideravelmente mais alta que a de fundadores de primeira viagem.

Há duas possíveis explicações para a probabilidade maior de que um empreendedor em série cuja primeira startup deu certo volte a ter sucesso em projetos posteriores. Primeiro porque, antes de criar o primeiro negócio, um empreendedor serial pode ter tido vantagens perante aqueles de primeira viagem: mais qualificação ou maior acesso a recursos – talvez em virtude de gênero, raça ou perfil socioeconômico. Segundo porque empreendedores com histórico de sucesso tendem a atrair capital e talentos, em um círculo virtuoso que confirma a suposição de que terão sucesso novamente. Essas explicações não são mutuamente excludentes; ambas podem ser corretas.

E como um empreendedor seria mais qualificado que outros? É possível que, no geral, sua competência seja superior – tenha mais inteligência, resiliência etc. – ou possa ter experiência relevante no setor. Esses atributos tampouco são mutuamente excludentes.

Capacidade geral. Faz sentido a tese de que empreendedores de sucesso são simplesmente mais inteligentes ou psicologicamente mais ajustados para o papel do que aqueles que fracassam, intuitivamente falando. Infelizmente, não há muito consenso entre quem estuda a questão.[25] Aliás, certos traços tipicamente associados a fundadores de sucesso, como alto grau de confiança, também podem aumentar as chances de fracasso, uma possibilidade que discutiremos em capítulos posteriores.

Experiência no setor. Como seria de se esperar, estudos mostram[26] que a experiência anterior na área aumenta as chances de sucesso do negócio. Resumindo, um empreendedor com experiência no setor está mais aparelhado para detectar oportunidades e traçar estratégias de sucesso a fim de aproveitá-las. Vamos discutir o impacto da experiência no setor no Capítulo 3, ao analisar o fracasso da Quincy Apparel.

Em geral, poderíamos supor que o fracasso de fundadores excessivamente confiantes e sem experiência no setor fosse maior. Contudo, é importante observar que esses fatores meramente influenciam a probabilidade de sucesso ou fracasso do negócio. Até empreendedores com confiança na dose certa e alta experiência em seu setor seguirão vulneráveis aos padrões de fracasso aqui descritos – e devem se empenhar para antecipá-los e evitá-los. Além disso, quando a explicação para o fracasso da startup se concentra nas deficiências do fundador (o jóquei ruim), certas perguntas ficam sem resposta (da mesma forma quando o fracasso é atribuído primordialmente a uma ideia ruim). Seria possível, por exemplo, detectar as deficiências de um empreendedor antes que ele lançasse sua empresa? Como distinguir, por exemplo, um excesso injustificado de confiança e a energia e o entusiasmo que a maioria dos fundadores traz para seu projeto?

Cavalo, jóquei ou ambos? No final, que conclusão tirar dessa discussão toda entre empreendedores, investidores e acadêmicos sobre os fatores por trás do fracasso de uma startup? É óbvio que a probabilidade de sucesso é maior quando se tem tanto um cavalo veloz como um jóquei habilidoso. Além disso, como observado anteriormente, na corrida empreendedora, o jóquei escolhe o cavalo, portanto é difícil separar a qualidade da ideia de um negócio da habilidade do time fundador.

No fim das contas, não acho que a discussão cavalo *versus* jóquei ajude muito. Embora seja um ponto de partida, é uma maneira simplista de responsabilizar algo ou alguém. Essa simplificação satisfaz nosso desejo de atribuir uma calamidade a uma única causa, quando na verdade há inúmeros fatores em jogo – algo que veremos em mais detalhes no próximo capítulo.

Voltando, então, à Jibo. A startup foi um fracasso? Pela definição deste livro, sim, pois seus primeiros investidores perderam dinheiro. Podemos dizer que seu fracasso foi uma aposta inteligente que deu errado? A meu ver, sim. Alguns poderão dizer que as decisões de seus gestores sobre o posicionamento do produto e a contratação de executivos importantes foram erros, mas, do meu ponto de vista, essas decisões foram sensatas. Além disso, como seria de esperar para uma ideia nascida em um laboratório do MIT, a startup tinha muitos traços de um experimento bem-executado: o time da Jibo fez uma extensa pesquisa inicial (grupos de discussão, teste de protótipos etc.) para validar a demanda e aperfeiçoar o robô. Infelizmente, o negócio sofreu golpes grandes e inesperados – por infortúnios difíceis de prever quando se faz uma aposta inteligente.

Por último, a Jibo foi um fracasso "bom"? A sociedade sairá ganhando com as lições deixadas pelo empreendimento? É cedo para dizer, mas o Jibo já é o modelo para a próxima geração de robôs direcionados a idosos. E, como disse o robozinho em sua mensagem de despedida, acredito que, no futuro, todo mundo terá, sim, um robô social em casa.

PARTE I
Lançamento

2

Uma posição paradoxal

Como expliquei no capítulo anterior, empreendedor é alguém que busca explorar uma nova oportunidade sem contar com os recursos para isso. Para startups no estágio inicial – com menos de três anos de vida, pela nossa definição –, essa dinâmica cria uma posição paradoxal impossível de resolver, um impasse lógico que pode ser resumido pelo dilema do estagiário: "para conseguir emprego é preciso experiência, mas sem um emprego não se consegue experiência".

No começo, sempre falta ao empreendedor algum recurso – quando não todos – para explorar a oportunidade. Isso pode incluir cofundadores, gente com determinada especialização para compor o time, investidores externos e parceiros estratégicos que possam fornecer a tecnologia ou cuidar da distribuição. Para mobilizar os recursos que faltam, o empreendedor tem de convencer uma série de atores de que apostar no novo negócio, com todos os riscos que acarreta, dará um retorno satisfatório.

Daí o impasse: *o empreendedor não tem como explorar bem uma nova oportunidade sem ter recursos e não conseguirá recursos enquanto não tiver começado a explorar a oportunidade* – e chegado pelo menos ao ponto no qual consiga demonstrar aos detentores de recursos que os riscos são aceitáveis.

Como romper esse impasse?[1] O empreendedor no estágio inicial pode empregar uma ou mais dentre quatro táticas para *reduzir a necessidade de recursos* enquanto *resolve, altera, posterga ou minimiza riscos relacionados à oportunidade*. No entanto, cada uma dessas táticas tem desvantagens potencialmente fatais, como explicarei aqui e nos capítulos seguintes.

Tática 1: Experimentos enxutos (solucionar riscos). Usando um produto mínimo viável (MVP) que minimize o comprometimento de recursos, o fundador pode validar hipóteses sobre uma oportunidade e dissipar incertezas sobre a viabilidade do negócio. Como veremos logo mais com a marca de roupas Quincy, resultados positivos ao testar um MVP podem servir para persuadir funcionários ou investidores em dúvida se devem ou não embarcar no projeto.

- **Perigos:** no afã de entrar logo em ação, empreendedores no estágio inicial podem incidir no erro da falsa largada: não fazer estudos iniciais fundamentais para entender as necessidades de clientes e saber se a solução idealizada irá satisfazê-las. No Capítulo 4, veremos como isso ocorreu no caso do site de relacionamento Triangulate, que deu errado. Como nossa tendência é enxergar só o que queremos, os fundadores também podem ser vítimas de falsos positivos: de resultados iniciais que sugerem uma oportunidade melhor do que realmente é, por exemplo. Falaremos de falsos positivos e como evitá-los no Capítulo 5, que traz o caso da Baroo, uma startup de pet care que tampouco deu certo.

Tática 2: Parcerias (transferir risco). O empreendedor talvez consiga "alugar" recursos de um parceiro estratégico – acesso a tecnologia ou a redes de distribuição, por exemplo. Esse parceiro em geral será uma empresa estabelecida que, por ter escala maior e folga financeira, tem mais condições de assumir riscos que a startup.

- **Perigos:** para startups em estágio inicial sem histórico no mercado e com perspectivas de sobrevivência duvidosas, conseguir parceiros estratégicos pode ser difícil – e alinhar interesses de ambas as partes uma vez encontrado um parceiro, idem. Como veremos no próximo capítulo, a Quincy penou para conseguir que seus parceiros de produção prestassem um bom serviço. No Capítulo 5, veremos como o fundador da Baroo saiu decepcionado de parcerias com edifícios residenciais que supostamente deveriam direcionar moradores aos serviços da startup de pet care.

Tática 3: Sequenciamento (diferir risco). Startups bancadas por firmas de capital de risco levantam capital em estágios, em geral se limitando a captar, em cada rodada, recursos suficientes só para cumprir as grandes metas da fase seguinte, como concluir o desenvolvimento ou lançar o produto. Com isso, o risco é diferido, pois, se a startup não cumprir uma meta importante, investidores podem fechar a torneira e evitar futuros aportes.

- **Perigos:** empreendedores que penam para conseguir dinheiro lá no começo – especialmente fundadores de primeira viagem, sem experiência prévia – podem acabar pegando dinheiro de investidores que não agregam muito valor, cuja postura envolvendo trade-offs de risco e recompensa não está alinhada com a sua e que não têm condições de aportar mais capital caso o negócio necessite. As fundadoras da Quincy tiveram esses três problemas com seus principais investidores, como veremos no próximo capítulo.

Tática 4: Storytelling (subestimar risco). Ao propagar um "campo de distorção da realidade" – ou seja, enfeitiçar possíveis colaboradores, investidores e parceiros estratégicos de tal maneira que a única coisa que enxergam é o potencial revolucionário da startup e não os riscos na vida real –, fundadores carismáticos e superconfiantes são capazes de convencer indivíduos a investir recursos com condições favoráveis ao novo empreendimento. No caso de parceiros estratégicos, isso pode significar dar à startup acesso exclusivo a uma tecnologia fechada e abrir mão da oportunidade de licenciá-la a empresas mais estabelecidas. Em relação aos trabalhadores, pode significar a disposição de trabalhar longas horas ou aceitar um salário abaixo do mercado em troca de opções de ações.

- **Perigos:** a realidade pode se impor, apesar da distorção. Em vez de ver a realidade se curvar à sua vontade, o fundador superconfiante pode não enxergar sinais de que sua visão é uma quimera. Veremos exemplos disso na Parte II, que examina padrões de fracasso de startups em estágio avançado – incluindo a Better Place, que perdeu US$ 900 milhões tentando criar uma rede de pontos de recarga de carros elétricos. O campo de distorção da realidade de um empreendedor pode ter efeito negativo colossal em uma startup em estágio avançado, com centenas de funcionários e centenas de milhões de dólares em capital investido. Contudo, até no estágio inicial o empreendedor pode ser vítima do autoengano.

Modelo "losango e quadrado"

Munido dessas táticas para romper o impasse de oportunidade/recursos, o empreendedor deveria ser capaz de controlar riscos de maneira a atrair recursos suficientes para entrar em ação. Mas como saber se a oportunidade identificada é realmente *boa* e determinar quais modalidades de recursos são necessários para explorá-la satisfatoriamente? A resposta está no *modelo "losango e quadrado"*[2]. Nesse framework, o losango divide a *oportunidade* da startup – ou seja, o "cavalo" – em quatro componentes: proposta de valor, tecnologia e operações, marketing e fórmula do lucro. O losango é cercado por um quadrado cujos cantos denotam as principais *fontes de recursos* da iniciativa: fundadores (ou seja, os "jóqueis"), outros membros do time, investidores externos e parceiros estratégicos.

As perspectivas de uma startup no estágio inicial são promissoras quando os oito elementos do "losango e quadrado" estão alinhados, ou seja, quando funcionam em perfeita harmonia. Esse alinhamento, além disso, precisa ser *dinâmico*: à medida que a startup amadurecer, a oportunidade evolui e, junto com ela, a natureza do suporte exigido de provedores de recursos.

Já que o desalinhamento pode assumir várias formas, o modelo "losango e quadrado" pode ser fundamental para determinar onde está o problema. Em certos casos, os elementos no losango podem estar desconjuntados. Uma proposta de valor fraca, por exemplo, pode levar a startup a gastar mais em marketing para atrair clientes, o que prejudica sua fórmula do lucro. Da mesma forma, os componentes do quadrado podem não estar sincronizados. Como veremos no próximo capítulo, parte do problema da Quincy foi que tanto o time como os investidores não foram capazes de compensar a falta de experiência das cofundadoras no setor de vestuário. Por último, pode haver conflito entre os componentes do "losango e quadrado". Foi o caso da Jibo, cuja proposta de valor e fórmula do lucro não foram fortes o suficiente para atrair mais capital de investidores.

Nos próximos três capítulos, usarei o "losango e quadrado" para apresentar uma análise *post mortem* de startups que foram vítimas de cada um dos padrões de fracasso do estágio inicial. Mas, primeiro, vejamos cada um dos elementos do modelo em detalhes.

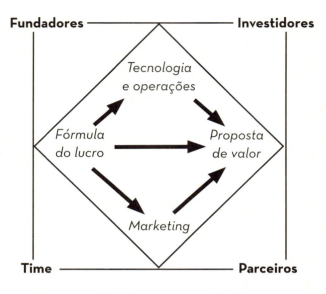

Modelo "losango e quadrado"

Elementos da oportunidade

Proposta de valor

Dos quatro elementos da oportunidade, a proposta de valor para o cliente é, sem dúvida, o mais importante para a startup no estágio inicial. Para sobreviver, é imprescindível que a nova empresa ofereça uma solução diferenciada para alguma necessidade forte, e ainda não atendida, do cliente. Aqui, vale a pena repetir: a *necessidade* deve ser forte. Se o produto de uma startup desconhecida não vier resolver uma dor aguda, dificilmente o público irá comprá-lo. A *diferenciação* é igualmente crucial: se a novidade em questão não for marcadamente superior a soluções existentes, mais uma vez, ninguém a comprará. Por último, *sustentar* a diferenciação[3] é importante. Sem barreiras à imitação, a ideia fica vulnerável a imitadores.

Essas barreiras – chamadas por alguns de *moats* ("fossos") – assumem duas formas: *ativos proprietários* e *atributos do modelo de negócios*. Ativos proprietários podem ser difíceis de reproduzir ou escassos. Isso inclui marcas fortes,[4] patentes, um ponto comercial excelente e acesso garantido a um insumo importante (o que fez a Beyond Burger ao garantir, por meio de um contrato, o acesso em longo prazo a grande parte da produção mundial de proteína de ervilha). Já por atributos do modelo de negócios se entende tudo que pode conferir uma vantagem na hora de atrair e reter clientes, como o custo para o cliente de trocar de produto e fortes efeitos de rede.

- **Custos de troca**, ou migração, não são só financeiros; podem incluir, também, inconvenientes riscos enfrentados pelo cliente ao trocar de provedor. Consideremos, por exemplo, custos e riscos de alguém que troca um passeador do cachorro por outro. A pessoa precisa confiar a esse novo profissional as chaves de casa, informar-lhe sobre hábitos e preferências do animal de estimação e assumir o risco de que o cão não se adapte bem a esse novo humano. Custos de migração podem agir contra a empresa – ou a favor dela. Para atrair clientes, por exemplo, a Baroo teve de transpor essas barreiras. Isso feito, o site reteve clientes porque o custo de migrar para um concorrente era alto.
- **Efeitos de rede**[5] significam que, para um usuário qualquer, o valor do produto aumenta à medida que mais gente vai chegando. Sites de relacionamento são um ótimo exemplo, pois, quanto maior o número de potenciais pretendentes no site, maior seu apelo. Já que efeitos de rede são fortes nessa área, startups como a Triangulate penam para atrair pessoas no início. É uma posição paradoxal p, visto que, para atrair usuários, precisam ter usuários. Contudo, se pegam embalo, o efeito *flywheel* entra em ação, pois novos usuários atraem outros. Ao atingir uma massa crítica, essas empresas têm vantagem sobre as rivais na atração e retenção de clientes.

Uma startup no estágio inicial tem três decisões importantes a tomar no tocante à proposta de valor para o cliente – decisões que terão grande impacto em suas chances de sucesso:

1. **Focar um segmento só do público?** No início, há quem decida mirar vários segmentos do público, cada qual com necessidades próprias. A Jibo, por exemplo, queria satisfazer o público interessado em serviços prestados por um assistente virtual de voz – administrar a agenda, dar boletins de tempo e trânsito – e o que buscava um robô como companhia. O mais comum é que, no começo, a startup se concentre em um só segmento. A Quincy decidiu mirar profissionais jovens já inseridos no mercado de trabalho, mas não aqueles que ainda estavam na faculdade e teriam de montar um guarda-roupa corporativo ao fim do curso.

   Na hora de decidir em quantos segmentos apostar nesse início, o empreendedor tem de pesar prós e contras. Naturalmente, uma startup vai faturar mais se conseguir vender para vários segmentos. No entanto, criar algo que atenda às necessidades de uma diversidade de públicos pode acabar gerando um produto ou serviço com muita gordura e pouco foco – e, na tentativa de agradar a todos, pode terminar não satisfazendo ninguém. Da mesma forma, o marketing para distintos segmentos de clientes pode ser difícil e custar caro, pois o discurso de venda precisa ser adaptado a todos eles.

   Uma saída para chegar a vários segmentos com um só produto é criar versões diferentes, cada qual com características e branding distintos. Essa solução resolve a questão do posicionamento, mas eleva custos e complexidade. Qualquer dessas duas abordagens para atender a vários segmentos – trabalhar com um único produto ou versões diferentes – traz o risco de demora na fase de desenvolvimento, o que pode ser prejudicial, especialmente em mercados de tecnologia em rápida evolução.

Muitas startups se concentram em um único segmento na estreia, pois isso acelera a chegada ao mercado e porque, ao se concentrar nas necessidades de um segmento, podem conquistar uma fatia maior de um mercado menor. É mais fácil defender uma posição como essa e crescer a partir dela. Após o lançamento, a startup pode, então, tentar modificar o produto e/ou o marketing para chegar a outros públicos. Veremos exemplos dessa modalidade de expansão na Parte II.

	Um segmento	**Vários segmentos**
Benefícios	• Chegar antes ao mercado • Fatia maior do mercado: mais fácil de defender/ampliar uma posição forte	• Mais receita potencial
Riscos	• Menos receita potencial	• Excesso de complexidade • Produto/serviço inchado e sem foco • Demora para desenvolver produto • Necessidade de vender para vários segmentos

2. **Pouca ou muita inovação?** Ao criar um primeiro produto, o empreendedor precisa decidir o quanto vai inovar. Há quem ache que mais inovação é sempre melhor. Mas, como veremos, quem pensa assim pode terminar em apuros.

Em startups, a inovação pode ser de três tipos: 1) *modelo de negócios novo*, como no caso da Rent the Runway, que, em vez de vender, alugava roupas; 2) *tecnologia nova*, como no caso da Solyndra, uma fabricante de painéis solares cilíndricos de uma película fina exclusiva; e 3) *combinação inusitada de tecnologias existentes*, como no caso da Quincy Apparel, que usava um sistema de medidas semelhante ao utilizado na alfaiataria masculina para criar roupas com modelagem aprimorada para mulheres.

Certas formas de inovação exigem mudanças no comportamento do cliente, o que pode gerar custos de troca ou migração: o consumidor pode ter de aprender a usar um novo tipo de produto e assumir o risco de que uma solução ainda não comprovada não cumpra as expectativas. Logo, quando a inovação requer uma mudança de comportamento, o valor para o cliente precisa superar qualquer eventual custo de migração. A inovação da Quincy era boa, por exemplo, porque prometia um grande benefício – roupas com modelagem aprimorada – em troca de uma pequena mudança na conduta do cliente. O público feminino já estava acostumado a comprar roupas pela internet; precisava apenas repassar à Quincy um punhado de medidas adicionais do corpo. Assim, o custo de migração era mínimo.

Muitas vezes, a adoção de uma tecnologia inovadora não exige qualquer mudança no comportamento do cliente – que pode seguir fazendo exatamente o que fazia até ali, só que com custo menor, velocidade maior ou confiabilidade melhor. O primeiro iPhone, por exemplo, dependia de pontos de acesso a wi-fi para localização, o que dava menos precisão que o GPS. Quando chips de GPS foram incorporados à segunda geração, o usuário começou a receber indicações de caminho e localizações melhores sem precisar mudar o modo como usava o aparelho ou aplicativos de mapas. A transição foi imperceptível.

O público é atraído por uma mescla de novidade com familiaridade. Para o empreendedor, portanto, inovar significa buscar um meio-termo, à la Cachinhos Dourados. Se não houver suficiente inovação, o produto não vai se diferenciar dos rivais que já existem. Se lançar uma "ratoeira" mais ou menos – em vez de uma melhor –, a startup provavelmente fracassará. No outro extremo, uma startup que tenta inovar demais pode fazer mais do que o público necessita. Vai gastar rios de dinheiro com marketing para tentar convencer esse público a provar sua radical solução. E haverá o risco de demora no desenvolvimento do produto caso a inovação exija alguma proeza tecnológica e de engenharia. O pioneirismo em uma categoria fundamentalmente nova – robôs sociais para o lar – fez a Jibo enfrentar esses desafios.

	Menos inovação	Mais inovação
Benefícios	• Baixo custo de troca	• Alta diferenciação
Riscos	• Pouca diferenciação	• Dar mais do que o cliente necessita
		• Alto custo de troca
		• Demora no desenvolvimento do produto
		• Alto custo de marketing

3. **Solução "low-touch" ou "high-touch"?** Certas startups lançam uma solução em "tamanho único" e com o mínimo em termos de atendimento. Outras criam um produto mais customizado e com atendimento personalizado. Chamemos esses dois modelos de "low-touch" e "high-touch", respectivamente. Para comparar os dois, consideremos dois sites feitos para ajudar pais a encontrar uma babá. O Care.com é um serviço low-touch: dá acesso a uma lista enorme de cuidadores, mas deixa aos pais o trabalho de filtrar os resultados, conferir perfis, fazer contatos e entrevistar candidatos – um processo que consome tempo e gera muita ansiedade. Já a Poppy, uma startup que não deu certo[6] e que encontraremos nos capítulos seguintes, criou uma solução high-touch e sob demanda para solucionar esse mesmo problema. Se a babá de alguém saía de férias, por exemplo, a pessoa simplesmente mandava uma mensagem de texto pedindo uma substituta capacitada, minuciosamente avaliada pelo serviço. Não havia, para os pais, qualquer necessidade de examinar a qualificação dessa pessoa.

Para o empreendedor, a decisão de criar uma solução low-touch ou high-touch exige pesar uma série de trade-offs. Por serem padronizadas – ou seja, iguais para todo e qualquer cliente –, soluções low-touch podem ser escaladas com mais facilidade. A padronização também facilita a automação, de modo que o produto low-touch pode ser oferecido a um custo mais baixo. Isso é fundamental, pois a solução low-touch é, pela própria natureza, indiferenciada e, portanto, não pode ter um preço alto.

Já uma solução high-touch pode ter um custo maior porque o usuário está disposto a pagar mais por 1) uma solução sob medida para suas necessidades específicas, como no caso de roupas com modelagem melhor da Quincy, ou 2) uma solução que presta um serviço superior, como a capacidade da Poppy de atender pedidos de última hora. Essa receita maior é necessária para cobrir o custo adicional de oferecer uma solução high-touch. Às vezes, no entanto, startups que trabalham com soluções high-touch enfrentam desafios operacionais que a receita maior não pode resolver – e que a impedem de escalar depressa. No caso da Poppy, a escassa oferta de babás qualificadas freou a expansão. No final, a incapacidade de atingir a escala desejada levou a fundadora a fechar a startup.

	Low-touch	**High-touch**
Benefícios	• Mais fácil de escalar • Custos operacionais menores	• Alta diferenciação • Preço maior
Riscos	• Baixa diferenciação • Preço menor	• Desafios operacionais • Difícil de escalar • Custos operacionais maiores

Tecnologia e operações

Para sobreviver, a startup precisa cumprir sua promessa de valor – o que, na prática, significa inventar o produto, produzi-lo, entregá-lo fisicamente e fazer a manutenção pós-venda. Falhas na execução de qualquer dessas etapas podem ser letais.

Tirando a necessidade de execução impecável, a maioria das startups precisa tomar uma única decisão de "vida ou morte" envolvendo sua tecnologia e suas operações: terceirizar atividades cruciais ou fazer tudo por conta própria? Decidir, por exemplo, entre investir em um novo armazém ou alugar uma instalação já pronta, ou entre montar uma equipe de atendimento ao cliente ou contratar um call center especializado, ou entre criar aplicativos internamente ou terceirizar essa atividade.

O risco embutido em cada decisão é considerável, pois o capital levantado na primeira rodada de investimento de um novo negócio em geral só dura para administrar o negócio por 12 a 18 meses. Se levar quatro meses até descobrir que deixar o desenvolvimento do produto a cargo de um terceiro foi um grande erro e outros três meses para montar um time de engenheiros que faça o trabalho internamente, o empreendedor pode torrar metade do capital levantado – com pouco progresso a mostrar e margem nenhuma para voltar a errar.

Escolhas embutidas nesse tipo de decisão – "fazer ou comprar" – podem ser dificílimas. Fazer tudo por conta própria pode demorar, custar caro e aumentar a complexidade da organização. Terceirizar, em geral, significa ter acesso mais rápido a recursos, quase sempre com um investimento inicial fixo menor. Mas, para uma startup engatinhando, achar parceiros nem sempre é fácil. Além disso, fazer tudo internamente pode garantir um lucro maior – se seus custos forem iguais aos de um terceiro, pois o preço que esse fornecedor cobraria embutiria uma margem de lucro. O desenvolvimento interno tem outras duas grandes vantagens: a startup pode manter o controle sobre recursos cruciais e adaptar atividades às suas necessidades específicas. Ainda neste capítulo, abordaremos os desafios específicos que startups no estágio inicial enfrentam na hora de fazer parcerias estratégicas.

	Criar tecnologia e operações	Terceirizar tecnologia e operações
Benefícios	• Lucro potencialmente maior • Controle de atividades cruciais • Adaptação das atividades a necessidades do negócio	• Acesso mais rápido a recursos • Menor investimento inicial fixo
Riscos	• Demora e alto custo • Ausência de know-how • Complexidade operacional	• Menos controle • Dificuldade de achar parceiros confiáveis

Marketing

Obviamente, um novo negócio precisa que potenciais clientes conheçam sua novidade. Aqui, a decisão crucial para startups no estágio inicial é quanto gastar em marketing. É outro dilema à la Cachinhos Dourados: exagerar, para cima e para baixo, pode ter consequências fatais. Vejamos dois extremos:

- **"Se você construir, eles virão".** Essa abordagem parte do princípio de que um produto bom se vende sozinho – mais especificamente, de que vai viralizar só com o boca a boca e que menções na mídia vão turbinar a aquisição de clientes logo cedo. Há duas vantagens nessa visão. Uma é que minimizar despesas com marketing ajuda a startup a conservar fundos escassos. A outra é que o público costuma ser mais fiel quando adquirido "organicamente" – se foi atrás do produto em vez de ter sido fisgado por publicidade.

  E se, depois de criado o produto, o público não aparecer? O investidor Marc Andreessen tem a seguinte opinião: "A principal razão para não investirmos em um empreendedor é o foco exclusivo no produto. A tendência, no Vale [do Silício], é cultivar e glorificar essa mentalidade. O ruim, no entanto, é que isso dá ao empreendedor desculpa para ignorar vendas e marketing, que são coisas difíceis. Muita gente cria produtos espetaculares, mas simplesmente não tem uma boa estratégia de distribuição. Pior ainda é quando a pessoa bate o pé que não precisa de uma ou chama a ausência dela de 'estratégia de marketing viral'."[7]

Há, sim, produtos excelentes que viralizam de cara, sem nenhum investimento em publicidade ou outras táticas de marketing pago. Dropbox, Twitter, Pinterest, Instagram e YouTube vêm à mente. Mas são raras exceções – não é à toa que são chamados de "unicórnios" –, e um empreendedor não deve ir achando que terá esse mesmo destino. Além disso, ter viralizado sem marketing pago não significa que houve *zero* marketing. Se investigar, o leitor invariavelmente verá que a startup investiu muita energia, ainda que não capital, para bolar e executar ações astutas para promover a viralidade. O vídeo que Drew Houston fez para apresentar o Dropbox, por exemplo,[8] estava cheio de mensagens que só os supernerds entenderiam (referências a relatórios TPS do filme *Office Space* ou ao comando 09 F9 para desbloquear discos blu-ray, um coisa de hackers). Essa turma foi a primeira a adotar o Dropbox e não só saiu falando bem do produto sem cobrar nada como agiu feito um suporte técnico gratuito.

- **Lançamento "Big Bang".** No fim da década de 1990, no auge das pontocom, era comum uma startup fazer grandes campanhas de publicidade e relações públicas para lançar um produto. Essa abordagem caiu em desuso hoje, mas ainda vemos startups no estágio inicial gastando pesado em marketing, já de saída. Quando surte efeito, o estardalhaço na estreia pode alçar a startup a uma posição dominante em um novo mercado. Porém, é arriscado investir agressivamente em marketing antes de garantir o ajuste "produto-mercado", ou seja, antes que o produto satisfaça necessidades do mercado e possa ser produzido e vendido com lucro, nem que seja no longo prazo. Se a demanda acabar sendo menor que a esperada, a startup pode pivotar para uma nova proposta de valor, o que provavelmente confundirá a clientela existente. Investir pesado em marketing antes de pivotar é pior que dinheiro jogado fora. É algo que prejudica a startup, pois confunde e afugenta a base de clientes atual e potencial. Esse risco foi corroborado pelo Startup Genome Project,[9] um estudo sobre práticas de gestão de startups no estágio inicial que chegou à conclusão de que expandir campanhas de marketing e de desenvolvimento do produto antes da hora é uma causa muito comum do insucesso de startups.

	Menos marketing pago	Mais marketing pago
Benefícios	• Caixa preservado • Clientes mais fidelizados	• Crescimento mais rápido
Riscos	• Incapacidade de chegar a clientes	• Custo elevado • Esforço em vão se startup pivotar

Fórmula do lucro

A fórmula do lucro de um negócio é seu plano para ganhar dinheiro: quanta receita vai gerar e que custos vai ter? Na fórmula do lucro, receita e custo são desmembrados nos elementos que compõem cada um. A receita depende do preço do produto e do número de unidades vendidas. Já custos são vários e de natureza distinta. *Custos variáveis*, como os de componentes utilizados para produzir cada robozinho Jibo, dependem diretamente do número de unidades vendidas. *Custos de marketing* variam de acordo com o número de novos clientes adquiridos. *Despesas fixas*, como salários de executivos ou aluguel de salas comerciais, são, como o próprio nome diz, fixas, pelo menos no curto prazo.

Em tese, o empreendedor não decide qual será a fórmula do lucro. Receita e custos são determinados por escolhas relacionadas aos outros três elementos da oportunidade do negócio: proposta de valor, tecnologia e operações e marketing. Juntas, essas decisões determinam quem o negócio servirá e em que número, que preço cobrará pelo produto, como atrairá clientes, se prestará um serviço "high touch" – com os custos que isso acarreta – e por aí vai.

A viabilidade econômica de uma startup em longo prazo depende de seu desempenho em uma série de métricas distintas, sendo as três seguintes mais críticas que outras:

- **Receita unitária:** quando pergunta sobre a receita unitária (*unit economics*) de uma startup, o que o investidor quer saber é que lucro a empresa terá por unidade vendida. A unidade relevante varia de acordo com a empresa. No caso de uma fabricante como a Jibo, a unidade seria a venda de um robô. Em um serviço por assinatura como Netflix ou Spotify, pode ser o lucro mensal por assinante. Observe que o "lucro", nesse contexto, é o bruto, ou seja, receita por unidade menos todos os custos variáveis incorridos diretamente na produção e entrega da unidade (custo de fabricar, mão de obra em depósitos para embalar, custo de transportar, tarifas pagas a empresas de cartão de crédito etc., tudo isso calculado a cada unidade). Nessa equação não entram custos de marketing, despesas fixas, pagamento de juros de dívidas ou imposto de renda. A dedução desses itens resultaria no lucro líquido.

A análise da receita unitária de uma startup indaga, basicamente, quanto dinheiro a empresa ganha – ou perde – com uma transação típica. Se a saúde da empresa for boa, essa cifra, multiplicada pelo número de transações, vai gerar um fluxo total de caixa suficiente para cobrir: 1) custos de marketing e despesas fixas; 2) investimentos necessários para o negócio seguir crescendo (em estoque ou maquinário, digamos); 3) serviço de dívidas, se houver; 4) impostos; e 5) um lucro satisfatório para quem investiu na empresa – suficiente para incentivá-los a aportar mais capital, se necessário. Já que todo negócio é diferente, não dá para fazer generalizações sobre o que seria "saudável" em termos de lucro por transação. No entanto, uma empresa que perde dinheiro em toda transação provavelmente está em apuros – a menos que seus gestores tenham um plano claro para reverter essa perda.

- **Razão LTV/CAC:**[10] o LTV (o valor do cliente ao longo da vida, do inglês *lifetime value*) é o valor presente descontado do lucro bruto obtido enquanto durar o relacionamento de um cliente típico com a empresa. O "valor presente descontado" computa o fato de que um montante recebido no futuro não vale tanto quanto o mesmo montante recebido hoje, pois o dinheiro de hoje poderia ficar no banco rendendo juros até que o do futuro chegue. O LTV basicamente deduz esse juro não realizado de cifras a receber no futuro.

  O custo de aquisição do cliente (CAC) é a despesa média do marketing para a aquisição de um cliente típico. Um LTV/CAC abaixo de um significa que o cliente vale menos que o custo de conquistá-lo. Se a relação LTV/CAC permanecer abaixo de um por período prolongado, a startup provavelmente estará com os dias contados, pois não terá lucro bruto suficiente para cobrir despesas fixas e gerar um lucro líquido. É por isso que muitas startups trabalham com a meta de um LTV/CAC superior a três.

- **Breakeven, ou ponto de equilíbrio:** o LTV/CAC é um indicador crucial do desempenho, mas é bom lembrar que o fluxo de caixa de clientes entra no decorrer do tempo, ao passo que o custo de aquisição do cliente incide já no começo. Isso significa que uma startup com uma relação LTV/CAC saudável que esteja ampliando agressivamente a base de clientes pode estar rapidamente esgotando as reservas de capital e, por conseguinte, correndo o risco de violar a principal regra do empreendedorismo: não ficar sem dinheiro! Para prevenir esse desfecho, o empreendedor precisa de projeções confiáveis do fluxo de caixa, além de uma noção de quando a startup vai chegar ao ponto em que começa a gerar, em vez de consumir, caixa. Em outras palavras, quando vai chegar ao breakeven, ao ponto de equilíbrio do fluxo de caixa. Isso ocorre quando o volume de vendas do negócio gera um lucro bruto suficiente para cobrir impostos devidos, despesas de marketing, custos fixos e novos investimentos (equipamento adicional e estoque para sustentar a próxima rodada de expansão, por exemplo).

Meu estudo de empresas no estágio inicial mostra que o domínio dessas métricas da fórmula do lucro pelo fundador pode aumentar as chances de sucesso (veja detalhes no Apêndice). Fundadores/CEOs no comando de startups em dificuldades depositavam muito menos fé em suas projeções de receitas unitárias, LTV/CAC e fluxo de caixa nos seis meses seguintes do que colegas de maior sucesso.

Componentes de recursos

Juntos, os quatro componentes descritos – o losango no modelo "losango e quadrado" – resumem a oportunidade: o que a empresa vai oferecer e a quem; seu plano envolvendo tecnologia e operações; sua abordagem de marketing; e como o negócio vai ganhar dinheiro. Para explorar essa oportunidade, a empresa vai precisar dos recursos certos na quantidade certa.

O quadrado no modelo "losango e quadrado" indica os quatro tipos de provedores de recursos cuja contribuição é importante para o sucesso da maioria das startups. Aí entram os fundadores do negócio, outros integrantes do time, investidores externos e parceiros estratégicos que podem fornecer tecnologias essenciais, recursos operacionais ou acesso a canais de distribuição.

Os quatro componentes do quadrado devem se complementar, de modo que a abundância de um recurso possa compensar a deficiência de outro. Um fundador sem experiência no setor, por exemplo, pode ser respaldado por gente tarimbada no time ou por investidores dotados dessa experiência.

Fundadores

Como expliquei[11] no capítulo anterior, a adequação do fundador pode ser decisiva para o destino do negócio. Já conflitos entre fundadores podem destruir uma startup. Às vezes, os fundadores chegam juntos à ideia do empreendimento e trabalham lado a lado desde o início. Em muitos outros casos, um único fundador gerou a ideia, ou seja, teve, sozinho, o lampejo original para explorar a oportunidade. Nesse caso, o fundador normalmente recruta outros para a equipe fundadora.

Em qualquer um dos casos – fundadores juntos desde o início ou integrados ao longo do tempo –, chega um momento em que tanto fundadores como investidores precisam perguntar: Dada a natureza da oportunidade e as capacidades dos fundadores originais, é preciso buscar outros cofundadores e/ou se desfazer de algum dos atuais? Para tomar essa decisão, é importante considerar três aspectos: vivência no setor, experiência funcional e temperamento.

- **Vivência no setor.**[12] Ter experiência prévia na área é mais importante em certos casos do que em outros. Para os cofundadores da Jibo, por exemplo, era óbvio que desenvolver o robô e lançá-lo no mercado traria desafios que superavam suas capacidades – daí terem instalado na presidência Steve Chambers, um tarimbado executivo do mundo da tecnologia. Essa experiência prévia no setor, no entanto, nem sempre é um fator decisivo. No próximo capítulo, mostrarei em que casos isso é importante.
- **Experiência funcional.** O time fundador também precisa exibir a combinação certa de tino para o negócio e bagagem

técnica relevante para a oportunidade que a startup está explorando. Em geral, a expressão *hacker and hustler* é usada para se referir a esse time: o "hacker" seria alguém bom na engenharia e o "hustler" alguém bom nos negócios – sobretudo alguém que saiba vender. Naturalmente, o time fundador pode compensar quaisquer insuficiências contratando executivos com habilidades relevantes.

Cuidado com times fundadores formados por gente com formação e experiência funcional parecidas. Startups lançadas em faculdades de administração geralmente se encaixam nesse perfil.

- **Temperamento.** É preciso muita confiança para se lançar ao mercado a fim de fazer algo que até então nunca foi realizado. Já está comprovado[13] que, na comparação com outras pessoas, empreendedores são, em média, mais confiantes, ou seja, mais inclinados a superestimar a exatidão de suas previsões sobre resultados incertos. O lado bom é que muitos atributos de fundadores altamente confiantes aumentam a probabilidade de sucesso de uma startup. Confiança traz resiliência, por exemplo, o que é crucial para quem está embarcando na montanha-russa que é empreender. Além disso, fundadores que projetam confiança são mais persuasivos ao apresentar sua visão a potenciais funcionários e investidores.

Contudo, como veremos caso após caso, o excesso de confiança pode levar o empreendedor a correr riscos demais, especialmente quando a paixão pela ideia o impede de enxergar a dura realidade a sua frente. No outro extremo, a falta de confiança de um fundador também pode destruir o negócio, pois torna difícil atrair trabalhadores e investidores. O grau de confiança do fundador,[14] portanto, deve estar idealmente a meio caminho entre "convencido demais", em uma ponta, e "muito inseguro", na outra. Qualquer um dos extremos pode ter consequências fatais.

Um fundador inseguro – que talvez confie pouco em si, não tenha paixão pela ideia ou subestime o esforço e o estresse associados ao papel de fundador – vai jogar a toalha muito mais depressa que um fundador convencido demais. Potenciais trabalhadores e investidores perceberão essa ambivalência e a falta de uma visão clara. A estratégia do negócio pode ir mudando ao sabor dos ventos, pois esse fundador vai alterando repetidamente a rota com base em conselhos recebidos a torto e a direito.

Já um fundador obstinado, convencido demais de que uma oportunidade é interessante ou de sua própria capacidade de competir, tende a criar um negócio com insuficiente capital, subestimar a concorrência e exagerar a própria competência. Se sobreviver à fase de lançamento, o convencido – achando que seu plano original é sólido – pode relutar em pivotar de uma oportunidade falha para outra, considerada melhor por observadores imparciais. Além disso, talvez seja difícil trabalhar com um fundador convencido, pois essa pessoa pode estar sempre na defensiva, ser crítica (rotular os colegas como heróis ou idiotas), avessa a delegar, inclinada a ignorar conselhos ou determinada a fazer tudo do seu jeito. É capaz que isso tudo torne difícil ao negócio recrutar e reter gente qualificada para a equipe.

Diante disso, o empreendedor deve evitar incluir ou manter no time de fundadores indivíduos situados muito perto de cada extremo do espectro "convencido a inseguro". Também é importante saber se os cofundadores são complementares em termos de temperamento. É provável que dois convencidos, por exemplo, estejam sempre se chocando de modo disfuncional, enquanto um convencido e um inseguro se compensem mutuamente.

Como, então, saber se um fundador é confiante demais? Muitas vezes, a resposta está em sinais como falta de humildade, relutância em ouvir e uma atitude defensiva ou inflexível ao ser questionado. Uma saída seria consultar ex-colegas sobre seu comportamento no passado. O risco aqui é que, embora tenha sido problemática antes, é provável que a pessoa tenha aprendido com os erros. Veremos, na Parte III, que certos empreendedores, tendo fracassado, puderam refletir sobre a experiência e mudar o estilo de gestão.

	Fundadores convencidos	**Fundadores inseguros**
Benefícios	• Resiliência • Capacidade de atrair investidores	• Análise lúcida de riscos • Menor incidência de decisões impulsivas
Riscos	• Otimismo exagerado • Possibilidade de ser arrogante, defensivo, alguém com quem é difícil trabalhar	• Falta de paixão • Falta de persistência • Problemas para atrair funcionários e investidores

Equipe

Se outros componentes do modelo "losango e quadrado" estiverem alinhados, uma equipe fraca dificilmente será letal para o projeto. Agora, se os demais elementos também estiverem fora de esquadro, a debilidade do grupo pode ser a gota d'água.

Uma decisão que costuma ser difícil na hora de montar a equipe[15] é decidir se priorizar atitude ou currículo. Chegar a um equilíbrio é difícil. Se privilegiar a atitude, o fundador pode acabar montando um time repleto de generalistas, todos motivados, esforçados e capazes de passar rapidamente de uma tarefa a outra conforme as circunstâncias exigirem. Contratar de olho no ajuste cultural pode ter um efeito parecido, atraindo indivíduos que abraçam a missão da empresa e sentem forte afinidade com os colegas de trabalho – e que moverão montanhas por um senso de dever para com ambos. Só que nem todo empenho do mundo será suficiente se ninguém for qualificado para resolver problemas difíceis de marketing, engenharia e outras áreas.

Privilegiar o currículo do candidato na hora de contratar pode dar um belo empurrão no desempenho da empresa. Entretanto, atrair gente especializada e talentosa nem sempre é fácil para uma startup desconhecida, sem dinheiro e com chances incertas de sobrevivência. Além disso, fundadores sem experiência prévia em uma determinada área não terão uma boa rede de contatos para chegar aos candidatos certos – e, ainda que consigam atrair gente especializada, podem ter dificuldade para separar o joio do trigo.

Um time de gente especializada e qualificada tem seus contras. É possível, por exemplo, que esse pessoal vá logo adotando soluções que surtiram efeito na empresa anterior, mas que podem não ser adequadas para uma startup ainda engatinhando. Outro risco é que o especialista se recuse a ajudar em coisas fora de sua área de especialização, pois "não é sua função". Além disso, se a pessoa estiver habituada a trabalhar em organizações com processos bem-definidos, que indiquem exatamente como o produto do trabalho e a informação devem fluir de um setor para outro, talvez seja difícil lidar com a ausência de processos de uma empresa nova. Por último, se a startup pivotar nessa fase inicial, certos especialistas podem se tornar desnecessários, deixando ao fundador a difícil e desmotivante tarefa de demitir gente talentosa.

	Contratar pela atitude	**Contratar pelo currículo**
Benefícios	• Funcionários leais, empenhados e flexíveis	• Reforço nos resultados
Riscos	• Falta de experiência em áreas cruciais	• Dificuldade para atrair e reter talentos • Imposição de soluções prévias inadequadas • Postura "não é minha função" • Falta de entendimento dos ritmos da startup; preocupação com ausência de processos

Investidores

Com uma startup em fase inicial,[16] os fundadores precisam decidir quando buscar capital, quanto captar e de quem. Qualquer erro aqui pode ter sérias consequências. Para complicar, empreendedores sem muita bagagem talvez tenham menos liberdade na hora de tomar essas decisões. Quem sabe tenham dificuldade para levantar capital e sejam obrigados a se adaptar, sacrificando o "ajuste do investidor" para se manter à tona.

- **Quando buscar capital?** Decidir quando sair em busca de mais capital é um ato de equilibrismo. É preciso prever quando o capital atual do negócio será esgotado. No jargão em inglês, esse ponto é conhecido como *fume date* da startup: quando o tanque esvazia e o negócio fica sem combustível para rodar. Tendo previsto quando isso vai ocorrer, o fundador precisa retroceder e estimar quanto tempo levaria para levantar mais fundos, o que depende de dois fatores. O primeiro é que investidores vão agir com mais rapidez se a startup tiver demonstrado boa tração – o que é visível quando a receita sobe, há engajamento do cliente ou marcos importantes são atingidos (por exemplo, finalização do produto, início do teste beta etc.). Tudo isso pode turbinar muito a avaliação de valor do negócio. Segundo, o empreendedor precisa prever o humor do investidor. Já que este se move com a manada, o venture capital está sujeito a ciclos de expansão e contração. Quando um setor está em alta, VCs correm para incluir startups dessa arena no portfólio. Mas esse humor pode azedar depressa e, quando isso ocorre, até startups saudáveis podem ser rejeitadas.

Se um fundador captar recursos muito cedo, antes de atingir metas importantes, investidores insistirão em pagar menos pela participação, pois estarão assumindo um risco maior de que a startup dê errado.

Uma avaliação de valor menor significa mais diluição da participação acionária dos fundadores. Para entender o porquê, imaginemos que um empreendedor, na primeira captação externa, busque uma rodada de US$ 2 milhões em seed. Se investidores atribuírem à startup uma avaliação de valor "post-money" de US$ 8 milhões (o que equivale a uma soma da avaliação de valor "pre-money" e do novo capital de respectivamente US$ 6 milhões e US$ 2 milhões neste exemplo), depois de levantado o capital, os investidores deterão 25% do equity líquido (ou seja, os US$ 2 milhões que aportaram divididos pela avaliação de valor post-money de US$ 8 milhões para o patrimônio da startup); o fundador terá 75%. Em comparação, se a startup conseguir levantar US$ 2 milhões com uma avaliação de valor post-money de apenas US$ 4 milhões, o fundador do exemplo terá apenas 50% do patrimônio após o aporte.

No outro extremo, se um time fundador esperar demais para começar a captação, o risco é que demore mais que o esperado para levantar dinheiro – talvez porque seu setor saiu do radar dos investidores, tendo entrado na fase de "contração" do ciclo de expansão-contração. Se uma startup ficar com pouco dinheiro durante essa "estiagem" de recursos, é possível que qualquer capital a mais que arrecade venha com condições adversas – de novo, resultando em um preço inferior para novas ações, uma avaliação de valor baixo e considerável diluição do capital tanto para gestores como para quem investiu antes.

	Captar mais cedo	**Captar mais tarde**
Benefícios	• Aproveitamento da fase de expansão do mercado	• Com mais tração, levantamento de fundos mais depressa e com menos diluição de patrimônio
Riscos	• Maior diluição do patrimônio • Com menos tração, mais dificuldade para atrair investidores	• Condições adversas se demorar para levantar fundos • Condições adversas se mercado entrar em contração

- **Quanto captar?** A decisão de quanto capital levantar envolve os mesmos trade-offs relacionados ao momento de captar recursos. Como diz meu colega na HBS Bill Sahlman,[17] é provável que um fundador às voltas com essa decisão se veja em uma disputa entre a ganância e o medo. Ganância porque o fundador (e os investidores atuais) verá sua participação no capital menos diluída se 1) esperar para levantar mais fundos depois de atingir mais metas e/ou 2) levantar o mínimo absoluto de capital necessário para atingir essa próxima rodada de metas. E medo porque, se esperar para captar ou captar muito pouco, não terá uma reserva de capital para enfrentar eventuais contratempos – se precisar, por exemplo, pivotar para outra oportunidade, ou for pego de surpresa por rivais. Sem esse "buffer", a startup pode ser obrigada a fazer, na marra, uma rodada chamada de "ponte", na qual, muito provavelmente, o valor das ações será menor. Essa rodada pode acelerar a derrocada da startup, pois sinaliza que o barco está afundando, dificultando a contratação de mais gente. Além disso, quem já trabalha na empresa e vê suas opções de ações ficarem "underwater" ficará mais inclinado a partir.

Diante dessas considerações, certos empreendedores seguem a filosofia de levantar o máximo de capital possível, sempre que possível. E, com efeito, ter acesso a rios de dinheiro pode ser uma arma competitiva se a startup precisar enfrentar rivais agressivas. No entanto, levantar uma grande rodada também é capaz de prejudicar a empresa, pois há o risco de a gestão ser perdulária com os recursos. Marc Andreessen acha[18] que uma startup que capta muito dinheiro pode acabar "contaminada por uma cultura de complacência, preguiça e arrogância". Disfunções resultantes incluem 1) inchaço dos quadros, com a consequente desaceleração na tomada de decisões, pois são muitos gerentes opinando, e 2) atrasos no cronograma, pois, com a fartura de dinheiro, o pessoal pensa: "Por que a pressa?".

Na mesma linha, levantar dinheiro de investidores dispostos a pagar um preço elevadíssimo pelas ações pode significar menos diluição da participação do empreendedor, mas acabar sendo contraproducente. Se o valor for alto demais, talvez seja difícil fazer progresso suficiente para justificar um preço ainda maior na rodada seguinte de financiamento. O resultado? Uma rodada subsequente com avaliação de valor menor (um "down round"), com os efeitos negativos descritos anteriormente.

- **De quem?** Um investidor pode ser de tremenda ajuda para uma startup em estágio inicial, dando bons conselhos sobre desafios estratégicos, indicando gente para trabalhar na empresa, orientando o fundador sobre o estilo de gestão e liderança e expondo o empreendedor a pessoas que possam contribuir na rodada seguinte de captação. Como bem sabem os participantes do reality *Shark Tank*, levantar capital de investidores famosos sugere que a startup é promissora e consegue trazer benefícios na contratação e na captação de fundos até quando esse investidor não toma nenhuma medida direta em prol da iniciativa.

Em comparação, a falta de sintonia com o investidor pode causar dois tipos de problema. O primeiro é o desalinhamento de trade-offs envolvendo risco e retorno. O modelo de negócios de firmas de venture capital consiste em ter retornos espetaculares de uma pequena parcela dos investimentos da carteira. Em uma firma de VC de sucesso, o lucro obtido de um punhado de investimentos de altíssimo sucesso mais do que compensa o dinheiro perdido ou empatado no grosso de seus investimentos. Esse modelo leva a maioria dos VCs a pressionar empresas da carteira a adotar estratégias arriscadas que, se emplacarem, darão um grande retorno. Muitos fundadores compartilham essa disposição a correr grandes riscos para obter grandes retornos. Já outros, sem a pressão dos investidores, optariam por uma estratégia mais segura, de retorno talvez mais modesto. Nos capítulos a seguir, veremos como essa dinâmica se deu nas startups Quincy e Baroo. Na hora de escalar, certas startups também dizem, na Parte II, ter sofrido "muita pressão de VCs".

Um segundo problema com a adequação do investidor tem a ver com sua capacidade e disposição para aportar mais capital em uma startup que vai mal e está ficando sem caixa. Aqui, a atitude de investidores pode variar muito. Se a startup precisa de mais capital porque atrasou o cronograma de lançamento do produto ou necessita de mais tempo para pivotar, em geral é mais fácil levantar fundos adicionais de investidores atuais. Ainda que receiem colocar mais dinheiro em algo que não vai bem, esses investidores conhecem o time, o produto e o mercado da startup – mais do que investidores novos; sabem dos desafios que o negócio está enfrentando e do retorno potencial se a coisa der certo. E podem até querer "dobrar a aposta" por razões emocionais – para mostrar confiança na decisão inicial de investir na empresa. Novos investidores, por sua vez, verão com desconfiança um negócio que não bateu metas. Por essas razões, fundadores no estágio inicial – sobretudo se forem do tipo "propensos a acidentes" – devem buscar investidores acostumados a dar esse tipo de socorro e com capital suficiente em seu fundo atual para isso.

A maioria das firmas de VC abre um novo fundo de tempos em tempos. Para evitar o conflito de interesses, raramente fazem investimentos subsequentes (*follow-on*) em uma empresa que já está na carteira com recursos de um novo fundo. Se o fizessem, teriam como influenciar a avaliação de valor da rodada subsequente de modo a canalizar o lucro para um fundo em detrimento do outro. O empreendedor precisa, portanto, verificar se seus investidores têm suficiente capital ainda não alocado no fundo atual para fazer novos aportes.

Parceiros

Tal como ocorre com decisões ligadas à composição do time, escolhas ruins sobre parcerias raramente são a principal causa do insucesso de uma startup. Contudo, tendem a aumentar a probabilidade de fracasso ao criar mais um problema sério a ser enfrentado. A certa altura, a gestão não consegue tirar água do barco com rapidez suficiente, e a embarcação afunda.

Para seguir com a metáfora náutica,[19] Marc Andreessen compara a startup que busca fazer uma parceria estratégica com uma empresa grande ao Capitão Ahab e à Moby Dick, respectivamente. Para quem não leu o livro, aqui vai um spoiler: a coisa não termina bem para Ahab. Depois de caçar por décadas a Moby Dick, o obcecado Ahab finalmente arpoa a baleia, que o arrasta para a morte nas profundezas do oceano. "O problema de lidar com uma empresa grande é ser derrubado por ela", explica Andreessen. "Ela pode matar com uma simples pisada, porém mais provavelmente vai envolver você em uma parceria ruim que acaba travando tudo, ou levando você a gastar tempo demais em reuniões e perder o foco".

Como observado anteriormente na discussão sobre terceirização, uma parceria pode garantir acesso rápido a recursos sem um investimento inicial fixo. Isso posto, em sintonia com o que Andreessen disse, pode ser difícil para uma startup desconhecida, com uma probabilidade incerta de sobrevivência, emplacar uma parceria com uma empresa estabelecida. E, ainda que consiga, a startup pode ter dificuldade para conseguir a atenção dessa parceria e manter os interesses dela alinhados com os do novo negócio.

Nesse sentido, o fundador/CEO do Dropbox,[20] Drew Houston, descreveu como foi frustrante sua campanha inicial para fechar uma parceria de distribuição: "Às vezes, uma empresa grande parece estar contente por estar falando com a startup. Coloca uma dúzia de gerentes de nível médio (nenhum com qualquer poder) para analisar a questão e se inteirar sobre sua tecnologia. Ficam meses enrolando. Estamos a ponto de fechar um acordo com uma das grandes fabricantes de antivírus. No último minuto, vem um vice-presidente sênior e anuncia que vão enterrar nossa marca, ao contrário de tudo o que havíamos discutido até aquele momento".

Uma parceria pode dar errado por vários motivos – e, quanto maior o desequilíbrio de poder entre os envolvidos, maior a probabilidade de que não haja acordo ou, se houver, de que acabe afundando. Em certos casos, demora muito para chegar ao sim. Como sugere Houston, há empresas grandes simplesmente interessadas em saber mais sobre a tecnologia e a estratégia de uma startup – e talvez até em roubar ideias. Algumas podem ter interesse genuíno, ainda que a parceria não esteja em sua lista de prioridades. Além disso, representantes de empresas grandes volta e meia arrastam de propósito as negociações para ganhar poder de barganha. Sabem que, nesse ínterim, a startup está queimando dinheiro e, no desespero, acabaria fazendo concessões.

Uma vez fechado o acordo, é possível que os parceiros não cumpram o prometido. Em empresas grandes, pode ser que certas políticas sejam opacas e as pessoas que se sintam ameaçadas pela parceria tentem sabotá-la. Outro risco é que o defensor da aliança saia da companhia, deixando a startup sem apoio lá dentro. E, ainda que a relação azede, a startup fique atada a esse parceiro. Se o problema persistir por muito tempo, a probabilidade de insucesso inevitavelmente aumentará. A startup vai, por exemplo, gastar seu dinheiro enquanto pena para achar uma alternativa, sacrificando a qualidade e o atendimento ao cliente nesse meio-tempo.

	Fechar parcerias
Benefícios	• Acesso rápido a recursos sem investimentos fixos já de saída
Riscos	• Perda de tempo com negociações que nunca levam a nada • Risco de ideia ser roubada • Demora para fechar acordo em decorrência de políticas e prioridades da empresa grande • Condições desvantajosas em razão da assimetria de poder dos envolvidos • Incentivos desalinhados, levando à falta de compromisso do parceiro

. . .

Criar algo do nada é um ato ousado que exige não só visão e confiança, como também uma série de decisões difíceis. Conforme dito até aqui, muitas das decisões que o fundador de uma startup no estágio inicial precisa tomar podem ter impacto decisivo na probabilidade de sucesso da empresa. O modelo "losango e quadrado" ajuda a organizar essas decisões e funciona como uma ferramenta para o diagnóstico daquilo que deu errado. Nos próximos três capítulos, usaremos esse esquema para analisar casos de startups que naufragaram ainda no estágio inicial. Para começar, veremos em detalhes o que pode ocorrer quando fundadores detectam uma oportunidade promissora, mas não conseguem mobilizar os recursos necessários para explorá-la satisfatoriamente.

3

Ideia boa, companheiros ruins

Em maio de 2011, quando duas ex-alunas – Alexandra Nelson e Christina Wallace – vieram pedir minha opinião sobre a startup que pretendiam criar, fiquei curioso. A ideia das duas era boa:[1] confeccionar roupas de trabalho modernas, com modelagem aprimorada e preço acessível para um público feminino jovem. Seu "segredo" seria um sistema de medidas que permitiria à consumidora especificar quatro medidas cruciais (cintura/quadril, busto etc.), algo parecido ao que faz a alfaiataria masculina. As duas tinham imaginado uma solução nova para o que parecia ser uma necessidade forte e ainda não atendida do público.

No entanto, em vez de seguir o roteiro tradicional e tentar garantir a distribuição em lojas de departamentos ou cadeias de varejo, as fundadoras da Quincy decidiram trabalhar com a venda direta ao consumidor – modelo de negócios que vinha se popularizando após o sucesso de duas empresas, Bonobos e Warby Parker. A Bonobos, em especial, era um bom protótipo para a Quincy, pois vendia calças masculinas na internet com a promessa de um caimento superior e levantara US$ 26 milhões em capital de risco nos três primeiros anos.

A ideia me impressionou. Sugeri a Alexandra e Christina que um próximo passo seria sondar o mercado para provar que realmente havia demanda entre o público-alvo. A dupla criou um MVP perfeito: fizeram seis "trunk shows" para que clientes pudessem provar uma seleção de peças e fazer pré-pedidos. O resultado foi promissor: 50% das mulheres que foram aos eventos gastaram um tíquete médio de US$ 350.

Uma pesquisa feita simultaneamente pelas ex-alunas revelou que 57% das mulheres ouvidas consideravam a modelagem o fator mais importante ao escolher roupas de trabalho, e 81% tinham dificuldade para encontrar peças com caimento perfeito. Descobriram, também, que o público visado gasta um total de US$ 1,9 bilhão ao ano a fim de se vestir para o trabalho. Animadas com essa informação, as novas empreendedoras deixaram o emprego em consultorias e criaram a Quincy Apparel.

Alexandra e Christina me deram, então, a oportunidade de passar da teoria à prática, ou seja, de investir na empresa. Isso colocou minha avaliação das perspectivas da dupla sob uma luz totalmente nova. A ideia me agradava e as fundadoras, também: as duas eram vivazes, espertas e traziam, ao negócio, habilidades que se complementavam. Christina tinha uma grande visão e carisma para vendê-la. Antes da HBS, estudara matemática e teatro na Emory University e, depois, trabalhara na Metropolitan Opera – com divas, literalmente. Alexandra era ponderada e disciplinada. Trabalhara no Boston Consulting Group e estudara engenharia mecânica no MIT.

As duas pareciam formar a perfeita dupla "outsider-insider": a personalidade e as habilidades de uma eram ótimas para tudo o que era externo – captação de recursos, branding, parcerias –, enquanto as da outra a tornavam perfeita para cuidar da parte interna, incluindo desenvolvimento do site, operações de logística e atendimento ao cliente. Tinha visto duplas como essas darem certo em outras startups de ex-alunos da HBS, incluindo a Birchbox (caixas de cosméticos por assinatura), Cloudflare (distribuição de conteúdo na internet) e Rent the Runway (aluguel de roupas).

É verdade que nenhuma das fundadoras da Quincy tinha experiência anterior em startups ou na confecção de roupas, mas muita gente que veio da HBS e criou empresas de tecnologias da moda teve sucesso sem um forte know-how na área, incluindo as fundadoras da Rent the Runway, o da Adore Me (lingerie) e as da Stitch Fix (personal styling por assinatura).

A Quincy Apparel era, portanto, um cavalo promissor que tinhas nas rédeas duas jóqueis talentosas e empenhadas. A decisão foi fácil: investi. Decididas a aprender tudo o que pudessem com o sucesso de outros empreendedores, as duas foram falar com o alto comando da Bonobos, que teve a generosidade de explicar sua estratégia – o que Alexandra, dando uma de Willie Wonka, chamou de o "bilhete dourado" da Quincy. Com base nas informações colhidas nessas reuniões, as duas fizeram projeções que mostravam a Quincy alcançando, no prazo de quatro anos, um faturamento de US$ 52 milhões e um lucro (antes de impostos) de US$ 18 milhões. Mostrando essas projeções a potenciais investidores, as duas levantaram US$ 950 mil em capital semente – menos que o US$ 1,5 milhão que buscavam, mas o suficiente para lançar duas coleções, primavera e outono. Em uma sábia decisão, elas montaram um pequeno time de veteranos do mundo da moda, incluindo um estilista que aparecera no reality *Project Runway*.

No começo, as vendas foram boas e o público retornava: 39% daquelas que compraram algo na coleção primavera voltaram e levaram algo na outono. No entanto, a situação logo começou a desandar. Crescer a esse ritmo exigia um pesado investimento em estoques, o que consumia reservas de caixa. Ao mesmo tempo, por problemas de produção, nem sempre a roupa ficava perfeita na cliente. Com isso, o índice de devolução chegava a 35%, o equivalente ao de outras lojas na internet que, como a Quincy, garantiam frete e devolução gratuitos – mas superior aos 20% que as fundadoras tinham como meta. As devoluções reduziram a margem de lucro; corrigir os problemas de produção também custou dinheiro. A empresa tinha apenas nove meses no mercado e, ao ritmo que Alexandra e Christina estavam gastando, em apenas dois meses a Quincy ficaria sem dinheiro.

Christina entrou em ação e prometeu levantar mais capital. Porém, ao voltar de mãos vazias de reuniões com investidores, foi preciso encarar a realidade: a menos que recebesse um empréstimo dos investidores atuais, a Quincy teria de interromper as operações. Aqui, as duas divergiram feio. Christina queria encerrar bem as coisas, pagando tudo o que deviam a fornecedores e dando um modesto pacote de rescisão aos funcionários. Alexandra preferia continuar procurando investidores e, enquanto isso, trabalhar com uma faixa reduzida de tamanhos para diminuir a complexidade operacional e os estoques. Enxugar assim a linha de produtos contrariava a visão de Christina, que era fazer da Quincy uma marca de roupas que vestisse bem mulheres de todos os biotipos.

Depois de uma tensa reunião de cúpula, o plano de Alexandra prevaleceu. Christina teve de deixar a empresa e passou semanas em casa, jogada no sofá, deprimida. Enquanto isso, depois de apenas cinco semanas sozinha no comando, Alexandra viu que seu plano não estava dando certo. Como não conseguia mais investimentos, jogou a toalha.

A morte temporã da Quincy Apparel me tirou o sono porque, à primeira vista, não devia ter ocorrido. Os primeiros testes com o público – os trunk shows, uma aplicação impecável dos métodos da Startup Enxuta – tinham mostrado claramente que havia mercado para a nova solução. Essa demanda foi confirmada depois da estreia da Quincy, em março de 2012: em novembro daquele ano, as vendas ao mês tinham somado US$ 62 mil, ante os US$ 42,4 mil do mês anterior. Além disso, 17% das clientes tinham voltado depois da primeira compra, incluindo os impressionantes 39% que adquiriram peças da primeira coleção.

Se as fundadoras da Quincy tinham identificado um produto que seu público-alvo nitidamente queria, por que o tombo? Será que a promessa da "modelagem melhor" era ambiciosa demais para empresárias sem domínio do complexo mundo da confecção de roupas? Será que haviam levantado pouco capital? Tinham escolhido os investidores errados? Faltou liderança? Havia divergências entre as fundadoras?

Quando me embrenhei fundo, achei a raiz do problema: a Quincy não tinha reunido os recursos necessários para explorar a promissora oportunidade. Por isso, foi vítima de um padrão de fracasso de startups no estágio inicial que chamo de "ideia boa, companheiros ruins". Aqui nesse contexto, "recursos" não significam simplesmente capital; esse mesmíssimo padrão é observado quando uma startup com uma oportunidade promissora dá errado em razão de deficiências e disfunções em uma leva de fontes cruciais de recursos, incluindo seus fundadores, outros membros da equipe, investidores e parceiros estratégicos. E, como descobrimos com o modelo "losango e quadrado" apresentado no capítulo anterior, problemas surgidos no quadrado de recursos podem ter repercussão mais no centro, causando estragos em um ou mais elementos do losango da oportunidade.

No caso da Quincy, três dos quatro componentes da oportunidade estavam presentes, ao menos no início. Como deixou claro a resposta positiva aos trunk shows, o crescimento inicial das vendas e o índice de compras repetidas, a *proposta de valor* da Quincy satisfazia, de modo diferenciado, uma necessidade que era forte, mas ainda não tinha sido atendida.

Os problemas da Quincy tampouco resultaram de um marketing ruim. A startup apostou forte no boca a boca de clientes satisfeitas, em incentivos na modalidade de bônus por indicação (um crédito de US$ 50 a cada cliente indicada), em promoções nas redes sociais e em menções na mídia. Essas táticas tiveram o efeito esperado e renderam muitos clientes.

Durante o primeiro ano de existência, a *fórmula de lucro* da Quincy ainda não fora validada, mas tampouco era abertamente falha. É verdade que a startup estava consumindo rapidamente o capital levantado a fim de produzir o estoque necessário para atender à crescente demanda. A margem bruta era consideravelmente menor que a meta original, pois o índice de devolução de produtos era maior que o esperado. Apesar desses erros de cálculo iniciais, no entanto, o negócio ainda tinha potencial de dar lucro no longo prazo. Segmentos de clientes prioritários respondiam por quase metade das vendas da Quincy, e as fundadoras tinham estimativas bem-fundamentadas segundo as quais o "lifetime value" de uma cliente prioritária era de mais de US$ 1 mil, bem acima do custo projetado de aquisição dessa cliente, de US$ 95 a US$ 125.

Quincy enfrentou, sim, grandes problemas com o quarto elemento da oportunidade: *tecnologia e operações*. A startup tinha uma boa proposta de valor, mas não conseguia entregar o valor prometido de forma reiterada. A Quincy teve dificuldades para garantir que as roupas vestissem bem – o aspecto fundamental de sua proposta de valor. O resultado foi um índice de devolução 75% maior que as fundadoras haviam previsto, com 68% de todas elas citando problemas na modelagem.

Infelizmente, como meu *post mortem* revelou, a Quincy teve problemas em todos os quatro elementos do quadrado de recursos: fundadores, outros membros do time, investidores e parceiros estratégicos. Esses "companheiros ruins" acabaram sendo a fonte dos problemas operacionais da Quincy e, no final, de seu fracasso.

Fundadores

As fundadoras da Quincy eram uma versão da dobradinha chamada "hacker and hustler". Alexandra, engenheira formada no MIT, tinha uma visão analítica e disciplinada da estratégia e de questões operacionais. Christina, por sua vez, tinha carisma para vender a ideia ousada das duas. Apesar dessas vantagens, as duas exibiam duas deficiências cruciais: não tinham experiência no setor de vestuário e não deixaram claro quem era a "chefe".

Falta de experiência no setor. Alexandra prestara consultoria a diversas empresas do varejo de roupas e fizera um estágio na Hermès, otimizando estoques na grife, entre o primeiro e o segundo ano do seu MBA, mas nenhuma das fundadoras tinha experiência direta com o desenho e a confecção de roupas. No começo, as duas acharam que poderiam cuidar elas mesmas da criação e simplesmente contratar um gerente para coordenar a produção. Quando viram que não daria certo, contrataram um estilista de verdade. Aos poucos, foram descobrindo tudo o que criar e produzir uma peça de roupa envolve, incluindo os diversos profissionais por trás de cada tarefa (modelista, piloteiro, cortador de tecido etc.). Quanto mais descobriam, mais claro ficava que teriam de criar do zero todo o processo de produção, uma tarefa complexa e demorada. Esse "aprender fazendo" também trazia problemas de qualidade, como não saber que tecidos praticamente idênticos podiam ter elasticidade distinta, o que afetava o caimento; não prever que a tinta rosa do tecido usado no forro de blazers iria "sangrar" com a transpiração; e não perceber que punhos de blusas ficariam apertados para a maioria – pois Alexandra, a modelo de medidas, tinha o pulso mais fino que a média.

Essa falta de experiência de fundadores em geral está no cerne do padrão de fracasso de ideia boa, companheiros ruins. Afinal, uma ideia promissora não irá longe se quem estiver no comando não tiver conhecimento e experiência para executá-la. Além disso, o ditado "falar é fácil, difícil é fazer" é particularmente válido para setores de alta complexidade operacional; neles, um empreendedor sem experiência terá sérias dificuldades. No caso da Quincy, as operações eram complexas, exigindo muita coordenação de uma leva de atividades: criação, escolha do tecido, modelagem, corte, costura, controle de qualidade e transporte, entre outras. No Capítulo 8, veremos outro exemplo de varejo digital – nesse caso, de móveis e objetos de decoração – que traz desafios de logística igualmente sérios.

Fundadores sem experiência prévia no setor também terão mais dificuldade para contratar gente boa, pois não possuem uma rede de contatos cheia de candidatos promissores. Investidores ficarão com um pé atrás ao ver que o time fundador desconhece os perigos a sua frente. Como, então, um fundador[2] pode compensar essas deficiências?

- Uma primeira ideia seria tentar trazer para o projeto outro fundador, mais experiente, ou um executivo tarimbado, embora aí provavelmente haja uma situação paradoxal. Alexandra e Christina tentaram recrutar alguém que conhecesse os meandros do setor de confecções, mas não conseguiram. A razão é simples: uma pessoa qualificada para chefiar as operações de criação e produção de uma startup de vestuário naturalmente recebe muitas ofertas de trabalho boas, incluindo ajudar a fundar outras empresas promissoras. Se tivesse alternativas mais interessantes, essa pessoa por acaso apostaria em duas administradoras com uma ideia boa, mas nenhuma experiência relevante na área – e capital para um runway de apenas um ano (ou seja, dinheiro suficiente para continuar operando por um único ano, considerando receitas e custos projetados)?
- Outra alternativa seria buscar a assessoria de terceiros para a estratégia e as operações – e, idealmente, aproveitar a rede de contatos desses consultores para encontrar gestores experientes. As fundadoras da Quincy até tinham um punhado de assessores valiosos, mas podiam ter buscado mais. As duas acharam que os investidores aportariam experiência e contatos no setor de tecnologia da moda, mas no final ficaram decepcionadas com a ajuda que receberam dos VCs.
- Por último, o fundador poderia investir tempo e esforço para adquirir, por si só, o domínio daquela área específica – nunca esquecendo que isso pode levar anos. No caso da Quincy, certamente demoraria isso tudo para que as fundadoras dominassem o processo de criação e fabricação de roupas. No entanto, se tivessem dedicado mais tempo a estudar os desafios da confecção de roupas e da gestão de estoques *antes* de lançar a em-

presa, poderiam ao menos ter direcionado com mais precisão a campanha de contratação. No *post mortem* que fez, Alexandra sugeriu que a decisão das duas de pedir demissão do emprego que tinham à época pode ter sido prematura. Pensando bem, talvez tivesse sido melhor ter mantido o emprego para poder avaliar a ideia por mais tempo. "Eu podia contar com a renda do meu marido", disse Alexandra. "Mas, assim que a Christina pediu demissão, precisávamos buscar dinheiro para o negócio, e isso colocou muita pressão sobre nós". Essa abordagem mais lenta, no entanto, pode não ser viável para quem desconfia que a janela de oportunidade pode fechar logo – talvez porque outra startup apareça dali a pouco com a mesma ideia.

Quem é que manda? Além da falta de experiência no setor, Alexandra e Christina tiveram sérias dificuldades para administrar a própria relação entre si. Segundo estudo de Noam Wasserman,[3] reitor da Faculdade de Administração da Yeshiva University, a relação entre cofundadores é menos estável – ou seja, corre mais risco de terminar em rompimento – quando esses indivíduos são parentes ou eram muito amigos antes de lançar o projeto. São tentadores os motivos para abrir um negócio com um amigo ou alguém da família, incluindo o fato de metas e valores serem parecidos e um já conhecer pontos fortes, deficiências, hábitos e manias do outro. Isso posto, na comparação com gente que era colega de trabalho ou nem se conhecia, cofundadores com laços pessoais estreitos têm mais dificuldade para ter conversas difíceis envolvendo papéis e estratégias, pois temem que o conflito resultante possa prejudicar a relação pessoal.

Melhores amigas na Harvard Business School, as fundadoras da Quincy ficaram expostas a essa dinâmica. Quando decidiram abrir um negócio juntas, juraram jamais deixar que desavenças sobre a empresa abalassem a amizade. Desde o início, resolveram dividir igualmente o poder sobre decisões estratégicas, pois achavam que, assim, não teriam de fazer escolhas difíceis sobre o papel de cada uma na empresa. "Agíamos como coCEOs, embora tivéssemos decidido que eu seria a CEO e a Alex [Alexandra], a COO", recorda Christina, completando: "Ela cuidaria de produção, compras e e-commerce. Eu ficaria no comando de marketing, recursos humanos e finanças. E dividiríamos a responsabilidade pela estratégia de produto". Christina seguiu explicando: "Usamos os títulos de CEO e COO para tranquilizar investidores preocupados em saber como duas administradoras que na prática eram coCEOs resolveriam conflitos, mas tomávamos juntas todas as decisões importantes. Se não havia acordo, não íamos em frente."

À primeira vista, a estratégia parecia um jeito lógico de evitar conflitos, mas acabou sendo o oposto. Ambas de opiniões convictas, as duas divergiam sobre a estratégia, sobre o desenho de produtos e sobre muito mais. "Queríamos, as duas, definir a visão do produto, mas tínhamos estéticas muito diferentes", conta Christina. "A dela era clássica, era Londres; a minha era descontraída, era Brooklyn", completou. "Houve ocasiões em que uma [de nós] tomou uma decisão que achou que fosse totalmente da sua alçada e a outra veio perguntar: 'Por que não fui consultada? Discordo totalmente!'", contou Christina. "Tivemos de reverter certas decisões, o que consumiu muita energia."

Alexandra e Christina tentaram manter discretas as discussões, algo praticamente impossível em um espaço de trabalho pequeno e aberto. Quando percebeu a divergência, o resto da equipe logo descobriu como manipular uma e outra. "Quando queríamos mais privacidade, íamos conversar em um Starbucks ali perto, e era lá também que íamos para demitir alguém", lembrou Christina. "Todo mundo aprendeu que 'Vamos tomar um café?' significava notícia ruim a caminho". O potencial de conflitos foi ampliado pela assimetria naquilo que cada fundadora tinha em jogo no projeto. Alexandra tinha mais a perder: sua mãe foi a primeira investidora e seu irmão trabalhava lá como engenheiro de software. "Quando sua família também tem algo a perder, não dá para dizer que a aposta e os riscos são divididos meio a meio".

Não é raro ver cofundadores dividindo igualmente a tomada de decisões, pelo menos na fase inicial. Em geral, são indivíduos que vêm trabalhando juntos de forma intensa há meses, muito antes que qualquer outra pessoa chegasse ao time, e já se acostumaram a só decidir depois de muita conversa. É possível, também, que mais de um cofundador queira o posto de CEO e que, para evitar brigas, a decisão seja adiada – pelo menos até que investidores façam pressão para uma definição de papéis. No estudo feito por Wasserman,[4] 21% dos times fundadores evitaram nomear um CEO quando da definição formal do primeiro organograma. É uma decisão sábia se os cofundadores perceberem que nenhum deles é bom para esse posto e que será preciso buscar alguém no mercado, como fizeram os fundadores do Google com Eric Schmidt. Porém, se dois fundadores querem o posto e se julgam qualificados para ocupá-lo, adiar demais a decisão pode ter consequências letais. Como mostra o exemplo da Quincy, a tensão vai crescer e as divergências sobre o rumo estratégico podem emperrar a empresa justamente quando ela mais precisa de agilidade.

Em uma situação dessas,[5] há três soluções.

- **Interna:** cofundadores definem uma data na qual terão de chegar a um acordo, talvez depois de um período de experiência em que se alternam na presidência para ver quem se sai melhor.
- **Externa:** os cofundadores delegam a decisão a um terceiro, neutro, e aceitam acatar a decisão desse indivíduo. Em geral, o conselho da startup terá um investidor experiente qualificado para bater esse martelo. É alguém que sabe quais habilidades e atributos o CEO de uma startup no estágio inicial precisa ter, entende os desafios diante do negócio e conhece o currículo dos fundadores que buscam o posto de CEO.
- **Draconiana:** um dos fundadores, ciente de que nunca ficará satisfeito com um papel subordinado, opta por sair. Não é o ideal, mas às vezes é uma escolha de Hobson: a única solução

possível depois de consideradas e rejeitadas todas as demais alternativas e, portanto, a melhor para todos os envolvidos.

Meu estudo de startups em estágio inicial mostrou que problemas com o "ajuste" de fundadores, como os que acabo de narrar, podem contribuir para a mortalidade do negócio. Quando comparados com gente que teve mais sucesso ao empreender, fundadores/CEOs de startups problemáticas ou que fecharam tinham, especificamente falando, muito menos experiência prévia no setor da startup. E, consoante com o caso da Quincy, era muito maior a probabilidade de que cofundadores apontassem a falta de clareza sobre seus papéis, além de conflitos frequentes entre eles e outros altos membros do time.

Time

No caso da Quincy, a falta de flexibilidade e de iniciativa da equipe – pequena e formada basicamente por especialistas em alguma área da confecção de roupas – contribuiu consideravelmente para a derrocada do negócio.

Falta de flexibilidade. Levou um tempo para que as fundadoras da Quincy entendessem as inúmeras funções e pessoas envolvidas na criação e na produção de vestuário. Alexandra e Christina achavam que os primeiros contratados, por serem experientes, seriam capazes de desempenhar várias funções conforme necessário – o que até fazia sentido, já que no estágio inicial da maioria das startups o pessoal costuma fazer de tudo um pouco. No entanto, os veteranos do setor que a Quincy contratou estavam acostumados com o alto nível de especialização de empresas estabelecidas e não se mostravam flexíveis quando tinham de fazer algo fora de sua área. Desta forma, a Quincy tinha contratado gente mais à vontade trabalhando com processos conhecidos e bem-definidos – e não inventando do zero um processo ou desempenhando uma multiplicidade de funções.

Falta de iniciativa. Para piorar, o pessoal experiente que a Quincy contratou não mostrava a iniciativa necessária para que a startup desse certo. Além da postura do "não é minha função", esse pessoal ficava calado mesmo quando seu know-how do setor devia acender alertas sobre potenciais problemas. Ninguém, por exemplo, soou o alarme de que o tecido usado para o forro de blazers provavelmente "sangraria" tinta rosa. "Nossa equipe de produção, que em teoria tinha experiência nesses assuntos, devia ter previsto o problema", disse Christina. O mesmo ocorreu no caso da blusa com punhos apertados. Esses erros sugerem que o pessoal estava 1) seguindo normas assimiladas em confecções grandes, com processos de produção bem-azeitados e onde raramente era preciso questionar decisões da chefia, e/ou 2) não se sentia motivado o suficiente para questionar as coisas quando algo parecia errado. Ambas as possibilidades sugerem problemas com a abordagem usada pelas fundadoras para selecionar, administrar e motivar funcionários.

Olhando hoje, Christina reconhece o próprio erro na hora de lidar com a falta de iniciativa do pessoal. "Não exigi o suficiente da equipe", disse. "A Alex era a durona, que cobrava resultados. Eu tentava consertar a situação quando ela pegava pesado com alguém, mas, quando o pessoal viu que podia vir reclamar para mim, a autoridade dela foi abalada". Christina acrescentou: "Teve gente que contratamos que parecia achar que estava fazendo um favor para nós ao trabalhar para uma startup com dinheiro curto. Não achamos gente suficiente que considerasse aquela a grande oportunidade da sua vida – uma oportunidade de fazer parte de um negócio espetacular. Por causa disso, meu estilo de gestão parecia dizer 'Agradeço muito por estar nos fazendo esse favor!'".

Em vez de contratar gente com qualificação relevante, mas sem flexibilidade e iniciativa, a Quincy devia ter buscado um executivo com experiência tanto na confecção de roupas quanto em novos empreendimentos – algo fácil de falar e difícil de fazer. Esse executivo, por sua vez, teria sido capaz de contratar especialistas com a capacitação e a flexibilidade necessárias para se adaptar ao ritmo de uma startup. Sem essa pessoa na equipe, as fundadoras da Quincy enfrentaram um desafio conhecido de muitos empreendedores: como contratar os especialistas certos quando não se entende muito bem o que fazem e quando sua rede de contatos profissionais não está repleta desse tipo de candidato?

Esse desafio de contratação é um tema recorrente porque, à medida que vai amadurecendo, a maioria das startups precisa contratar outras categorias de profissionais. No Capítulo 8, tratarei do desafio de buscar especialistas tarimbados para funções cruciais na alta gestão de startups em estágio avançado. No caso de uma startup no estágio inicial, como a Quincy, a solução para achar gente com a combinação certa de especialização e iniciativa tem três etapas:

- A primeira é **achar alguém com experiência relevante no setor** que possa 1) explorar sua rede de contatos para abastecer o pipeline de candidatos com profissionais qualificados e 2) participar de entrevistas para ajudar a avaliar o currículo de candidatos. Dado o desafio de contratar alguém assim para a startup, essa pessoa pode muito bem ser um investidor ou um consultor. Esse consultor poderia agir como um mentor informal ou ser formalmente incorporado a um conselho consultivo e remunerado com uma pequena participação na empresa em troca do compromisso, estabelecido em contrato, de dedicar uma certa quantidade de tempo ao mês a assessorá-la. O "vesting" dessa participação deve ocorrer progressivamente ao longo do tempo e ambas as partes – consultor e startup – devem ter liberdade para rescindir o pacto quando bem entenderem.
- O segundo passo é **buscar a atitude certa**. Um empreendedor pode e deve esmiuçar realizações do candidato no passado para determinar se essa pessoa tem experiência na solução de

problemas atípicos e demonstra iniciativa. Uma entrevista também serve para entender o que leva o candidato a querer trabalhar em uma empresa recém-nascida. Está em busca de novos desafios e crescimento profissional? Tem interesse na missão da startup? Tem noção de como é o trabalho em uma startup no estágio inicial?

- O terceiro passo é, na medida do possível, **submeter o candidato a um período de experiência** antes de formalizar a contratação. Uma ideia é colocá-lo em um projeto de porte modesto a ser concluído em um prazo específico – e que exija a colaboração de gente já contratada –, deixando claro que, ao término do projeto, candidato e fundador vão avaliar se combinam ou não.

Investidores

Embora a ideia original fosse levantar US$ 1,5 milhão em venture capital, as fundadoras da Quincy só conseguiram captar US$ 950 mil em capital semente. No momento da estreia, a startup tinha menos de 12 meses de runway – em vez dos 18 meses que um projeto nessa mesma fase normalmente busca. Esse buraco deixou menos espaço para erros. Se as duas tivessem batido a meta original de captação, teria sido possível produzir o suficiente para uma terceira coleção – e, quem sabe, ganhar tempo para corrigir falhas de produção antes que o dinheiro acabasse.

Uma possível explicação é que, de novo, a situação era paradoxal: potenciais investidores, embora impressionados com a ideia e com indícios de que havia demanda trazidos pelos testes iniciais do MVP, seguiam duvidando da capacidade de execução das fundadoras, em razão da falta de experiência das duas no setor. Outra possibilidade é que VCs de tecnologia viam a Quincy como uma fabricante de roupas – categoria que geralmente evitam. Essa modalidade de investidor em geral trabalha com a meta de retorno de dez vezes o investimento, embora calcule que só uma pequena parcela das empresas da carteira dará esse retorno. Já investidores de private equity no setor de moda/varejo buscam um retorno de duas a quatro vezes apenas, mas esperam que uma parcela maior dos investimentos no portfólio dê um retorno sólido; logo, têm mais paciência e menos inclinação a negar fundos adicionais a uma startup em apuros.

Para atrair venture capital, Alexandra e Christina venderam a Quincy como uma disruptora no universo online: uma startup de tecnologia aplicando o modelo de venda direta ao consumidor no mercado de vestuário, como a Warby Parker e a Bonobos, que tinham recebido aportes expressivos de VCs de tecnologia. No caso da Quincy, no entanto, pegar dinheiro de VCs de tecnologia pode ter sido um erro.

Sob vários aspectos, os VCs que investiram na Quincy agravaram os problemas da startup. Primeiro, porque não ajudaram muito nem no plano estratégico, nem na indicação de gente qualificada para trabalhar na empresa. As fundadoras haviam achado que esses investidores teriam uma bagagem relevante, pois tinham investido antes em startups de tecnologia da moda que vendiam diretamente ao consumidor, incluindo a Bonobos e a Warby Parker. Contudo, nesses dois casos, os VCs da Quincy não haviam tido um envolvimento tão direto no negócio como as duas imaginavam. "Eles não ganharam um assento no conselho com esses investimentos", disse Christina. "E é assim que um investidor ganha experiência em uma área", concluiu.

Além disso, os fundos liberados pelos principais investidores da Quincy vieram com condições. O capital era desembolsado a cada trimestre em "tranches" – mas só se a Quincy batesse metas específicas de vendas. Esse aporte em tranches de fundos de VCs no estágio inicial não é comum – mas tampouco inédito. É uma maneira de limitar a exposição do investidor se a startup começar a fazer água. No entanto, pode exercer uma pressão indevida sobre o negócio. Embora a Quincy tenha atingido as metas de investidores, "sentíamos que tínhamos de estar continuamente vendendo a ideia aos investidores e, com isso, não dava para falar francamente de desafios estratégicos e operacionais", explicou Alexandra. "Os investidores nunca pareciam parceiros de verdade", completou.

Para completar, os principais investidores da Quincy eram firmas de VC pequenas, relativamente novas, com capacidade limitada de conceder um empréstimo-ponte quando a startup começou a ter dificuldades. Uma delas estava prestes a começar a captação para um fundo novo e tinha pouca folga para injetar mais capital na Quincy com recursos do fundo atual.

Como, então, um fundador encontra[6] o investidor mais adequado? Antes de se comprometer, é preciso fazer duas perguntas importantes. Para começar, assim como ter o fundador certo é crucial – ou seja, o empreendedor precisa ter a qualificação certa e experiência na área, dada a oportunidade em questão –, o mesmo vale para quem vai bancá-lo. Além do capital que aporta, o investidor vai agregar valor com sua qualificação e experiência? E, a outra pergunta, seu perfil de risco/retorno casa com o dos fundadores?

Para determinar o **"ajuste" do investidor** é preciso analisar o histórico da firma. Sua taxa de sucesso ("hit rate") é boa? Se for, terá credibilidade e relacionamentos que ajudarão a atrair investidores para a rodada seguinte de captação de fundos. Empreendedores que já trabalharam com esse investidor dizem que ele entregou bons conselhos e contatos? Esses fundadores – especialmente os de negócios que não deram certo – dizem que o investidor ofereceu seu apoio e que voltariam a trabalhar com ele de novo? Por último, a firma tem capital suficiente no fundo atual para fazer um empréstimo-ponte, se necessário?

Na hora de empreender, muita gente não considera todo o leque de fontes de capital a seu dispor. O venture capital é a opção automática, especialmente para quem fez MBA em faculdades de primeira linha, onde VCs são idolatrados. Mas a pressão que vem com o capital de risco não é compatível com todo negócio – e o **perfil de risco/retorno** de VCs tampouco combina com o temperamento de todo empreendedor. Os VCs da Quincy, por exemplo, pressionaram as fundadoras a "maximizar o retorno", impondo metas de crescimento agressivas à startup. "Os investidores sugeriram que a gente tivesse bastante estoque. Segundo eles, faltar produto era o pior que podia acontecer para um varejista", contou Alexandra. "Agora vejo que deveríamos ter dito: 'Não, vamos esperar para ver se as novas peças saem, e só então vamos repor o estoque'. Excesso de estoque é um risco sério no mundo da moda, pois o gosto muda muito e é difícil de prever".

Hoje, Christina vê que, em vez de levantar fundos de firmas de capital de risco, a Quincy podia ter buscado capital de uma fábrica de roupas. Isso teria solucionado dois problemas: uma fábrica com participação no capital da Quincy teria agilizado pedidos e se empenhado mais para corrigir problemas de produção. Além disso, um investidor desses, em virtude da profunda experiência no setor, teria sabido definir um ritmo ideal para o crescimento de uma nova marca – em contraste com os VCs da Quincy, que faziam pressão para a empresa crescer a todo vapor.

Seguir em frente – como fez a Quincy – se a captação inicial de recursos ficar muito aquém das metas dos fundadores é uma decisão difícil. Se investidores dizem não à startup é porque veem problemas na ideia, no time ou em ambos? Partindo do princípio de que os fundadores fizeram o melhor que puderam para resolver problemas apontados por potenciais investidores – pivotando para uma ideia melhor com base no feedback do mercado, por exemplo, ou reforçando o time com as táticas descritas anteriormente –, a falta de interesse é um sinal confiável de que o negócio não tem viabilidade? Se for, talvez seja melhor não ir em frente. Contudo, há muito ruído na captação de recursos. Devido ao comportamento de manada de investidores, muitas vezes ninguém investe enquanto alguém não investir primeiro –

e, aí, ninguém acaba investindo. Se esse impasse da manada durar muito, um negócio promissor corre o risco de ser visto como uma mercadoria vencida, em mau estado.

No caso da Quincy, quando o capital semente levantado ficou muito aquém da meta inicial, as fundadoras enfrentaram uma decisão difícil. Até maio de 2012, tinham levantado US$ 250 mil entre anjos, amigos e a família; o grosso disso fora gasto ou empenhado na produção da primeira coleção da marca. Em maio daquele ano, duas firmas de VC se comprometeram a aportar outros US$ 700 mil. Era o suficiente para financiar a criação, a produção e o marketing de uma segunda coleção dali até o fim do ano – mas só.

Como o total que captaram não era suficiente para bancar uma terceira coleção, deviam ter parado por ali em vez de aceitar o novo aporte do VC? Seguir em frente com menos significava apostar que até o fim do ano teriam ganhado tração suficiente para levantar somas mais expressivas – mas significava também que não havia margem para erros estratégicos ou operacionais. Por outro lado, se resolvessem entregar os pontos, teriam de dizer a quem deu dinheiro lá no começo que o investimento não daria retorno. Pior: precisariam admitir que não possuíam confiança para seguir adiante, apesar dos outros US$ 700 mil a seu dispor. Não é difícil entender por que as fundadoras da Quincy decidiram prosseguir.

Os dilemas vividos pelas fundadoras da Quincy na hora de captar recursos coincidem com o retrato surgido de uma pesquisa que fiz com startups no estágio inicial. Assim como a Quincy, entre as que estavam indo mal ou haviam deixado de operar, era maior a probabilidade (em relação a startups mais bem-sucedidas) de que não tivessem conseguido reunir todo o capital que queriam na rodada inicial de captação. Fundadores/CEOs dessas startups também tinham maior tendência a mostrar decepção com os conselhos que receberam de investidores e a relatar conflitos sérios e frequentes com seus investidores sobre prioridades estratégicas.

Parceiros

Encontrar os parceiros estratégicos certos pode ter grande impacto nos resultados de uma startup no estágio inicial. Parceiros podem prover recursos – tecnologia, capacidade de produção, armazéns, centrais de atendimento e muito mais – a um empreendimento que engatinha e não tem condições nem tempo de desenvolvê-los por si só. No entanto, a assimetria de poder entre uma empresa madura, grande e com fartura de recursos e uma startup recém-criada pode tornar difícil conseguir os recursos certos em condições razoáveis.

A Quincy, por exemplo, terceirizou a produção, uma prática comum em startups de vestuário. Só que, por não terem experiência no setor, as fundadoras não tinham nenhuma relação prévia com essas confecções. O resultado é que as fábricas às vezes jogavam os pedidos da Quincy para o fim da fila se o pedido de um cliente de longa data precisasse ser agilizado. Christina relembra: "Perguntávamos aos gerentes de fábrica 'quando [o pedido] vai estar pronto?'. Eles diziam que em duas semanas. Quando voltávamos, não tinha nada pronto. Perguntávamos 'quanto vai custar?' e eles davam um preço 50% maior que o orçado originalmente". Isso tudo atrapalhava as operações e provocou atrasos em entregas.

Pensando bem, não devia ter sido surpresa que uma startup desconhecida, com pedidos pequenos de peças fora de padrão, fosse tratada com descaso por grandes confecções. A luta da Quincy para receber um serviço satisfatório de parceiros de produção expõe um risco endêmico de startups em estágio inicial ao forjar parcerias com atores estabelecidos no mercado. É fácil um camundongo ser esmagado por um elefante – e mesmo um elefante com boas intenções pode pisotear sem querer o ratinho por ser desengonçado e moroso demais.

Infelizmente, não há muito[7] que uma startup em começo de carreira possa fazer para garantir que um parceiro bem maior honre compromissos. Ameaçar ir à justiça por incumprimento de contrato não é realista. Executivos da startup não dispõem de tempo para uma briga judicial arrastada e, seja como for, gastar com advogados o escasso dinheiro seria um disparate. Um empreendedor pode, no entanto, ter meios de dobrar o parceiro, e não deve hesitar em usá-los. Um fundador com uma plataforma grande em redes sociais pode, por exemplo, usar o megafone para alertar o parceiro do dano que causaria à sua reputação se outros clientes soubessem da experiência negativa da startup. Além disso, é possível que investidores e conselheiros da startup estejam em posição de interceder junto ao parceiro.

Para ter mais poder de negociação, o empreendedor poderia optar por trabalhar com um fornecedor que estivesse buscando mais clientes – porque ainda não se firmou no mercado ou passou recentemente por reveses. Há riscos nessa abordagem, é claro. O fornecedor está buscando novos clientes porque deixa a desejar em algum aspecto? Porque tem um histórico ruim? Nesse caso, o melhor é fazer uma due diligence meticulosa de potenciais parceiros, o que inclui falar com clientes atuais que também possuam perfil de "camundongo" para saber se a potencial parceira agiu corretamente. Outra alternativa é dar ao parceiro, logo de saída, uma participação na startup, para que os dois lados apresentem interesse no sucesso do negócio. Naturalmente, essa opção significa uma diluição maior do equity e um divórcio mais complicado se a parceria não der certo.

Partir pequeno

A dupla de fundadoras da Quincy encontrou uma oportunidade promissora, mas não conseguiu reunir os recursos necessários para explorá-la. Faltou outro fundador com experiência no setor, um time mais dedicado, investidores mais empenhados em ajudar e parceiros estratégicos mais cooperativos.

Infelizmente, a oportunidade que a Quincy queria explorar era de uma natureza que aumentava os desafios na mobilização de recursos.

Como vimos, a concepção e a produção de roupas é um processo complexo que requer a estreita coordenação de uma série de atividades especializadas – e no qual a experiência prévia, que as fundadoras não tinham, tem um tremendo valor. Além disso, a complexidade trazia outro problema: não há como fazer um experimento enxuto para provar, de antemão, que um processo de produção funcionará conforme planejado. É preciso desenvolver o processo em sua totalidade e, só então, executá-lo para demonstrar que funciona. Produzir amostras de peças de roupa, o que as fundadoras da Quincy fizeram com os trunk shows para testar a demanda, é algo totalmente diferente de produzir em grandes volumes. Logo, embora Alexandra e Christina pudessem dar a potenciais funcionários e investidores alguma garantia de que os trunk shows tinham validado a demanda, não havia como provar, de antemão, que as duas empreendedoras seriam capazes de administrar a operação. Essas fontes de recursos teriam de acreditar, e ponto.

Outro desafio dos grandes era que, antes de registrar qualquer venda, a Quincy teve de fazer um belo estoque, pois sua tabela de tamanhos exigia mais SKUs (unidades distintas) para cada modelo do que uma marca de roupas tradicional produziria. A empresa precisava de estoque suficiente para crescer, mas isso exigia um capital considerável. Estoques elevados trazem um risco adicional que toda empresa de vestuário corre. Na moda, é preciso prever tendências; qualquer erro pode levar a estoques encalhados que, na melhor das hipóteses, só serão desovados com grande desconto.

Para completar, um produto como o da Quincy é vendido em coleções sazonais. Em virtude desse fator temporal, a startup precisava de bastante capital – e na hora certa. Para lançar uma nova coleção, as fundadoras necessitavam de dinheiro suficiente em mãos para bancar a produção da coleção e, paralelamente, o trabalho de criação, que levava meses. Financiar três coleções em vez de duas teria exigido outro grande aporte de capital semente. E, na terceira, era tudo ou nada;

não dava para a Quincy entrar na primavera com um punhadinho de peças produzidas em volumes limitados.

A probabilidade de que a startup seja vítima do padrão de fracasso que chamamos de ideia boa, companheiros ruins é maior quando a oportunidade em questão envolve 1) operações complexas que exigem a perfeita coordenação do trabalho de distintos especialistas, 2) estoques de mercadorias físicas e 3) capital em grandes volumes em intervalos regulares. A título de comparação, vejamos como uma startup puramente de software como o Twitter demandou menos ao ser lançada. Um time reduzido de engenheiros criou o site, que se difundiu de forma viral sem uma campanha de marketing pago. As necessidades de capital eram modestas e não havia estoque físico a administrar. Ao crescer, o Twitter a certa altura precisou contratar uma série de especialistas para administrar distintas áreas, como relações com a comunidade, infraestrutura de servidores e direitos autorais, entre outras, mas não precisou desses profissionais logo de saída.

O que fundadores que enfrentam o risco de "companheiros ruins" podem fazer para aumentar as chances de sucesso? Olhando hoje, as fundadoras da Quincy veem que muita coisa "poderia/deveria" ter sido feita. Essas possibilidades se dividem em duas grandes categorias: *reforçar recursos* e *restringir a oportunidade*. Este capítulo já deu uma série de sugestões para quem deseja optar pela primeira. Se achar que não vai ser capaz de reunir a totalidade dos recursos necessários para explorar uma boa oportunidade, um fundador deve considerar maneiras de restringi-la. Pode, por exemplo, reduzir o escopo do projeto – pelo menos no início, até que o conceito seja provado e que fique mais fácil mobilizar recursos. De certa forma, é um contrassenso, pois o dogma nessa área é que o crescimento é o principal objetivo da empresa. Mas, com essa abordagem do contra, uma startup deve começar pequena para chegar um dia a ser grande.

Quando as capacidades do fundador e do time são limitadas, o suporte de parceiros se mostra irregular e o dinheiro é escasso, restringir a oportunidade inicial faz sentido. Uma startup no estágio inicial pode, por exemplo, encurtar seu escopo ao limitar a extensão de sua linha de produtos, ao terceirizar atividades difíceis de dominar ou ao fechar o foco em um único segmento de clientes ou em uma região específica. No caso da Quincy, Christina e Alexandra poderiam ter diminuído os desafios vividos na mobilização de recursos resumindo a linha de produtos inicialmente a um só tipo de roupa: blusas, vestidos ou blazers, por exemplo. Foi o que fez a Bonobos, ao trabalhar durante anos com um único modelo de calça, em tecidos e cores diferentes, antes de lançar novos modelos, ternos e outros itens de vestuário.

Se tivesse partido com uma linha de produtos limitada, o time da Quincy teria tempo de dominar a produção e garantir a qualidade antes de partir para operações complexas associadas à concepção e confecção de toda uma coleção. Indagada sobre o que faria se pudesse recomeçar do zero, Alexandra disse: "Poderíamos conquistar a reputação de ter as melhores blusas, por exemplo. Poderíamos trabalhar na modelagem perfeita para aquela peça, para um certo tecido, com uma fase de testes mais longa. Um só modelo e um só tecido significariam um só molde. A variedade poderia vir em opções de cores e de acabamentos. Quando essa cadeia produtiva focada estivesse funcionando, poderíamos lançar gradativamente outros tecidos e modelos".

Outra possibilidade, segundo Alexandra, seria terceirizar a gestão do processo inteiro de produção a uma única confecção de roupas, para evitar a necessidade de planejar esse processo do zero. A desvantagem dessa abordagem é que a startup teria menos controle sobre a qualidade do produto final e menos oportunidade de aprender e usar esse conhecimento para influenciar decisões de criação do produto. Por outro lado, ajudaria a evitar muitos contratempos operacionais no início.

Um alerta a empreendedores: ao cogitar a possibilidade de limitar o escopo da oportunidade que vão explorar, é preciso pesar prós e contras. Primeiro, reduzir o escopo pode reduzir também o apelo para o cliente. Segundo, se não acreditarem que o projeto é capaz, a certa altura, de ter seu escopo ampliado, potenciais investidores talvez relutem em financiar um plano "começar devagar/começar pequeno", projetando que o retorno do empreendimento será muito baixo. Por último, ao limitar o escopo, o time da startup corre o risco de postergar o "aprender fazendo" que será necessário no futuro para a gestão de operações mais complexas. Já que o negócio será maior no futuro, qualquer erro que a equipe cometer quando finalmente ampliar a linha de produtos ou começar a fazer por conta própria atividades até então terceirizadas vai representar um custo muito maior.

No próximo capítulo, veremos que demorar demais para descobrir os problemas de uma oportunidade também pode ser fatal.

4

Falsa largada

Sunil Nagaraj fundou a Triangulate[1] em 2009, quando ainda estudava na Harvard Business School. A ideia original era criar um mecanismo de matching: um programa que usa algoritmos para analisar dados sobre gostos e características de potenciais parceiros em lados distintos de uma operação – um encontro romântico, uma vaga de trabalho, um negócio de compra e venda de imóveis – para sugerir pares compatíveis. A meta inicial era licenciar o programa para sites de namoro já no mercado, como eHarmony e Match.

O software analisaria a "pegada" digital do usuário – sites que visitava e marcava, aplicativos que usava e por quanto tempo, filmes e músicas que via e ouvia na Netflix e no Spotify – para fazer inferências sobre seus hábitos e determinar se interessaria ou não potenciais pretendentes. A premissa era que "triangular" um perfil a partir dos dados de comportamento gerados por computador criaria um retrato mais fiel do usuário, o que resultaria em matches melhores do que com o sistema usado por muitos sites de matching, em que a própria pessoa inseria os dados ao criar o perfil e podia exagerar ou simplesmente mentir ("adoro literatura russa, sou maratonista e trabalho como voluntário no abrigo de cães aqui do bairro").

Nagaraj escolheu esse mercado como o primeiro da Triangulate, em parte, porque achava que estava no ponto para uma ruptura. Era um setor de US$ 1,2 bilhão que não vira muita inovação desde 2000, quando a eHarmony apareceu com um algoritmo sofisticado que analisava respostas a um longo questionário. Nagaraj também concluíra que o problema de informações falsas dadas pelo próprio usuário era pior na área de namoro online do que em outros mercados nos quais a Triangulate poderia um dia atuar, como seleção de candidatos a vagas de trabalho, admissão de alunos a faculdades ou juntar quem buscava e quem prestava serviços como personal training, terapia, decoração de interiores ou consultoria financeira.

A "grande ideia" de Nagaraj repousava em três premissas cruciais. Primeiro, dados objetivos, gerados por computador, poderiam de fato produzir um match melhor que informações autodeclaradas. Segundo, usuários de sites de relacionamento veriam que os resultados eram superiores e estariam dispostos a pagar mais por isso. Terceiro, sites de relacionamento iriam querer licenciar um programa que desse matches melhores. Nagaraj imaginou um modelo no qual o usuário pagaria, digamos, US$ 10 a mais ao mês (além dos US$ 60 pela assinatura) para ter acesso à versão que rodava o software da Triangulate – um "eHarmony Gold" –, e a Triangulate ficaria com metade desse extra.

Para levantar capital, Nagaraj sabia que teria de validar essas hipóteses. Antes de mais nada, necessitava criar o algoritmo. Para isso, precisava de um dataset que reunisse casais em um relacionamento feliz e gente avulsa, para que pudesse comparar seu comportamento na internet. Na prática, seria preciso encontrar indivíduos que aceitassem que sua atividade online fosse monitorada. Meses antes de se formar, Nagaraj recrutou cem voluntários para baixar e instalar o RescueTime, aplicativo de produtividade normalmente usado para medir quanto tempo a pessoa passa usando aplicativos e sites. Infelizmente, as mudanças que Nagaraj fez no RescueTime não funcionaram bem no computador da maioria dos participantes, o que afundou o teste antes que o rapaz pudesse começar a verificar suas hipóteses (o exercício serviu, sim, para mostrar a ele que seria melhor rodar o Triangulate na "nuvem", e não como um aplicativo a ser baixado).

As outras premissas de Nagaraj – que o usuário veria que os resultados eram melhores e estaria disposto a pagar mais por isso e que a Triangulate poderia licenciar a tecnologia para sites de relacionamento existentes – também ficaram basicamente sem comprovação. O próprio Nagaraj admitiu: "Não dediquei tempo suficiente a tentar entender o que as pessoas queriam de um site de relacionamento". E, embora conhecesse o CEO da eHarmony, Nagaraj ainda não havia apresentado a ele a ideia da Triangulate.

Nagaraj sofreu outro revés quando perdeu o cofundador com quem havia desenvolvido o Triangulate. Jack Wilson, amigo e ex-colega que tinha criado duas startups previamente, havia aceitado cuidar da captação de fundos e de parcerias com sites de namoro, enquanto Nagaraj, que vinha da área de engenharia, seria encarregado de criar o produto. Os dois acabaram se desentendendo sobre quem seria o CEO; Wilson sugeriu que dividissem o cargo, mas Nagaraj fazia questão de ter o posto só para ele, sob a tese de que era preciso rapidez nas decisões. Wilson, que tinha outras oportunidades à vista e achava que o time fundador tinha competências redundantes, pulou fora.

Depois de terminar o curso, Nagaraj mudou para Palo Alto a fim de tocar o projeto sozinho. "Tinha uma fé cega, mas nenhuma validação para a ideia, nem investidor, nem produto, nem time", lembra. "Quando olho para trás, me pergunto como consegui". Assim que chegou, encontrou outros dois cofundadores: um engenheiro e um cientista de dados. Em outubro de 2009, a primeira versão do mecanismo de matching da Triangulate estava pronta. Essa versão usava plug-ins de navegadores e APIs (interfaces de programação de aplicativos) para coletar informações digitais de usuários em sites como Facebook, Twitter e Netflix. Para evitar todo o jargão técnico, Nagaraj se referia a esses plug-ins e APIs como a "conexão com o fluxo de vida online" das pessoas. Na segunda versão, que usaria esses dados para recomendar combinações, seria preciso "ensinar" o algoritmo a detectar a compatibilidade usando o histórico de dados de casais felizes e avulsos. Estava em uma posição impossível: para conseguir dados suficientes a fim de treinar o algoritmo, Nagaraj precisava de um site de relacionamento como parceiro; para conseguir essa parceria, precisava demonstrar que a versão dois do mecanismo de matching já estava bem-azeitada e funcionava bem.

Ao criar o mecanismo de matching sem antes "entrar na mente do cliente", Nagaraj e o novo time estavam rumando para uma *falsa largada*, um padrão de fracasso muito comum em startups no estágio inicial. A falsa largada ocorre quando a empresa corre para lançar seu primeiro produto sem antes fazer uma boa pesquisa de mercado e acaba descobrindo que há uma série de problemas na oportunidade que identificou. Ao não ouvir a opinião sincera do cliente logo cedo e não testar hipóteses com um MVP, a startup fica sem tempo para resolver todo problema que surge, o que torna o mantra da "falsa largada" da Startup Enxuta uma profecia autorrealizável.

Uma falsa largada significa desperdiçar um ciclo de feedback – quando tempo é o recurso mais precioso de uma startup no estágio inicial. Depois dela, o time devia, sim, tentar pivotar para uma oportunidade mais atraente, mas pivotar consome tempo – e também o escasso dinheiro, e talvez seja necessário pivotar mais de uma vez para acertar a mira. No livro *A Startup Enxuta*,[2] Eric Ries define o runway de uma startup não da forma convencional – como o número de meses que faltam para que o capital da startup se esgote ao "burn rate" atual –, mas como o número de pivotagens que a startup pode concluir antes que o dinheiro em caixa acabe. Com o tempo passando, um ciclo perdido consome um precioso runway, deixando a startup com uma chance a menos de pivotar para uma oportunidade interessante.

À medida que avançava, a Triangulate foi descobrindo que o negócio de namoro online era um exemplo perfeito da oportunidade que trazia problema atrás de problema, exigindo uma pivotagem atrás da outra.

Pivotagem 1: Asas. Ao mesmo tempo em que desenvolvia o motor de matching, Nagaraj tentava vender a ideia da Triangulate a firmas de venture capital. A única resposta que recebia era: "Volte a ligar quando fechar com a eHarmony". Em novembro de 2009, depois de tanto ouvir o refrão – e o conselho de um acadêmico especializado em redes sociais –, Nagaraj resolveu repensar a estratégia. Além do plano de licenciar o mecanismo de matching para grandes sites de relacionamento, a Triangulate também lançaria seu próprio serviço de namoro online na Facebook Platform, que vinha crescendo depressa. Com isso, teria acesso aos dados necessários para ajustar o mecanismo e mostrar a potenciais clientes que funcionava. Isso também abria uma janela de oportunidade para a estreia da Triangulate no disputado mercado de sites e aplicativos de relacionamento.

Lançada dois anos antes, a plataforma do Facebook permitia a integração, ao gráfico social do Facebook, de aplicativos e sites de terceiros – que, com isso, tinham acesso a rios de dados sobre usuários da rede social. Um total de 50 mil aplicativos e sites já tinha gerado uma receita combinada de US$ 500 milhões com essa abertura – entre eles o Zoosk, um site de relacionamento com 40 milhões de membros que, desde o surgimento, em 2007, tinha levantado US$ 10,5 milhões em venture capital.

Na comparação com o Zoosk, o site da Triangulate tirava muito mais partido dos dados sobre o comportamento de usuários do Facebook. Além disso, trazia uma novidade: os dados quantitativos do comportamento digital da pessoal seriam complementados com uma "prova social" – o endosso de amigos. Nagaraj calculou que isso ajudaria o site a crescer de forma viral, pois o usuário teria interesse em trazer para a rede amigos que servissem como uma espécie de aval. Seria uma versão online da figura do cupido, ao qual muitos solteiros recorrem na hora de abordar um possível parceiro romântico em público – razão pela qual Nagaraj batizou o novo site, lançado em janeiro de 2010, de Wings (Asas). Só que, de novo, ele tinha criado o produto sem antes tratar de entender o público. Nesse caso, sem ter ouvido o que achavam da ideia do cupido.

Qualquer pessoa que estivesse no Facebook podia usar o Wings de graça. Entrava como alguém em busca de um par romântico ou, se convidado por algum usuário, como cupido. A partir daí, era possível editar e complementar o perfil gerado automaticamente com os dados do Facebook e com informações reunidas por outros conectores do fluxo de vida online da Triangulate. Usuários recebiam badges para indicar atitudes e interesses inferidos a partir desses dados; se eram marcados em muitas fotos com "óculos de sol de celebridades", por exemplo, ou com fones de ouvido que indicassem um forte interesse por música. Um cupido podia chamar atenção para certos dados do perfil de um amigo e adicionar depoimentos sobre a pessoa. Pretendentes podiam checar o perfil um do outro. Além disso recebiam, de graça, cinco matches recomendados por dia. Quem se cadastrava no site ganhava um "vale" digital que podia ser trocado por presentes virtuais, por um número maior de matches ou pela possibilidade de mandar mensagens a pretendentes. Se quisesse mais moedas virtuais, era só comprar – com dinheiro de verdade ou incluindo mais informações no perfil (autorizando a Triangulate a acessar seus dados na Netflix, por exemplo, ou convidando amigos para o site). Um esquema parecido já vinha surtindo efeito para monetizar o Zoosk, outro site de relacionamento que não cobrava pelo acesso.

O time usou a primeira leva de dados do Wings para aprimorar o sistema de matching e avaliar sua capacidade de prever a compatibilidade. Em janeiro de 2010, um teste reuniu 50 pares de solteiros – desconhecidos, heterossexuais – e 50 cupidos, que trouxeram seus companheiros de longa data para colaborar. O programa conseguiu prever com alta precisão quem era um casal na vida real.

Dessa vez, Nagaraj recebeu uma resposta bem diferente de potenciais investidores: "Os VCs acreditaram [quando dissemos] que tínhamos um mecanismo de matching sofisticado, mas não se detiveram muito nos detalhes técnicos do algoritmo. O modo como contamos a história sobre o software pareceu ser muito mais importante". Outra coisa que despertou o interesse dos VCs foi a possibilidade de que o Wings crescesse de forma viral, evitando assim as pesadas campanhas de publicidade que jogavam o custo de adquirir um novo assinante nos principais sites de relacionamento para mais de US$ 100. Nagaraj calculava que a Triangulate seria capaz de adquirir um usuário pagante do Wings por meros US$ 45 – e que o usuário pagante médio teria um LTV de US$ 135, considerando US$ 15 em receita mensal de compras de moedas ao longo de um tempo de vida de nove meses. Em março de 2010, a Triangulate fechou uma rodada de capital semente de US$ 750 mil liderada pela Trinity Ventures, a conceituada firma de capital de risco do Vale do Silício. Com dinheiro em caixa, contrataram o primeiro funcionário, um designer gráfico.

Pivotagem 2: Enxugar Wings, desligar motor. Quando o Wings foi lançado, o time finalmente começou a receber uma resposta direta dos usuários, algo que até então não tinha. Com esse feedback, foram rapidamente adicionando recursos ao Wings – testando e aprendendo com a agilidade da Startup Enxuta. "No começo, usamos fotos bem pequenas no perfil dos usuários, pois a ideia é que as pessoas confiassem no mecanismo – em vez de ir pela aparência. Mas o povo queria fotos, muitas e grandes", conta Nagaraj. "Para comprovar isso, criamos um botão falso de 'Fotos'. Quando clicavam nele, vinha a mensagem: 'Em breve'. Como o volume de cliques no teste foi grande, dali a dias lançamos álbuns de fotos".

Os primeiros usuários do Wings chegaram graças à cobertura em meios de tecnologia e à inclusão do Wings, pelo Facebook, em um painel que promovia parceiros da plataforma. Além disso, a startup gastou cerca de US$ 5 mil por mês em publicidade online para atrair mais usuários. Em setembro, essa base tinha crescido para 35 mil pessoas – 32 mil solteiros e 3 mil cupidos. Do total, 10 mil usuários (70% homens e 30% mulheres) estavam na Califórnia, onde a Triangulate concentrou a campanha de marketing para aumentar as chances de que alguém achasse um match compatível com sua localização.

Custava à Triangulate cerca de US$ 5 para atrair um usuário novo com anúncios geograficamente dirigidos no Facebook e certas redes de publicidade. Em outras redes de publicidade, saíam anúncios com incentivos ao público: dinheiro virtual, digamos, que podia ser usado no Farmville ou em outros joguinhos sociais, caso a pessoa se inscrevesse no Wings. A Triangulate pagava só 50 centavos de dólar por usuário adquirido nessas redes sociais focadas em jogos, mas esse esquema trazia dois problemas. Um, nem todo usuário que recebia o incentivo estava realmente em busca de um par romântico; em média, só 25% deles voltava ao Wings na semana seguinte à visita inicial. Dois, era gente espalhada por todo o país. Quem estava na Califórnia tinha boas chances de encontrar um match nas redondezas, mas alguém em um lugar como Dakota do Norte, não. Decepcionados, esses usuários sumiam – e, pior, avaliavam mal o Wings no quesito satisfação na loja de aplicativos da Facebook Platform, fazendo o custo de aquisição de clientes subir.

A gestão do conteúdo gerado coletivamente por usuários rendeu informações importantes sobre as preferências desse público, o que por sua vez deu origem a novas funcionalidades. Para coibir uma pequena minoria que postava fotos impróprias, por exemplo, Nagaraj checava pessoalmente todas as fotos enviadas: cerca de 1.500 por dia, de aproximadamente 300 novos usuários. Para aliviar esse fardo, o time criou um recurso ("Rate Singles") que repassava essa tarefa de seleção aos usuários, que foram instados a classificar a atratividade das fotos com a justificativa de melhorar seus próprios matches. A ideia se provou popular. Para alguns, virou um verdadeiro vício: tinha usuário que passava 45 minutos de uma única sentada classificando fotos, clicando em uma a cada cinco segundos. O recurso Rate Singles logo respondia por 20% dos page views do Wings.

O grau de atratividade de um usuário virou um dos parâmetros de qualidade que passou a ser o principal critério para os matches recomendados diariamente. Em outubro de 2010, ficou patente que os usuários não consideravam superiores os resultados gerados pelo algoritmo de matching – e a Triangulate desistiu de usar o mecanismo original para esse fim. Foi a primeira falsa largada. Em vez disso, o time agora aplicava métricas práticas para classificar a qualidade de usuários. Recebia pontuação alta um usuário que tivesse um perfil completo, fotos classificadas pela comunidade como "atraentes", respondesse a mensagens e usasse bastante o site. Sobre a decisão de deixar de usar o mecanismo de matching, Nagaraj refletiu: "O que descobrimos sobre o consumidor, depois de quase dois anos, é que ele quer apenas achar alguém. Quer que alguém que julgue interessante responda a suas mensagens. É uma necessidade bem prática. A meta é achar alguém, não um algoritmo. E, assim como eu, o consumidor forma uma opinião depressa, com base em impressões superficiais".

No segundo semestre de 2010, a Triangulate também se desfez do cupido, sua segunda falsa largada. Esse público não era muito engajado e não produzia a viralidade esperada, na comparação com os solteiros. Além disso, manter esses dois papéis complicava a navegação no site e aumentava o tempo gasto para programar novos recursos.

Em setembro de 2010, o site exibia métricas discrepantes. Se, por um lado, a base de usuários do Wings crescia 44% ao mês, por outro o engajamento decepcionava: apenas 27% dos novos usuários na Califórnia voltava na segunda semana após o cadastro. A viralidade era baixa. Tendo apostado em um forte efeito de rede e no empurrão dos cupidos, Nagaraj tinha originalmente projetado que cada novo usuário atrairia, em média, 0,8 novo usuário adicional. Em setembro, no entanto, essa média na Califórnia era de mero 0,03. Além disso, o uso da moeda virtual era baixo: apenas 177 moedas ao mês por usuário na Califórnia, em média. Para piorar, poucas dessas moedas tinham sido realmente vendidas pela Triangulate; o resto vinha do lote de 200 moedas recebidas de graça no ato da inscrição e de moedas oferecidas em recompensa pela atividade do usuário no Wings. O valor de venda de uma moeda era um centavo de dólar, o que significava que o site tinha um longo caminho pela frente até chegar à projeção original de Nagaraj de US$ 15 em receita mensal por usuário pagante.

O time tinha uma série de planos para aumentar o engajamento, a viralidade e a receita, como incluir uma opção de assinatura no Wings. Animado com os planos, em outubro de 2010 Nagaraj já se preparava para uma série A de captação. Tinha acabado de encontrar um diretor de marketing e outro de tecnologia, mas naquele mês recebeu um alerta. Em uma reunião do conselho, um investidor/assessor que tinha criado uma empresa de games online disse a Nagaraj: "A viralidade, quando vem, chega em questão de meses, e você já teve esses meses". O conselho chegou a discutir se as duas novas contratações deviam ser canceladas para retardar o fim das reservas da Triangulate.

Pivotagem 3: DateBuzz. Depois da reunião do conselho – que Nagaraj descreveu como "o pior dia da minha vida" –, os fundadores voltaram a fazer mudanças. Decidiram manter as contratações, mas a bronca do conselho fez com que buscassem alternativas para um novo site de namoro. Com base no sucesso do "Rate Singles", pensaram em outros recursos que tornassem um site de relacionamento mais social. Em dezembro de 2010, a Triangulate lançou o DateBuzz, que permitia aos usuários avaliar diversos aspectos isolados do perfil de alguém – a descrição da pessoa, músicas ou filmes favoritos, badges e por aí vai – antes de ver a foto da pessoa. "A maioria dos usuários de sites de relacionamento está insatisfeita com o nível de interação", explicou Nagaraj, completando: "É que depende muito da reação às fotos. Quem é menos atraente recebe pouca atenção e quem é mais atraente recebe atenção demais". Com base nos votos que um usuário dava, o DateBuzz mostrava à pessoa matches sugeridos pelo software da Triangulate. "Quando os usuários começavam assim, muitos dos indivíduos menos atraentes recebiam mais atenção, mas os mais atraentes continuavam recebendo bastante", explicou Nagaraj. "Redistribuímos o tráfego e a atenção para incentivar um recorte maior de usuários a interagir uns com os outros".

Mesmo tendo resolvido uma grande queixa do usuário de sites de relacionamento, o DateBuzz não foi um sucesso imediato. Embora povoado com usuários do Wings, que tinha sido fechado, apenas cerca de três mil usuários do site anterior (cerca de um terço da base ativa) migrou para o novo. Fora isso, o time comprou publicidade online e provou uma série de táticas de marketing de guerrilha, como distribuir panfletos em estações de trem. Dali a meses, no entanto, o custo médio de adquirir um novo usuário para o DateBuzz seguia em cerca de US$ 5 – nada menos do que era no Wings.

Em fevereiro de 2011, quando a Triangulate ainda tinha US$ 200 mil em caixa mas estava gastando cerca de US$ 50 mil ao mês, Nagaraj abordou a Trinity Ventures sobre uma série A de financiamento. Um sócio da firma disse: "Achamos você um ótimo empreendedor, mas não sabemos bem qual a sua motivação aqui. Se puder explicar por que está tão empolgado, daremos um jeito". A delicadeza da resposta fez Nagaraj refletir seriamente se devia ou não seguir em frente.

O time da Triangulate tinha, sim, se convertido em uma "máquina azeitada", nas palavras de Nagaraj. Com o DateBuzz, a equipe "pegou o recurso mais interessante do Wings – o voto em detalhes do perfil – e o transformou em um produto que realmente mudava a dinâmica do namoro online. Faltava apenas descobrir um jeito de adquirir usuários. A viralidade aumentaria quando uma massa crítica de usuários tivesse provado o produto". Por outro lado, amigos que também eram empreendedores, ou VCs, avisaram Nagaraj, "com graus distintos de diplomacia, que a Triangulate não iria satisfazer os critérios para captar uma série A". Nagaraj esteve a ponto de vender a Triangulate para uma grande empresa de tecnologia, mas a proposta não veio. Em março de 2011, teve de aceitar a realidade. Fechou a empresa, pagou a rescisão do pessoal, ajudou todo mundo a conseguir outro trabalho e devolveu US$ 120 mil (do capital semente total de US$ 750 mil) aos investidores.

O time da Triangulate tinha conseguido pivotar três vezes em dois anos, mas jamais encontrou um mercado. Nisso, não está sozinho: uma análise da CB Insights de startups que não deram certo mostra que a "falta de mercado" foi a razão mais mencionada para o fracasso. Ao examinar o caso de outras startups no estágio inicial que tinham tentado explorar oportunidades que no final eram fracas ou sequer existiam, descobri que muitas, como a Triangulate, lançaram um primeiro produto sem antes fazer uma boa pesquisa de mercado. Como seria de esperar, seu produto acabou não emplacando. Tiveram, então, de voltar à prancheta para reformulá-lo – tendo consumido um escasso capital e perdido tempo precioso.

Munido da nova informação, voltei à Triangulate para uma rigorosa autópsia. A primeira pergunta era se Nagaraj não passava de um jóquei inconsequente. Longe disso, a meu ver. Sabiamente, ele tinha evitado dividir o comando com o primeiro cofundador, pois sabia que isso podia emperrar a tomada de decisões. Montou e liderou um time muito competente, capaz de processar rapidamente o feedback de usuários e, com isso, criar novas funcionalidades com rapidez. E conseguiu dinheiro de uma firma de venture capital de primeira. Um empreendedor ruim dificilmente atrai talentos e investidores desse calibre.

Qual foi o problema, então? Gurus da Startup Enxuta aconselham fundadores a "lançar cedo e iterar", ou seja, a colocar um produto de verdade nas mãos de clientes de verdade para saber o que acham o mais rápido possível. Foi o que fez o time da Triangulate.

A cada iteração, reagiam rapidamente ao feedback obtido e pivotavam sem perder tempo. Nisso, seguiam outro mantra da Startup Enxuta: errar rápido.

Mas a equipe da Triangulate, a exemplo de muitas outras, ignorou outro preceito da Startup Enxuta: fazer uma boa sondagem do mercado – o chamado "customer discovery", uma rodada detalhada de entrevistas com potenciais clientes – antes de conceber e desenvolver um produto mínimo viável. No *post mortem* que fez da Triangulate, Nagaraj admitiu ter pulado essa etapa: "Hoje vejo que devia ter passado alguns meses falando com o maior número possível de clientes antes de começar a programar. E ignorei totalmente uma pergunta que muitos amigos me faziam, e que dizia muito sobre o que eles realmente procuravam: 'Tem gente bonita no site?'".

O resultado é que a oportunidade que a Triangulate decidiu explorar tinha um monte de falhas. Se pegarmos os quatro componentes da oportunidade, só tecnologia e operações estavam em dia; nos outros três, havia sérios problemas.

Proposta de valor. A Triangulate nunca conseguiu chegar a uma solução superior e diferenciada para uma necessidade importante que até ali não tinha sido satisfeita. O conceito do cupido tinha apelo limitado. No *post mortem*, Nagaraj reconheceu que a pessoa talvez não quisesse expor as idas e vindas de sua vida sentimental aos amigos. Além disso, pivotar para um matching com base na aparência e na atividade de usuários no site não diferenciava suficientemente o Wings de rivais que já existiam – e que, além de seguirem essa mesma linha, davam acesso a um número bem maior de pretendentes. Em suma, o Wings tinha se transformado em uma "ratoeira ruinzinha".

O DateBuzz foi um passo no sentido certo. Suas funcionalidades sociais melhoraram o engajamento. Poder avaliar não só fotos como outros aspectos do perfil dos outros solucionou uma queixa real dos usuários. Contudo, o dinheiro já estava no fim quando o time detectou essa promissora oportunidade.

Outro problema foi que a Triangulate chegou ao mercado na hora errada. Nagaraj viu a oportunidade de aproveitar a plataforma do Facebook, mas, quando o Wings estreou, o Zoosk já tinha capturado uma fatia importante do público da rede social em busca de um par romântico. Se não oferecer uma solução superior, um lanterninha quase sempre enfrentará uma dura batalha, sobretudo se estiver em um mercado – como o de namoro – com fortes efeitos de rede. "A princípio, parece fácil entrar no setor, o que explica por que toda semana aparece uma nova startup de namoro online. A maioria desses empreendedores é solteira, como eu. Por experiência própria, é gente que vê muitos problemas nesses sites e acha que é óbvio como fazer algo melhor. Mas, nessa área, o efeito de rede é muito forte, pois as pessoas são exigentes. Não basta conseguir um monte de usuários. É preciso ter muitos grupos compatíveis: por exemplo, um número suficiente de gente em San Francisco na faixa dos 28 anos que seja atlética, não cometa erros de ortografia e não mencione Deus no perfil. Ou que mencione – e toda outra variação possível e imaginável".[3]

"Para atrair esses usuários, é preciso competir em um mercado maduro com gigantes como a Match, que fez o custo de aquisição de clientes subir nos últimos 20 anos", continuou Nagaraj. "Essas empresas parecem de tecnologia, mas, na verdade, são imensas máquinas de marketing. A Match gasta cerca de 70% da receita em publicidade, daí ser tão conhecida. Cometi o erro de encarar a Triangulate como uma empresa de tecnologia que poderia dar certo só por ter um produto espetacular".

O desafio de criar uma proposta de valor superior para o Wings e o DateBuzz foi exacerbado pelo fato de o serviço ser grátis, pelo menos até que a pessoa esgotasse o bônus inicial de moedas e quisesse mandar uma mensagem a um pretendente. Não cobrar eliminou um entrave à inscrição – algo bom, dado o efeito de rede –, mas fez a Triangulate atrair muita gente que estava ali só por curiosidade. Já alguém que paga US$ 60 ao mês para usar o eHarmony, por exemplo, tem muito mais probabilidade de estar realmente buscando alguém e, por conseguinte, frequentar bastante o site e responder às mensagens.

Além disso, a gratuidade tornou difícil para o Wings e o DateBuzz lidar com um problema vivido por todo serviço cuja meta é ajudar alguém a estabelecer uma relação romântica séria: satisfazer o cliente significa perdê-lo. Em um serviço como Match ou eHarmony, o cliente, uma vez satisfeito, cancela o plano e tem seu perfil apagado. Já em um site grátis, o perfil de alguém que perdeu o interesse – pelo motivo que for – vai continuar visível. Quem mandar uma mensagem a esse perfil inativo vai ficar decepcionado, aumentando a probabilidade de que deixe de usar o site.

Marketing. Sem uma massa crítica de usuários – e, portanto, impossibilitados de tirar partido de efeitos de rede –, Wings e DateBuzz tiveram dificuldade para atrair novos usuários: um beco sem saída. Nagaraj também errou ao presumir que o boca a boca dos cupidos traria um crescimento viral, eliminando a necessidade de grandes gastos em marketing. Esse plano ("Se você construir, eles virão") não vingou. No final, o Wings adquiriu 60% dos usuários com publicidade; somente 30% por meio do boca a boca, de menções na mídia e da aparição no painel do Facebook; e ínfimos 10% por ações virais dentro do aplicativo. Um capital semente de US$ 750 mil simplesmente não era suficiente para bancar o marketing exigido para atrair a atenção do público e fazer a marca decolar.

Fórmula do lucro. Sem viralidade e com uma rede de porte insuficiente, a Triangulate teve de gastar mais do que originalmente orçado em publicidade e incentivos promocionais para adquirir usuários. Esse gasto imprevisto bagunçou a fórmula do lucro da empresa, pois a modesta receita obtida quando usuários mandavam mensagens e presentes virtuais nem de longe cobria o gasto com marketing necessário para adquirir cada novo usuário. Em suma, a Triangulate não passou no teste do "Cadê o dinheiro?". Um esquema de assinatura poderia ter melhorado a situação do lucro, mas o runway do time acabou antes que pudesse testar essa ideia.

Resumindo, essas falhas resultaram de uma série de premissas equivocadas que fizeram a Triangulate pegar o caminho errado vez após vez. Quando criou a empresa, Nagaraj achava que um match gerado por computador com base em dados de comportamento seria melhor que um baseado em informações que a própria pessoa fornecia, e que usuários de sites de relacionamento estariam dispostos a pagar mais por esses resultados. Como não validou essas premissas antes que o time iniciasse o trabalho de engenharia, descobriu tarde demais que o "algoritmo de matching com base na análise de comportamentos acabou não sendo importante para o Wings e o DateBuzz. Um algoritmo pode ser útil quando as pessoas não confiam na própria capacidade de escolher – quando estão buscando um serviço financeiro, por exemplo. Porém, se você me mostrar perfis de sete mulheres, eu não precisaria de ajuda para escolher qual gostaria de conhecer".

Antes de lançar o Wings, no final de 2009, Nagaraj fez uma sondagem online, perguntando a 150 pessoas se preferiam o matching com base nas respostas a um questionário ou em dados gerados por computador. O problema é que isso não foi um genuíno MVP, que coloca o protótipo de um produto real nas mãos do consumidor para medir a demanda. A Triangulate podia ter feito um teste que levasse a pessoa a uma landing page, o que significaria criar rapidinho um site de aparência autêntica, com um pitch interessante promovendo o novo serviço de namoro – o qual usaria dados objetivos gerados por computador para fazer o matching – e chamando a pessoa a se inscrever. Podia ter feito um teste similar para medir o interesse na ideia do cupido. Mas, de novo, Nagaraj lançou o Wings como um produto totalmente operacional sem antes usar um MVP.

Se Nagaraj tivesse falado com possíveis usuários logo de saída ou testado um MVP sério, o time poderia ter criado o primeiro produto da Triangulate em sintonia maior com a necessidade do mercado e evitaria perder meses em software e recursos que, a certa altura, foram descartados. Podia, também, ter se dedicado mais a reforçar o perfil de usuários com os conectores de fluxo de vida online, que tinham, sim, apelo para o público. E o time podia ter chegado mais rápido, iterando à ideia potencialmente robusta do voto em componentes isolados do perfil.

Por que fundadores são vítimas da falsa largada?

Ao refletir sobre os erros, Nagaraj admitiu que não passou mais tempo falando com potenciais usuários para entender o que queriam de um site de relacionamento porque não via a hora de começar a criar. Esse viés de ação é típico de empreendedores. Engenheiros, como Nagaraj e seus colegas de equipe, adoram criar coisas. Portanto, quando o empreendedor é ainda por cima um engenheiro, seu instinto em geral é criar e lançar o produto o mais depressa possível.

Fundadores sem formação em engenharia, incluindo muitos dos MBAs que aconselho, também são vítimas desse erro. Aqueles que não possuem formação técnica, tendo ouvido repetidamente que possuir um produto excelente é requisito fundamental, costumam estar inseguros sobre a própria capacidade de criar a solução que imaginam. Em geral, o empreendedor sem bagagem técnica tende a ser persuasivo e bom de networking e normalmente consegue recrutar um engenheiro para preencher a lacuna. Só que a bolada gasta com esse profissional significa que o medidor do consumo de caixa vai girar mais depressa, então há pressão para criar e lançar um produto o mais rápido possível. Isso normalmente leva engenheiros a começar a criar antes de o time entender bem o problema ou a solução.

Sob risco de generalizar, outra razão pela qual certos fundadores de formação técnica não vão entrevistar clientes em potencial é que muitos engenheiros são, simplesmente, introvertidos demais para falar com estranhos. Ao fazerem entrevistas, tanto engenheiros quanto fundadores sem bagagem técnica costumam cair no erro de fazer perguntas indutivas ("Você gostou da nossa ideia?") para ouvir o que querem ouvir. Muitas vezes, a pessoa é tão arrogante em relação à solução que criou – talvez pela experiência prévia no setor – que nem dá valor à opinião do cliente.

Como evitar falsas largadas

Uma maneira de evitar falsas largadas é seguir um minucioso processo de concepção *antes* de iniciar o trabalho de engenharia. Empreendedores que entendem mal a lógica da Startup Enxuta costumam pular etapas iniciais do processo e vão direto para o teste do MVP, para poder criar uma primeira versão do produto. O teste de um MVP deveria, no entanto, ser *uma das últimas* etapas do processo de criação. Quem parte com um MVP não aprende lições importantíssimas de etapas anteriores.

O processo pode ser visualizado[4] em sua totalidade usando o modelo Double Diamond (losango duplo) criado pelo British Design Council. O losango à esquerda representa a primeira fase do processo, a *definição do problema*. O losango à direita representa a segunda fase, o *desenvolvimento da solução*. Na fase de definição do problema, a pessoa identifica necessidades não satisfeitas e segmentos de clientes para os quais essas são mais prementes. A meta é detectar uma queixa ou um desejo genuínos: um problema que realmente valha a pena resolver. Uma vez identificado um desafio real, entra-se na fase do desenvolvimento da solução, quando são exploradas maneiras distintas de resolução até que se escolha a melhor.

Na imagem a seguir, vemos que o lado esquerdo de cada losango tem setas apontando em diferentes direções; já as setas no lado direito convergem para um mesmo ponto. Essas setas indicam uma ênfase inicial no raciocínio divergente – a geração de muitas ideias –, seguida de uma ênfase no raciocínio convergente, que implica decidir quais são as melhores. Na fase de definição do problema, pensamento divergente significa imaginar todos os segmentos de clientes que seria plausível atender e, para cada um desses, determinar todas as necessidades ainda não satisfeitas que seria concebível satisfazer. Isso feito, o pensamento convergente permite identificar quais segmentos de clientes serão seu alvo e em que necessidades você se concentrará. Esse mesmo esquema "divergir-convergir" é usado no desenvolvimento da solução, quando são levantadas várias soluções possíveis para problemas do cliente e, em seguida, a mais promissora é eleita. Nas próximas páginas, indico[5] uma série de atividades que podem ser feitas em cada estágio.

O processo é retratado como um fluxo linear da esquerda para a direita, mas a cada etapa haverá loops de feedback. Assim, a qualquer momento, uma nova informação pode levá-lo de volta a uma etapa anterior para rever o que já foi feito e, a partir dali, iniciar outro trajeto iterativo da esquerda para a direita.

A iteração só deve terminar quando[6] o empreendedor tiver certeza de que chegou a uma proposta de valor interessante para o cliente – a chamada declaração de posicionamento – que traga a resposta para todas as lacunas indicadas a seguir.

- Para [PREENCHER: segmento de clientes visado]
- insatisfeito com [PREENCHER: solução existente]
- devido a [PREENCHER: necessidades não atendidas],
- [PREENCHER: nome da startup] oferece uma [PREENCHER: categoria do produto]
- que traz [PREENCHER: principais benefícios de sua solução, factível e diferenciada].

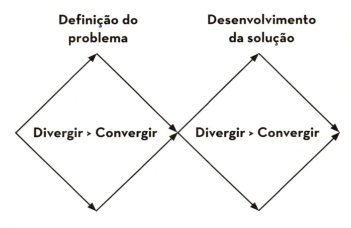

Atividades

Entrevistas com clientes	Análise da concorrência	Ideação estruturada	Teste de MVP
Teste de soluções existentes por usuários	Pesquisas com clientes	Prototipagem	Definição de posicionamento
Pesquisa etnográfica	Dimensionamento do mercado	Teste de protótipos por usuários	
Grupos de discussão	Personas		
Mapeamento da jornada			

Modelo Double Diamond

O Double Diamond tem dois princípios básicos: o desenvolvimento de uma solução específica só deve começar depois de o empreendedor 1) definir o problema, ou seja, priorizar um conjunto de necessidades fortes e não atendidas para distintos segmentos de clientes, e 2) explorar uma série de alternativas e identificar, com alta confiança, aquela que *melhor* atende as necessidades desse público e assegura a obtenção de lucro satisfatório em longo prazo.

A maioria dos empreendedores tem uma solução em mente desde o início. Isso é bom, mas o Double Diamond pede que a pessoa não fique excessivamente apegada a ela. O certo é permanecer aberto a possibilidades: a necessidades mais urgentes que ainda não tenham sido satisfeitas ou a soluções melhores que porventura surgirem. Quem cai no erro da falsa largada se fecha para essas possibilidades e pula diretamente para o final do processo de desenho.

Meu estudo com fundadores em estágio inicial mostra que muitos são vulneráveis à falsa largada. Na comparação com empreendedores de maior sucesso, por exemplo, fundadores/CEOs de startups em aperto ou que fecharam as portas fizeram bem menos pesquisa prévia de mercado, concluíram menos testes de MPV rigorosos e tinham menos probabilidade de dizer que entendiam a fundo as necessidades do cliente. Na comparação com outros mais bem-sucedidos, também diziam ter pivotado muito pouco – ou demais. Esses resultados condizem com o padrão de fracasso da falsa largada: fundadores que saltam a tarefa inicial de pesquisa têm mais probabilidade de ter de pivotar de uma solução inicialmente fraca. Como vimos, a falsa largada consome capital, reduzindo o número de vezes que a startup vai conseguir pivotar.

Para evitar uma falsa largada, é importante entender os objetivos de cada etapa do processo Double Diamond, as tarefas que podem ser feitas em cada fase e as melhores práticas para fazer isso tudo. São temas que merecem (e já ocupam) livros inteiros. Aqui, vou me limitar a um punhado de aspectos importantes de cada uma das principais ações e a certos erros cometidos por empreendedores ao executá-las.

Entrevistas com clientes. Ouvir o cliente[7] é a base da fase de definição do problema. Steve Blank, guru da Startup Enxuta,[8] sugere que o empreendedor "vá para a rua" a fim de *extrair informações do cliente* antes de começar a criar algo. O segredo aqui é "colher dados": o empreendedor precisa estar atento a necessidades não atendidas. Se não entrevista um número suficiente de gente (o erro de Nagaraj), fala com as pessoas erradas ou conduz mal a conversa, o empreendedor não vai saber ao certo se identificou um problema que vale a pena resolver. Erros comuns na hora de entrevistar clientes incluem:

- **Achar que entende a necessidade do cliente porque você é o cliente.** De certo modo, Nagaraj caiu nessa cilada, extrapolando suas próprias preferências ao criar soluções na área de relacionamentos. O que cada pessoa quer nessa arena varia muito. Não é necessariamente um erro criar uma solução voltada a suas próprias necessidades, desde que você tenha falado com um número suficiente de possíveis usuários para garantir que boa parte deles tenha necessidades como as suas.
- **Usar uma amostra de conveniência.** É comum o empreendedor colher informações de amigos, colegas de trabalho e gente da família, pois é fácil e são pessoas que em geral querem ajudar. Infelizmente, como a tendência é nos cercarmos de gente semelhante, isso pode ser o equivalente a entrevistar nós mesmos. Além disso, há o risco de que, ao ver o empreendedor obcecado e estressado, amigos e parentes digam a essa pessoa o que acham que ela quer ouvir, e não o que realmente pensam.
- **Não entrevistar todas as partes interessadas.** É importante ouvir o que tem a dizer todo mundo que terá voz na decisão de compra. Em um contexto business-to-business, por exemplo, o usuário final de um sistema de software em geral não é quem escolhe o produto ou autoriza sua compra. Em uma família, os pais talvez decidam o que os filhos podem consumir. Nesses casos, é preciso buscar a opinião tanto do usuário final como do responsável pela decisão.
- **Focar apenas nos usuários iniciais.** O instinto de buscar satisfazer os usuários iniciais é natural – afinal, é deles que o empreendedor dependerá para o boca a boca sobre o produto. Em geral, no entanto, a necessidade dos primeiros[9] de adotarem

uma nova solução é maior – e diferente – de indivíduos "típicos" que podem aderir mais adiante. Os primeiros a adotarem o Dropbox, por exemplo, eram ultranerds que precisavam de uma solução sofisticada para sincronizar arquivos em vários aparelhos, compartilhar esse material, fazer backup. Hoje, anos depois de lançado o serviço, um usuário típico pode ser aquela pessoa que tem dificuldade até para ligar o computador. O Dropbox sabiamente desenhou o produto para que mesmo esse usuário fosse capaz de usá-lo bem.

Satisfazer simultaneamente as necessidades de usuários iniciais e comuns é um desafio. Abordarei esse dilema no próximo capítulo. Aqui, quero apenas enfatizar que é importante entender as diferenças entre as necessidades de cada grupo. É preciso sondar ambos, portanto. A distinção entre um e outro é relevante não só para entrevistas com clientes, mas para todas as técnicas de pesquisa discutidas a seguir.

- **Fazer perguntas indutivas.** É preciso cuidado para não formular uma pergunta que induza o entrevistado a responder aquilo que o entrevistador quer ouvir. Em vez de indagar "Você acha que no Match uma pessoa perde muito tempo checando perfis inativos?", faça uma pergunta mais aberta, por exemplo: "Como foi sua experiência ao checar perfis no Match?".
- **Pedir previsões.** Se você perguntar a uma pessoa o que ela fará, a resposta recebida geralmente será a mera expressão de um desejo, o tal "wishful thinking" – sobretudo se a conduta for positiva. Se perguntar: "Com que frequência você irá à academia no mês que vem?", por exemplo, a resposta pode ser: "Dia sim, dia não". Melhor indagar o que a pessoa fez: "Com que frequência você foi à academia no mês passado?", por exemplo, cuja resposta pode ser: "Estou sem tempo, faz três semanas que não vou". Ainda que a pessoa acrescente que isso se deve a

circunstâncias especiais, o comportamento no passado costuma ser um bom indicador de como será no futuro.

- **Apresentar a solução.** Em geral, o empreendedor está tão entusiasmado com a própria ideia que não resiste e sai contando, para ver como os outros reagem. Mas esse exercício não ajuda. Seja por não querer magoá-lo, seja porque sua intensidade assusta um pouco (ou as duas coisas), muita gente vai dizer que adora a sua ideia, ainda que seja mentira. No início do processo de concepção, um fundador não deve perder tempo vendendo seu peixe. Existe a hora e o jeito certo de pedir feedback sobre a solução, mais adiante. Nessa ocasião, o certo é sondar apenas as necessidades não atendidas.

Teste de soluções existentes por usuários.[10] É possível aprender muito sobre necessidades que ainda não foram satisfeitas ao observar um cliente-alvo usando o produto de uma concorrente. Peça à pessoa que comente em voz alta enquanto faz isso, dizendo do que gosta ou não, o que a confunde e assim por diante. Nagaraj, por exemplo, poderia ter pedido a potenciais clientes que buscassem um pretendente no eHarmony ou criassem um perfil no Match para, assim, observar suas reações.

Grupos de discussão e pesquisa etnográfica.[11] Essas duas técnicas não servem para todo tipo de projeto. Grupos de discussão, ou focais, são bons para produtos que despertam reações emocionais fortes; por isso mesmo, teriam sido úteis para a Triangulate. Em um grupo de discussão, um facilitador capacitado conduz uma discussão entre um grupo de desconhecidos (por volta de seis pessoas) de origens semelhantes, em um cenário psicologicamente seguro. Em condições ideais, os comentários de um indivíduo desencadearão reações, memórias e relatos de outros – coisas que talvez não viessem à tona em entrevistas individuais. É preciso um facilitador experiente para fazer com que todos falem, evitando o pensamento de grupo, a fim de gentilmente calar indivíduos que tendem a dominar a conversa e suavizar críticas duras aos comentários de alguém. A pesquisa etnográfica – sair "em campo" e observar diretamente um indivíduo que tenta resolver um problema – é uma técnica muito prezada por designers profissionais. Quem estiver criando um serviço de supermercado online, por exemplo, pode aprender muito ao observar clientes circularem pelo espaço físico de um. Mas nem sempre é viável ter esse acesso. Não há, por exemplo, como observar casais decidindo que método contraceptivo usar. Também aqui, é preciso certo preparo para fazer uma investigação em campo.

Mapeamento da jornada.[12] Depois de usar essas ferramentas de pesquisa para entender melhor o espaço do problema, é importante sintetizar a informação. O mapeamento da jornada é um método visual. No eixo horizontal, é traçada a sequência de etapas que o cliente percorre na compra: detectar um problema, buscar possíveis soluções, adquirir uma delas, usar a solução, buscar apoio pós-venda, considerar a recompra etc. Em seguida, em cada coluna vertical, deve-se acrescentar a cada etapa um breve texto resumindo questões que afetam o grau de satisfação do cliente ou seu estado emocional, tanto de modo positivo como negativo. No caso do Dropbox, por exemplo, "Fácil e rápido de baixar" seria incluído na extremidade positiva do eixo vertical em "Instalação", uma etapa inicial da jornada de compra. O ideal é criar um mapa distinto para cada tipo de cliente.

Análise da concorrência.[13] Tendo identificado uma multiplicidade de necessidades não satisfeitas para distintos segmentos de clientes, é hora de adotar o raciocínio convergente. A meta? Decidir quais necessidades não atendidas abordar e quais segmentos de clientes mirar. Entrevistas com clientes e testes de soluções existentes por usuários deveriam ter servido para gerar hipóteses sobre necessidades não satisfeitas. Agora, é importante confirmar que essas realmente estejam sem solução, o que requer uma análise mais detalhada da concorrência. É possível que uma rival já tenha uma solução superior? Ainda que você ache que sua investigação revelou todas as existentes no mercado, saiba que sempre há um empreendedor sendo surpreendido: depois de passar semanas trabalhando em um problema e sua solução, o indivíduo se depara com uma concorrente que parece ter a tal bala de prata. É melhor avaliar a concorrência de forma sistemática logo cedo para não ser pego de surpresa lá na frente.

Em geral, a análise da concorrência é apresentada em formato de tabela: as linhas trazem recursos e características de desempenho (por exemplo, confiabilidade, facilidade de uso) e as colunas mostram soluções existentes, bem como o produto idealizado pela startup. Quase todo empreendedor exibirá uma versão dessa tabela no material usado para vender sua ideia – com todas as células assinaladas no caso do produto da sua startup ("Faremos tudo isso!") e, é claro, mais células em branco no caso das rivais.

Há dois erros a evitar ao fazer a análise da concorrência. O primeiro é fechar os olhos para recursos ou aspectos do desempenho em que sua potencial solução deixa a desejar. É fácil cair no wishful thinking – dizer que certo atributo tem zero importância –, sobretudo na hora do pitch a investidores. O segundo erro é argumentar que, na verdade, não há concorrência, pois seu produto é o primeiro do gênero. Às vezes, uma ideia radicalmente inovadora – como o Airbnb – realmente inaugura uma nova categoria no mercado. Entretanto, inventos como esse são raros, e a maioria dos investidores verá com ceticismo o "não temos rivais". De uma forma ou de outra, o ser humano vem tentando resolver o problema que você vai abordar, e é crucial entender o que agrada e o que não agrada o cliente naquelas soluções supostamente inferiores.

Pesquisas com clientes.[14] A pesquisa pode ser uma ferramenta utilíssima para decidir quais problemas e segmentos de clientes mirar. Deve ser usada para validar hipóteses sobre a capacidade de uma solução existente de satisfazer uma determinada necessidade. Também serve para corroborar premissas sobre diferenças em necessidades e preferências de certos segmentos de clientes. Por último, ao indagar com que frequência o usuário realiza certas atividades, a pesquisa pode ajudar a determinar o tamanho do mercado.

Quando faz pesquisas, o empreendedor tende a cometer muitos dos mesmos erros de quando entrevista potenciais clientes: usar amostras de conveniência, fazer perguntas indutivas e pedir à pessoa que preveja seu comportamento futuro. Outros erros incluem aplicar questionário sem antes testar a clareza das perguntas, fazer pesquisa longa demais e usar uma amostra muito pequena, que impossibilita fazer inferências válidas.

Outro erro muito comum é sondar o público cedo demais no processo de concepção. Não dá para fazer perguntas certas sem antes ter hipóteses para provar ou refutar – o que exige concluir primeiro a pesquisa descrita anteriormente. É fácil entender por que um empreendedor pode se precipitar, pois com serviços online, como SurveyMonkey e afins, é fácil organizar questionários. Além disso, os resultados soam científicos e podem dar mais credibilidade ao pitch. Nagaraj, por exemplo, fez uma pesquisa online para avaliar o apelo do matching comportamental – basicamente, porque queria impressionar investidores.

Estimar o tamanho do mercado. Calcular o tamanho do mercado total endereçável (TAM, do inglês "total addressable market") é crucial para avançar à fase de definição do problema. Ainda que tenha uma solução muito boa a um problema verdadeiro, sua startup pode afundar se o mercado inicial for pequeno demais e não houver uma rota clara de como expandir esse universo de clientes. Para esse exercício, é preciso estimar o número de potenciais clientes que poderiam estar interessados na sua novidade: tanto os atuais de produtos rivais que possam preferir sua solução superior quanto quem ainda não está tendo suas necessidades atendidas por nenhuma de suas atuais concorrentes. Estimativas do tamanho do mercado normalmente se baseiam em resultados de pesquisas com clientes ou dados de caráter público. Aqui, o erro é parecido com o discutido antes, quando falamos de outras atividades de pesquisa: forçar a barra para impressionar investidores e acabar, você mesmo, acreditando nessas projeções exageradas. Cair nesse erro é fácil – o que explica por que, na maioria dos pitchs de empreendedores, a estimativa do TAM é igual ou superior a US$ 1 bilhão.

Personas. A melhor maneira de sintetizar[15] o resultado de todo esse raciocínio convergente é criar personas: personagens fictícios que funcionem como um arquétipo do cliente e sirvam de foco para a criação do produto e de mensagens de marketing. A persona costuma receber um nome – "Paula, a Exigente", por exemplo, para representar uma pessoa crica ao escolher namorado – além de imagens fictícias e um perfil demográfico e comportamental (é alguém, vamos supor, que acabou de sair da faculdade, mora em Austin, começou a usar serviços de namoro há seis meses e entra no OkCupid e no Coffee Meets Bagel várias vezes por semana), bem como necessidades funcionais e psicológicas específicas (não gosta de falar sobre namoro online com amigos e familiares, hipoteticamente, ou muito preocupada com segurança na hora de encontrar um pretendente em pessoa). Uma persona precisa parecer alguém de verdade, para que o time consiga pensar em soluções sob a perspectiva dessa pessoa. Quando uma startup usa personas, é comum o time recorrer a esse personagem ao discutir opções ligadas ao produto e a mensagens de marketing (tais como "a Paula não gostaria disso porque…").

Em geral, é melhor criar de três a cinco personas. Destas, uma ou duas serão as "primárias", ou seja, representativas dos segmentos visados de público. Um excesso de personas primárias pode resultar em um produto que tenta agradar gregos e troianos. Personas adicionais podem representar influenciadores importantes no processo de compra (cupidos, no caso da Triangulate) ou segmentos que a startup resolveu expressamente não mirar.

Brainstorming. Também conhecido como chuva de ideias,[16] o brainstorming é a primeira tarefa quando uma startup passa da definição do problema para o desenvolvimento da solução. Aqui, melhores práticas são aquelas que ajudam o time a gerar o máximo possível de ideias. Isso inclui pedir que as pessoas já venham com sugestões para a sessão, evitar que gente negativa destrua contribuições dos outros, garantir que todos opinem, dar espaço para que acrescentem às ideias alheias, votar nas que deviam seguir sendo exploradas e cercar "HiPPOs" (do inglês "Highest Paid Person's Opinion", ou a opinião da pessoa mais bem-paga). O processo de brainstorming deve ser o mais inclusivo possível, pois grandes pensamentos podem realmente vir de qualquer lugar.

Prototipagem. Quando já tiver um bom volume de ideias, o time pode passar para a prototipagem. Um protótipo é a representação de um conceito, com fidelidade que vai de baixa a alta. Quanto maior a fidelidade, mais próximo ele estará do produto final idealizado em termos de funcionalidade, de "look and feel", ou ambos. Um protótipo de baixa fidelidade pode ser, simplesmente, uma representação visual tosca do fluxo de janelas que se sucedem durante o uso de um software. É famosa a história de Jeff Hawkins, inventor[17] do PalmPilot, que esculpiu um modelo do aparelho em um bloco de madeira e usou um pauzinho de comida oriental como caneta. Para saber se e como usaria um PalmPilot, passou semanas levando o protótipo para cima e para baixo, sacando-o sempre que precisava agendar uma reunião ou puxar informações de algum contato.

No início do processo de desenvolvimento da solução,[18] é bem provável que o empreendedor crie dois tipos de protótipo: o "works like" ("funciona como") e o "looks like" ("se parece com"). O primeiro explora a viabilidade técnica e mostra como a solução entregará a funcionalidade necessária. O teste RescueTime que Nagaraj abortou era um protótipo desses: a ideia era demonstrar que a análise de dados digitais por um algoritmo podia prever a compatibilidade romântica. Quando Hawkins mostrava seu pedaço de madeira a alguém, estava sondando a reação dos outros a um protótipo "looks like" de baixa fidelidade.

Na hora de criar um protótipo "looks like",[19] pode ser difícil determinar o grau ideal de fidelidade. Um protótipo caprichado, de alta fidelidade, ajuda o potencial cliente a visualizar a solução idealizada, o que pode tornar seu feedback mais confiável. Além disso, para o pessoal de engenharia que vai produzir o produto, o protótipo de alta fidelidade é um guia claro: "a tela deve ser exatamente assim", digamos. Contudo, esse tipo de protótipo também tem suas desvantagens:

- Criar um protótipo de alta fidelidade dá mais trabalho. Se, com uma versão de baixa fidelidade, for possível conseguir um feedback útil, esse esforço adicional pode ser à toa – especialmente no início do processo de concepção, quando muitas possíveis soluções tendem a ser rejeitadas.
- Sem orientação adequada, quem avalia o protótipo pode dar atenção excessiva a aspectos cosméticos ("Esse botão é vermelho demais", por exemplo). Nessa etapa do processo, não é relevante discutir esse tipo de detalhe, pois essas definições virão depois.
- Se perceber que a criação do protótipo deu muito trabalho, quem está avaliando pode simplesmente achar chato criticar o resultado, por não querer magoar os designers.
- Em certos casos, designers e engenheiros podem sentir um apego sentimental por um protótipo ao qual se dedicaram tanto. O resultado é que podem se aferrar a ele, ignorando qualquer feedback negativo.

Teste de protótipos. Para colher feedback sobre protótipos, os métodos são similares aos apresentados para o teste de soluções existentes por usuários. O potencial cliente pode ser orientado a fazer seus comentários em voz alta ao utilizar o protótipo para realizar as tarefas especificadas. Uma ótima tática é mostrar dois protótipos ao mesmo tempo à pessoa e perguntar de qual ela mais gosta. Embora participantes de teste possam não querer criticar, pelas razões já expostas, é com prazer que dirão qual das duas opções é melhor a seu ver, e por quê. Nesse processo, o foco deve ser se a solução tem algum valor, não a usabilidade ou a beleza do protótipo – de novo, isso virá mais tarde. As perguntas a seguir podem ajudar a explorar essa percepção de valor:[20]

- Que problemas este produto resolveria?
- Em que momento alguém realmente precisaria disso? Por quê?
- Hoje, o que alguém poderia usar no lugar disso para resolver o problema? Por que essa nova solução seria melhor? E pior?
- Que obstáculos alguém poderia enfrentar ao usar este produto?
- O que está faltando? O que poderia ser eliminado?

No caso das últimas perguntas, a ideia não é receber sugestões dos participantes quanto ao design, pois não é esse o forte deles. O que se está buscando são necessidades não atendidas. Logo, se apontarem algo que está faltando, sua resposta deve ser: "Certo, e por que você quer isso?". Uma pergunta a evitar é: "Você usaria isso?", pois, de novo, a resposta de alguém que queira agradar normalmente será "sim".

Teste MVP.[21] O processo de criar e testar protótipos deve avançar em loops iterativos até que uma versão assuma a dianteira. Com base no feedback de testes, os designers vão rejeitar certos protótipos e aprimorar outros, produzindo versões de maior fidelidade. Assim que convergirem em uma solução que todos preferem, é hora de testar o mínimo produto viável.

Um MVP é um protótipo: uma simulação do futuro produto. O que distingue um MVP de outros protótipos é como ele é testado. Em vez de sentar de frente para um avaliador e ouvir a opinião dessa pessoa sobre a solução, você entrega a usuários reais um protótipo que parece ser um produto de verdade para uso concreto. A meta é testar de forma rápida,[22] mas rigorosa, suas hipóteses sobre a demanda da solução – e conseguir o que Eric Ries chama de "aprendizado validado" – com o mínimo de trabalho à toa possível. Um bom MVP deve ser capaz de gerar um feedback confiável com a menor fidelidade possível – pois, quanto menor a fidelidade, menor o trabalho jogado fora. Em outras palavras, a aparência e a funcionalidade do MVP devem se limitar ao estritamente necessário para conduzir um teste. Há duas formas de funcionalidade: a funcionalidade no front-end inclui tudo o que é visto e usado diretamente pelo usuário; no caso do Wings, eram perfis de pretendentes, matches diários, mensagens, busca etc. Já a funcionalidade no back-end fica oculta do cliente, mas é essencial para sua experiência. No Wings, isso incluía os conectores de fluxo de vida online, o algoritmo de matching, os servidores etc.

Há quatro modalidades básicas de MVP,[23] a depender das limitações na funcionalidade no front-end, no back-end ou em ambas:

- **Funcionalidade limitada no front-end.** Esse MVP omite recursos periféricos do produto e apresenta apenas os recursos principais no front-end da solução. Se o usuário não vê valor nesses recursos centrais, não há por que perder tempo com o resto.
- **Funcionalidade limitada no back-end.** Um MVP pode utilizar meios improvisados e temporários para executar funções que não são visíveis para o cliente – colocar gente de carne e osso para analisar dados digitais e sugerir matches em vez de usar um algoritmo. De novo, não faz sentido investir na automação antes de validar a demanda. Há quem chame esse teste de MVP de "Mágico de Oz", em alusão à advertência do filme para desconsiderar "o homem por trás da cortina".
- **Funcionalidade limitada no front-end e no back-end.** Nessa modalidade de MVPs, que chamo de "concierge", toda funcionalidade, tanto no front-end como no back-end, depende de um ser humano. Fazer tudo manualmente só é possível quando o MVP está sendo testado com um número pequeno de clientes – o que, de quebra, permite ao empreendedor interagir direta e intensamente com todos, aprendendo muito no processo.

- **Teste de fumaça.** Alguns MVPs limitam ao máximo a funcionalidade do front-end e do back-end, testando se há mercado para um produto que ainda não foi criado. Um teste de fumaça bem-projetado descreve o produto com tal riqueza de detalhes que o cliente pode se comprometer, de antemão, a comprá-lo assim que for lançado. Entre os exemplos estão testes de landing pages, campanhas de crowdfunding como a do Jibo e cartas de intenção assinadas por clientes empresariais.

A maior besteira que um empreendedor pode cometer com um teste MVP é não fazê-lo. Mas há outros erros. Um deles é não definir um limiar para o sucesso do teste. Afinal, uma hipótese condizente só pode ser comprovada ou desmentida se o teste produzir um resultado mensurável. Dizer que "o produto vai viralizar por meio da recomendação de clientes satisfeitos" é vago demais, pois registrar uma única recomendação já seria o suficiente para passar no teste. Melhor, aqui, seria especificar que cada dez clientes novos trarão outros oito.

Outro erro comum com o teste do MVP é rever suas premissas e pivotar cedo demais – ou tarde demais – devido aos resultados do teste. Antes de pivotar, o empreendedor precisa se perguntar se os resultados obtidos não seriam falsos negativos ou falsos positivos. O falso negativo – um resultado indicando que a demanda será fraca, por exemplo, quando na verdade seria forte – pode ser uma reação deturpada a um MVP de baixa fidelidade ou a um teste mal executado, e não uma real rejeição da proposta de valor do negócio. Já um falso positivo – detectar uma forte demanda quando esta na realidade seria fraca, digamos – é mais provável quando o empreendedor usa uma amostra de fãs da categoria, que não é representativa dos clientes que o negócio realmente quer atrair. Falsos positivos são um risco recorrente para startups em estágio inicial e serão o tema do próximo capítulo.

5

Falso positivo

Você pega uma baleia gigante... e acaba arrastado por ela.
Lindsay Hyde, fundadora/CEO da Baroo

Lindsay Hyde fundou a Baroo,[1] uma empresa de serviços para pets, em meados de 2014. Como convinha, a inspiração para o nome veio desse universo: "baroo" é o termo usado, em inglês, para se referir à reação do cão de inclinar a cabeça ao ouvir a voz de um humano. A ideia inicial de Lindsay era a de uma espécie de creche na empresa – mas para pets. Uma pesquisa de mercado indicou, no entanto, que a demanda era fraca. Administradoras de imóveis comerciais não gostaram muito da ideia, pois não podiam repassar o custo ao inquilino: contratos de locação eram de longo prazo, a rotatividade era baixa e não dava para subir o aluguel unilateralmente. Lindsay descobriu que a demanda também era fraca entre trabalhadores. Quando testou um MVP com 25 funcionários da Harvard University que tinham bicho de estimação, nenhum se dispôs a pagar US$ 20 por dia para deixar o pet em uma creche no trabalho. Embora os donos gostassem da ideia de ver o animal durante o dia, na prática ninguém queria a trabalheira de arrastar o bicho para cima e para baixo. Era mais fácil deixar o cão ou o gato em casa e combinar com alguém que fosse dar uma olhada no animal durante o dia.

Essa última informação fez a startup pivotar: a Baroo alugaria espaço ocioso no subsolo de edifícios residenciais para cuidar dos bichos perto da casa de seus donos. Os administradores de imóveis acharam interessante, pois nesse mercado um terço dos apartamentos troca de inquilino todo ano e essa comodidade poderia aumentar o apelo do edifício para novos moradores com pets. Além disso, os prédios em geral cobram desses moradores uma taxa mensal adicional para cobrir o desgaste causado por cães ou gatos.

Para descobrir se havia mercado para a ideia, já na nova versão, Lindsay entrevistou 250 donos de animais em uma feira de pets. Descobriu que 80% deles não estavam satisfeitos com o passeador de cães; porcentagem similar disse que usaria uma creche para pets no prédio onde viviam. "Foi muito animador, mas devia ter perguntado se estavam dispostos a trocar de provedor", diria Lindsay mais tarde. "O custo dessa troca é muito alto nessa área, pois estamos falando de alguém que já conhece a rotina do animal e da casa."

Como cofundadora, Lindsay trouxe Meg Reiss, que tinha sido diretora de operações da primeira startup que Lindsay abriu. Depois de levantar US$ 1,2 milhão de investidores-anjo em fevereiro de 2014, as duas lançaram o serviço em Boston – no Ink Block, um edifício residencial de alto padrão com 315 unidades no badalado bairro de South End. O plano era começar devagar e, quando o negócio saísse do vermelho, bancar a expansão com o lucro. Com isso, Lindsay não precisaria captar dinheiro de VCs e evitaria a pressão costumeira para crescer depressa. Por isso buscou investidores-anjo que se contentassem com um retorno sólido em troca de um risco moderado em um investimento cujo retorno viria em três a cinco anos.

A Baroo oferecia todo um leque de serviços "high-touch", incluindo banho e tosa, passear com o cachorro, alimentar, fazer companhia ao bicho em casa e levá-lo para socializar com outros cães. Qualquer serviço podia ser reservado por SMS, e-mail, telefone ou um aplicativo de agendamento que Lindsay licenciou. Os cuidadores da Baroo se comunicavam diretamente com os donos dos animais, por esses mesmos canais, para mandar notícias ou fotos, responder a pedidos especiais e coisas do gênero. Para entrar no apartamento e buscar um animal, o cuidador usava a chave deixada pelo cliente em uma caixa de segurança ao lado da porta. O time cuidava de qualquer animal, não só de cães e gatos. Os preços eram parecidos aos cobrados por outros prestadores desse tipo de serviço na área (US$ 20 para meia hora de passeio com um único cão, por exemplo). Lindsay não pivotara por completo do conceito de creche para pets, mas a ideia ficou para um segundo momento porque, à época, o Ink Block e outros parceiros não tinham o espaço; estavam, contudo, abertos à ideia de lançar as creches no futuro.

Embora a maioria das empresas de serviços para pets contasse com trabalhadores autônomos, Lindsay decidiu contratar formalmente todos os cuidadores, a maioria em regime de meio período. Sua tese era que isso reduziria a rotatividade e facilitaria o treinamento do pessoal e a adoção de processos uniformes, além de justificar um investimento maior na capacitação de funcionários. A força de trabalho da Baroo seria profissional: a empresa checaria os antecedentes de todos, que teriam seguro e usariam uniforme. O custo total de selecionar, equipar e treinar um novo profissional desses beirava os US$ 500. Contudo, manter o pessoal na folha tinha uma desvantagem: ao contrário de serviços rivais como Rover e Wag!, que remuneravam seu time de autônomos só pelos serviços prestados, a Baroo tinha de pagar qualquer trabalhador – à média de US$ 13 por hora – ainda que não houvesse nenhum serviço agendado para ele durante o turno.

Para adquirir clientes, a Baroo não investiu em marketing pago – em anúncios no Facebook, por exemplo. Em vez disso, apostou na publicidade feita pelas administradoras de imóveis parceiras e no boca a boca dos clientes que já tinha. Os edifícios davam um brinde de boas-vindas da Baroo – um brinquedinho para o animal ou uma coleira – a todo novo morador que tivesse um pet. Além disso, a startup fazia, todo trimestre, algum evento especial: um "yappy hour" ou um Halloween para bichos. Para completar, a equipe de serviços do edifício recomendava a Baroo aos moradores. Em troca, a startup entregava aos administradores do imóvel parte da receita que obtinha no prédio, cerca de 6% em média. Prestadores de serviços, como empresas de TV a cabo, estão acostumadas a essa divisão da receita para ter acesso a moradores de um edifício.

Quando a Baroo estreou no Ink Block, cerca de 60% dos moradores tinham animal de estimação; destes, impressionantes 70% usavam os serviços da Baroo. Eufórica com a forte taxa de adoção, Lindsay concluiu que em outros edifícios residenciais também haveria alta demanda. Infelizmente, a empreendedora foi vítima do terceiro padrão de fracasso: o *falso positivo*. Na medicina, um falso positivo – um resultado que indica, erroneamente, que a pessoa tem uma doença que não tem – pode levar a tratamentos desnecessários e perigosos, além de causar muita ansiedade. No contexto de startups, um falso positivo – um sucesso inicial que parece mais promissor do que realmente é – pode levar à expansão em um ritmo injustificado. Como veremos, o falso positivo pode ser tão nocivo para startups quanto para quem faz um exame de diagnóstico.

Em geral, um falso positivo decorre de circunstâncias que inflam taxas iniciais de adoção. Nesse caso específico, o resultado espetacular da Baroo logo cedo foi deturpado por três fatores bem peculiares:

- Primeiro, como o Ink Block era novo, 100% dos apartamentos tinham sido ocupados havia pouco e quase ao mesmo tempo. A maioria desses moradores era nova na área e, portanto, ainda não tinha um prestador de serviços para pet, de modo que contratar a Baroo não trazia qualquer custo de troca. Já donos de

animais de estimação que moravam há tempos em prédios mais antigos normalmente já tinham um provedor de serviços nessa área e arcariam com o custo de migração, se trocassem.
- Segundo, muitas unidades no Ink Block estavam sendo ocupadas pelo pessoal de uma produtora de cinema que estava rodando um filme em Boston. Tinham trazido os pets a tiracolo, não tinham tempo para cuidar dos bichos e, com diárias generosas, tinham dinheiro de sobra para pagar os serviços da Baroo.
- Por último, no mês em que a Baroo foi lançada, a mãe natureza despejou um recorde de dois metros de neve sobre Boston no espaço de apenas 30 dias. "Como ninguém queria passear com o cachorro, atendíamos vários domicílios várias vezes ao dia", recordou Lindsay, completando: "O que não vimos foi que aquilo era um falso positivo. Em vez disso, raciocinamos que, se conseguíssemos trabalhar naquele inverno, seríamos capazes de qualquer coisa".

Sucesso inicial incentiva expansão

Com o mercado da Baroo crescendo, a notícia de que havia em Boston um novo serviço de concierge para bichos de estimação rapidamente se espalhou. O pessoal da administradora do Ink Block deu a dica a colegas em outros imóveis e os moradores do edifício comentaram a novidade com os vizinhos. Não tardou para que a Baroo recebesse uma enxurrada de pedidos de outros administradores de propriedades em Boston – e fechasse dali a pouco com outros quatro edifícios. O plano de evitar capital de risco e uma expansão agressiva foi abandonado; Lindsay e os três investidores-anjo que formavam o conselho de administração da Baroo decidiram replicar rapidamente o êxito inicial em uma segunda cidade, o que, segundo sua tese, ajudaria a atrair capital. "A nosso ver, tínhamos ótimas evidências e um roteiro para a expansão geográfica com parceiros que administravam imóveis em todo o país", contou Lindsay. "Agora vejo que devia ter tido disciplina para deixar passar essas oportunidades de crescimento".

Em meados de 2015, a Baroo entrou em Chicago, onde logo fechou com três edifícios controlados por uma empresa com a qual já tinha parceria em Boston. A certa altura, a startup estava atendendo 25 edifícios no centro de Chicago. Um deles tinha espaço para uma creche de cães, que foi cedido gratuitamente à Baroo. O time finalmente conseguiu testar o conceito original, que foi bem recebido.

Achar o executivo certo para administrar o negócio em Chicago foi difícil. O primeiro, um gerente experiente do setor imobiliário, acabou não combinando com a cultura da startup. "Alguém com esse currículo está acostumado a fazer tudo exatamente como indicado no manual, mas não tínhamos um manual", conta Lindsay.

Um ano depois de começar a operar em Chicago, a Baroo captou outros US$ 2,25 milhões em capital semente de um novo grupo de investidores-anjo e pequenos fundos de VC e estreou na capital americana, Washington – onde, de novo, fechou contratos com edifícios administrados por empresas com as quais já trabalhava em Boston e Chicago. Washington trouxe surpresas desagradáveis: a perda de clientes disparou com a posse de Donald Trump na presidência em janeiro de 2017 e o êxodo de muitos dos servidores indicados pelo governo Obama. Além disso, edifícios residenciais estavam mais dispersos na capital do que em Boston e Chicago, o que aumentava o tempo que os cuidadores da Baroo perdiam se deslocando pela cidade.

Administrar três praças levou o reduzido time da Baroo ao limite. "Minha cofundadora, a Meg, tinha feito um excelente trabalho no comando das operações até ali, mas Washington trouxe desafios demais", contou Lindsay. Mesmo assim, em junho de 2017, a Baroo inaugurava o serviço em uma quarta praça: a zona metropolitana de Nova York. Para bancar a expansão, a startup captou mais US$ 1 milhão com os investidores atuais e uma firma de capital de risco que manifestara interesse em, mais tarde, liderar a rodada da série A da empresa.

Àquela altura, no entanto, o time estava penando muito com o crescimento. O relacionamento com certas administradoras de imóveis estava desgastado. Muitas não cumpriam a promessa de incentivar o pessoal a recomendar a Baroo e algumas vinham sendo inflexíveis demais sobre os termos do contrato. Exigiam, por exemplo, que a Baroo organizasse eventos para moradores, algo que a startup tinha prometido inicialmente, mas que foi ficando inviável à medida que a empresa crescia. "Quando éramos pequenos, organizar uma festinha de Halloween para cães era fácil e bacana", conta Lindsay. "Já quando começamos a fazer isso em uma centena de edifícios, acabamos torrando dinheiro com eventos pelos quais não estávamos recebendo. A gente mandava um estagiário ir comprar salgadinhos, ele voltava com meia dúzia de cervejas e uma tábua de queijos da Target, o que não era exatamente a experiência sofisticada que buscávamos para a marca".

Havia problemas no lado operacional também. Com a escala maior, ficou difícil prestar o serviço personalizado que conquistara os primeiros clientes. Eles já não podiam, por exemplo, pedir seu passeador preferido ou ligar para a empresa solicitando um encaixe de última hora quando o aplicativo de reserva mostrava que não havia nenhum passeador livre. A Baroo tampouco tinha uma boa tecnologia de gestão para a escala maior. Como o aplicativo de reservas não funcionava bem, muitos clientes optavam por e-mail ou SMS, criando complexidade na hora do agendamento. Já o pessoal da empresa tinha de usar uma leva de aplicativos, incluindo um para notificar o início e o término de uma tarefa e outro para conferir sua agenda para o dia e instruções deixadas pelos donos dos pets.

Programar a agenda ficava ainda mais complicado devido à conduta de parte dos funcionários. Lindsay tinha imaginado que, ao ter todo mundo na folha, com salário fixo (em vez de usar autônomos que recebessem por serviço prestado), seria mais fácil preparar o pessoal para seguir processos uniformes. Nem sempre era assim. Ela acabou concluindo que a abordagem da Baroo podia distorcer incentivos:

"Um trabalhador podia se dedicar a coisas mais fáceis e agradáveis, como brincar com um cachorrinho fofo, e chegar atrasado para outras, ou nem aparecer para um último compromisso com um cachorro difícil. Como recebia por hora, isso não tinha impacto sobre quanto ganhava", explica.

Embora a maioria dos cuidadores fosse séria no trabalho, o processo de seleção não era infalível. Lindsay lembra que, um dia, durante uma festa de casamento, recebeu uma ligação de um policial para informá-la de que uma petsitter da Baroo estava dando uma festa no apartamento de um cliente. O rápido crescimento da empresa também estava levando o ânimo dos funcionários ao limite. "Estávamos crescendo tão depressa que tínhamos dificuldade para contratar mais gente em número suficiente, um problema que ficava ainda pior com a alta taxa de rotatividade de cuidadores, de 120% ao ano", conta Lindsay. "Isso significa que nossos passeadores realmente bons às vezes trabalhavam 12 horas por dia. Estávamos deslocando esse pessoal por toda a cidade e pagando por hora. Estávamos esgotando os melhores passeadores, assim como nossos fundos".

Hora da verdade

Na reunião do conselho em agosto de 2017, um dos primeiros investidores da Baroo questionou a gestão de Lindsay e a saúde financeira da startup. Nos primeiros seis meses de 2017, a Baroo teve receita de US$ 600 mil, mas um prejuízo operacional de US$ 800 mil. Não obstante a liderança projetasse um aumento de 50% na receita nos seis meses seguintes, o prejuízo operacional projetado era de US$ 700 mil. O investidor ficou alarmado e travou uma discussão com Lindsay sobre quando e se o negócio chegaria ao breakeven. Lindsay explicou que a taxa de penetração da Baroo – a porcentagem de donos de pets em um edifício que eram clientes da startup – dependia do tempo que a startup vinha atendendo o imóvel e era muito maior entre quem vinha chegando do que entre moradores antigos, que já tinham outro provedor. Assim sendo, a Baroo dependia da rotatividade de moradores. "Se acreditasse nessa linha de raciocínio, a pessoa provavelmente acharia que, em novos mercados, a situação entraria nos eixos em um ou dois anos. Porém, se não comprasse essa lógica, veria nossas margens se deteriorando com a expansão e concluiria que nossa estratégia era falha", disse Lindsay.

Nos meses seguintes, o conselho passou a discutir se era melhor vender a empresa – a alternativa que mais agradava o investidor-anjo contrariado – ou buscar uma rodada da série A. Mas o VC que investira na rodada anterior e mostrara interesse em liderar a série A ficou ressabiado com o clima animoso do conselho e voltou atrás. Lindsay foi falar com uma dúzia de outras firmas de capital de risco, mas nenhuma mostrou interesse. Em janeiro de 2018, com três meses de caixa sobrando, tentou costurar uma fusão. Recebeu propostas de três empresas, mas nenhuma transação foi em frente. Em fevereiro, Lindsay fechou a Baroo.

Redefinição de expectativas

Aqui nesse caso, a razão do insucesso foi relativamente clara: a Baroo fora vítima da expansão prematura. O falso positivo levou a um crescimento acelerado demais e a startup simplesmente não tinha recursos adequados para operar satisfatoriamente em quatro cidades. O capital era escasso, o volume de trabalho era excessivo para um time de gestão diminuto e faltava tecnologia para administrar um esquema de reservas complexo.

Apesar da falta disso tudo, o falso positivo no edifício Ink Block deu a Lindsay confiança para pisar fundo no acelerador antes da hora. A capacidade da Baroo de satisfazer a clientela em 2015, durante o brutal inverno em Boston, convenceu a empreendedora de que seu pequeno time era capaz, em suas palavras, de "fazer o que fosse".

O plano original de Lindsay era esperar a Baroo começar a dar lucro nos primeiros mercados para bancar a expansão com esses recursos – em vez de levantar capital de risco para produzir um hipercrescimento. A estreia forte em Boston, no entanto, fez com que mudasse de rota. Essa pivotagem foi, no caso de Lindsay e dos primeiros investidores da Baroo, uma escolha voluntária. Para a Baroo, a decisão de expandir mais velozmente que o originalmente planejado não foi, como em exemplos que veremos na Parte II, uma resposta à pressão da concorrência – ainda que VCs estivessem investindo milhões e milhões de dólares em rivais da startup. "Eu via a Rover e a Wag! mais como prova de que tínhamos encontrado uma necessidade forte e não atendida do que como concorrentes no mercado", lembra Lindsay. "Não sentia que estávamos competindo diretamente com elas por clientes ou trabalhadores".

A rápida expansão em vários mercados expôs falhas no losango da oportunidade da Baroo. Não eram falhas mortais; o time da Baroo provavelmente teria sido capaz de contorná-las ou resolvê-las se tivesse se concentrado em calibrar bem o modelo em Boston antes de crescer mais. Vejamos como resultados falsamente positivos em cada um dos elementos do losango redefiniram as expectativas de Lindsay:

- Uma forte captação de clientes e o uso repetido dos serviços no edifício Ink Block foram a prova inicial de que a *proposta de valor* da Baroo era boa. Mesmo com a expansão da startup, essa proposta de valor seguiu sólida e a demanda, forte. Isso posto, há poucas vias para diferenciar um serviço de cuidados para pets. O cliente quer alguém que 1) seja de confiança, pois vai ter as chaves da casa; 2) entenda a rotina do lar e as necessidades do animal; 3) seja sério; 4) tenha disponibilidade; e 5) possa atender pedidos especiais. É difícil, para qualquer serviço voltado a pets, destacar-se em todos esses quesitos. Um profissional que passeia com o cachorro da família todos os dias vai conhecer bem o cão e a família, mas se estiver com a agenda lotada talvez não possa acomodar um pedido especial ("Estamos os dois viajando, você podia dar outra voltinha antes do jantar?"). É o oposto no caso de uma provedora de serviços como a Wag! ou a Rover, que repassa o trabalho a um exército de trabalhadores independentes: atender pedidos especiais é possível, mas não enviar sempre o mesmo trabalhador à casa do cliente; com isso, conhecer melhor o cliente e conquistar a simpatia do pet pode ser difícil.

Para tentar resolver esse problema, já na reta final a Baroo estava 1) montando equipes de cuidadores que dividiam a responsabilidade por uma região e 2) pedindo a funcionários que repassassem instruções sobre uma família e seu pet a colegas que atendessem a mesma residência. Essas soluções, contudo, exigiam uma força de trabalho disciplinada, experiente e munida de tecnologias sofisticadas – coisas fora do alcance em razão do estresse do crescimento do negócio. Além disso, a capacidade da Baroo de prestar um serviço personalizado – acomodar pedidos de última hora, por exemplo – diminuía à medida que a startup crescia. Em última análise, a Baroo se diferenciava por oferecer acesso fácil e garantido a cuidadores de confiança, muitos deles com experiência prévia com a família e seu bicho de estimação – coisas que a clientela apreciava, mas não com margem ampla o suficiente para permitir que o preço cobrado fosse muito maior que o de outras provedoras de serviços para pets.

- No comecinho, a Baroo não precisava de muito em termos de *tecnologia e operações*. Logo ficou claro, no entanto, que a tecnologia desconexa da empresa não daria conta da expansão. À medida que a Baroo crescia, o pequeno time de gestão teve de fazer milagres. Problemas operacionais eram agravados por dificuldades em contratação, treinamento, programação, motivação e retenção do pessoal.
- No quesito *marketing*, as primeiras indicações feitas espontaneamente por gestores de imóveis fizeram crer que esses parceiros ajudariam a recomendar moradoras para a Baroo. Contudo,

embora o boca a boca de clientes existentes fosse bom, trabalhadores dos edifícios não promoveram a Baroo tanto quanto Lindsay esperava.

- Apesar do fluxo inicial de receita, a *fórmula do lucro* da Baroo não se provou. A startup seguia registrando perdas consideráveis no final de 2017 e baixas barreiras à entrada no setor de serviços para pets criaram um mercado repleto de pequenas rivais locais com baixas margens de lucro, o que acabou impondo um teto ao potencial do negócio. Isso posto, a relação LTV/CAC projetada da Baroo era de 5,9; se o time conseguisse aumentar a eficiência operacional, havia uma rota plausível para a rentabilidade em longo prazo.

Falsos positivos são um problema porque dão ao empreendedor confiança indevida em uma determinada rota de expansão. Na Parte II, veremos mais exemplos de startups que enfrentaram consequências catastróficas por escalar depressa demais em resposta a falsos positivos. Mas, ao contrário da Baroo, eram startups em estágio avançado e com recursos abundantes. Era mais fácil, portanto, acelerar o crescimento.

Um falso positivo se manifesta de duas maneiras. Em ambas, o empreendedor presume erroneamente que o comportamento dos primeiros usuários será reproduzido por levas sucessivas de novos clientes.

No primeiro padrão, o empreendedor cria uma solução com os usuários iniciais em mente, empata recursos nessa versão e, isso feito, descobre que a solução não satisfaz as necessidades do mercado de forma geral. E, sem o grande público, o negócio não consegue receita suficiente para sobreviver. Quando finalmente reconhece a necessidade de pivotar, o empreendedor percebe que não tem os recursos certos e a startup, com o caixa apertado, não possui condições de substituí-los. O resultado é uma variação do problema dos companheiros ruins, discutido no Capítulo 3.

No segundo padrão, o empreendedor reúne recursos e vai explorar uma oportunidade. No processo, vê que a demanda entre os primeiros usuários é forte e presume que o mesmo acontecerá com o restante do público. Sua resposta é acelerar os planos de expansão. No entanto, como no primeiro padrão, os recursos originais do empreendimento não são adequados para o novo rumo tomado.

A Baroo seguiu o segundo padrão. O falso positivo no Ink Block fez Lindsay acelerar a estreia da startup em novos mercados, o que exacerbou problemas em todos os quatro elementos do quadrado de recursos:

- **Fundadores.** Será certo culpar o jóquei pelo fracasso da Baroo? Como CEO, Lindsay cometeu vários erros. Contudo, justiça seja feita, no final ela reconheceu os próprios equívocos e assumiu a responsabilidade por eles; admitiu, por exemplo, que se deixou levar por um falso positivo. Apesar dos tropeços, Lindsay se destaca entre os fundadores citados neste livro pela visão, paixão e determinação – e por tudo que aprendeu com o erro. Lindsay também admitiu que foi teimosa demais ao ignorar alertas de sua cofundadora sobre o ritmo de crescimento da Baroo. Ela própria disse: "Nem sempre dou atenção a colegas ou ouço suas objeções quando mostram alguma resistência. A Meg dizia coisas como 'Será mesmo que devemos entrar nessa próxima cidade sem ter a infraestrutura tecnológica para isso?'. Eram questionamentos muito sensatos, mas na época me enfureceram". Lindsay também percebeu que ela e a cofundadora "tinham história demais juntas", nas palavras dela. "Como passamos dez anos trabalhando na minha primeira startup e a parceria deu certo, imediatamente retomamos velhos hábitos. Mas, antes de lançar a Baroo, fazia três anos que não trabalhávamos juntas e ambas tínhamos crescido muito". Resumindo: dessa vez, estavam fadadas a entrar em conflito.
- **Time.** Lindsay tinha achado que colocar os cuidadores na folha, recebendo um salário fixo por hora, tornaria o time leal e aumentaria a produtividade. Essa expectativa foi frustrada: a

startup acabou investindo demais em funcionários que não paravam muito na empresa.

Diferentemente da Quincy, a Baroo não padeceu por falta de especialistas no setor. Lindsay começou a recrutar esses profissionais em Chicago, onde o primeiro gerente geral da startup foi um gestor de propriedades com alta experiência. A realidade mostrou, no entanto, que, para lidar com os desafios que a Baroo viveu, o melhor mesmo seriam generalistas como Lindsay e sua cofundadora.

- **Investidores.** Assim como Lindsay, os investidores-anjos que investiram logo cedo na Baroo também se deixaram levar pelo falso positivo, reconsiderando o que tinham combinado lá atrás sobre o ritmo de crescimento da empresa. A princípio, queriam que a startup assumisse riscos modestos, aceitando um retorno moderado em um prazo de três a cinco anos. Contudo, quando viram que a Baroo parecia decolar, mudaram de ideia. "Quando começamos a ver um monte de edifícios querendo a gente em uma série de cidades, todo mundo se empolgou. O que ninguém entendeu bem é que precisaríamos de US$ 30 ou 40 milhões para conseguir escalar", conta Lindsay. E mais: "No final, tinha investidor já meio esquizofrênico: queria o retorno seguro que era seu desejo inicial, mas sentia a tentação de faturar alto, como um VC".

Um investidor-anjo acabou causando muito estrago ao questionar a competência e a capacidade de liderança de Lindsay e, no processo, afugentar novos investidores, acelerando a derrocada do negócio. Lindsay tinha sido alertada sobre o indivíduo, mas ela mesma explica: "Estávamos precisando de capital e achei que conseguiria lidar com ele. Descobri que o auge da felicidade com um investidor é quando você assina o 'term sheet'. Agora sei que, se ali não estiver tudo bem, é melhor desistir".

Curiosamente, quando perguntei o que ela faria de diferente se pudesse começar de novo, Lindsay respondeu que não adotaria o plano original de "buscar lucro para evitar VCs". Em vez disso, trabalharia para criar um negócio que estivesse pronto para operar a todo vapor. E admitiu: "O que aprendi sobre mim mesma é que gosto de ver um crescimento acelerado. Gosto do desafio de criar algo com escala. Com a Baroo, acho que provavelmente poderíamos ter chegado lá, com mais tempo e com muito mais capital. Devíamos ter buscado VCs para jogar lenha na fogueira".

- **Parceiros.** Os edifícios que a Baroo atendia deram menos apoio no marketing que o esperado e alguns faziam exigências despropositadas. Se a Baroo tivesse crescido a um ritmo mais moderado, talvez o time tivesse conseguido identificar fatores, como alta rotatividade de moradores, que tornavam alguns edifícios melhores parceiros que outros. Com isso, daria para verificar se um novo prédio satisfazia esses critérios antes de aceitá-lo. No entanto, a expansão desenfreada significou abrir mão de um processo meticuloso de triagem e aceitar qualquer um que mostrasse interesse. No *post mortem*, Lindsay também concluiu que as administradoras de imóveis deviam estar pagando à Baroo, e não o oposto, já que ajudavam pouco e, em virtude da parceria com a startup, podiam cobrar mais "taxa de pets" (US$ 50 a 150 ao mês por animal, em média).

Como evitar falsos positivos

Meu estudo com fundadores no estágio inicial mostra que muitos são suscetíveis ao erro do falso positivo. Na comparação com empreendedores que tiveram mais sucesso, os fundadores/CEOs de startups em dificuldades ou já fechadas relataram uma divergência maior entre necessidades de usuários iniciais e do cliente típico subsequente. Quanto maior essa discrepância, maior a vulnerabilidade ao erro do falso positivo.

Se a raiz do problema dos falsos positivos[2] estiver na interpretação errônea de sinais enviados pelos usuários iniciais, é preciso tomar duas providências para ter um feedback mais confiável do mercado. Primeiro, o empreendedor deve fazer, logo cedo, pesquisas de mercado que exponham possíveis diferenças entre prováveis usuários iniciais e clientes convencionais. Segundo, quando tiver a agradável surpresa de ver a reação positiva dos primeiros usuários uma vez inaugurado o negócio, o empreendedor deve considerar a possibilidade de que o mercado de forma geral pode não responder da mesma maneira.

Como estar atento a essa possibilidade? É impossível fazer generalizações sobre o tipo de usuário inicial que pode gerar uma demanda surpreendentemente alta (como a clientela que a Baroo encontrou no Ink Block); por seu caráter imprevisível, são Cisnes Negros. É igualmente difícil ter disciplina suficiente para reservar um tempo – justo quando a startup está pegando embalo – e determinar se a situação é um falso positivo. Contudo, quando o time de uma startup se mostrar surpreendido por uma resposta inesperadamente boa ao lançar o produto, é preciso realmente parar e perguntar o que poderia haver de atípico entre aqueles primeiros usuários. É possível usar as personas descritas no capítulo anterior para expor eventuais diferenças entre esses usuários iniciais e os clientes que a startup tinha em mente.

No caso da primeira providência – fazer pesquisas logo cedo para expor diferenças entre usuários iniciais e o público convencional –, o segredo é trabalhar com uma amostra certa. Pedir a opinião de amigos e da família (a amostragem de conveniência) em geral leva a falsos positivos, pois são pessoas que tendem a aplaudir suas ideias. Campanhas de crowdfunding como a que a Jibo fez na Indiegogo trazem riscos semelhantes. Esse tipo de campanha costuma ser apoiada por fãs daquela categoria de produto que estão em busca de alguma novidade espetacular e loucos para ser os primeiros a prová-la. Campanhas de crowdfunding podem demonstrar o interesse desses fanáticos pelo produto, mas não são um indicador da demanda do mercado como um todo.

O melhor de tudo é testar um conceito tanto com usuários iniciais quanto com o público convencional. Vejamos a abordagem[3] adotada em 2012 pela Lit Motors, uma startup cuja meta era criar um veículo elétrico de duas rodas, estabilizado por giroscópio e totalmente fechado, batizado de C-1. O C-1 seria, basicamente, uma motocicleta coberta, mais segura e mais fácil de pilotar, que não poluiria e manteria o condutor protegido em caso de chuva.

O fundador, Danny Kim, gastou US$ 120 mil do US$ 1 milhão captado em capital semente para fazer um protótipo de fibra de vidro do C-1 em tamanho real ("looks like"). O time usou esse protótipo para ouvir a opinião do consumidor em segmentos de mercado convencionais. Os participantes passaram 20 minutos respondendo a perguntas enquanto sentados no protótipo. No final da sessão, receberam um convite para deixar um depósito de US$ 50 e, com isso, ter a oportunidade de ser um dos primeiros a comprar o veículo. Destes, 16% aceitaram a proposta, o que o time considerou uma taxa de aceitação muito animadora.

Para avaliar o interesse de usuários iniciais, o protótipo foi levado ao e-Grand Prix em Oregon, nos EUA, onde foi repetida a sondagem com um público de entusiastas de motocicletas elétricas. De novo, a resposta foi forte e positiva, o que deixou Danny confiante de que um produto com as mesmas características atrairia tanto usuários de primeira hora quanto o consumidor típico.

Às vezes, usuários iniciais e clientes convencionais têm as mesmas necessidades, mas as dos primeiros são mais intensas. Veremos isso no Capítulo 7, que explora o caso da Fab.com, uma loja online de artigos de decoração. O público inicial da Fab era louco por decoração: comprava sem parar e falava maravilhas do site aos outros. Consumidores adquiridos posteriormente também tinham interesse em design de interiores – mas não tanto. Compravam com menos frequência e indicavam a Fab a menos amigos. O resultado foi um LTV/CAC que não fechava: à medida que a Fab crescia, novos clientes valiam menos e, com menos publicidade boca a boca gratuita, custavam mais para ser adquiridos. Os fundadores da Fab foram vítimas de um falso positivo parecido com o da Baroo: supor que a forte demanda entre usuários de primeira hora seria reproduzida na leva seguinte de clientes.

Em outros casos, esses dois grupos de indivíduos têm necessidades consideravelmente distintas. Os iniciais, por exemplo, podem ser usuários sofisticados, exigentes, que buscam recursos avançados e sabem se virar sozinhos; são capazes, por exemplo, de instalar ou debugar um produto que ainda não foi totalmente aprimorado sem precisar da ajuda do time já sobrecarregado da startup. Já um consumidor convencional pode querer um produto que funciona certinho, simples, fácil de usar – e muito apoio do pessoal de atendimento ao cliente da empresa. Nesse cenário, se o negócio fizer o produto ou serviço pensando nas necessidades de usuários iniciais, pode acabar criando algo pouco adequado para clientes convencionais.

Há várias possibilidades[4] para superar esse desafio, mas, em todas, é crucial entender qual a diferença entre as necessidades dos primeiros usuários e de clientes convencionais antes de iniciar o desenvolvimento. Uma opção é otimizar o produto para a primeira turma de usuários e, depois, modificá-lo com o tempo para adaptá-lo ao público normal. Uma segunda opção é criar produtos separados para clientes comuns e usuários iniciais – digamos, uma versão "profissional" para estes últimos. Uma última alternativa seria criar o produto da startup pensando em exigências do público em geral, mas torná-lo suficientemente superior a soluções existentes para atrair também o público de usuários iniciais (ainda que não satisfazendo todas as necessidades desse público).

O Dropbox adotou essa última abordagem.[5] Durante o desenvolvimento do produto, Drew Houston, seu criador, sondou tanto as necessidades de usuários iniciais – desenvolvedores de software e outros usuários sofisticados – como as do usuário comum e decidiu omitir recursos avançados que, basicamente, só interessariam aos primeiros. Criou um produto fácil de usar que, como dizia o material apresentado para obter o apoio da célebre aceleradora Y Combinator, aplica "conceitos de comprovado sucesso entre a comunidade de desenvolvimento (controle de versão, changelogs/trac, rsync) para montar um produto que minha irmãzinha consegue entender". Drew sabia que o Dropbox era superior a soluções existentes de gestão de arquivos e apostou, corretamente, que a turma mais sofisticada também o adotaria, mesmo sem os recursos avançados.

Embora uma pesquisa bem-estruturada possa revelar necessidades de usuários iniciais, ainda assim o empreendedor pode ter dificuldade para identificar e evitar falsos positivos. Por quê? Porque somos psicologicamente programados para ver o que queremos e esperamos. Considerando-se essa tendência, é fácil interpretar erroneamente resultados de pesquisas e o desempenho inicial.

Esse risco aumenta quando o fundador acredita na própria fantasia, um risco ocupacional na hora de buscar investidores. Como vimos no Capítulo 4, Nagaraj fisgou investidores com a ideia da viralidade do site de namoro online Wings. Mais tarde, percebeu que o site parecia mais viral do que realmente era em razão de certos incentivos, como novos usuários indicando amigos fictícios para receber mais moedas no site.

A experiência da Baroo mostra que o fundador pode ser vítima do falso positivo por outras duas razões. A primeira é que o sucesso inesperado pode ser muito sedutor. Vejamos a declaração de Lindsay Hyde que abre este capítulo: "Você pega uma baleia gigante... e acaba arrastado por ela". Inicialmente, Lindsay tinha estipulado metas modestas para a Baroo; no entanto, como logo no início o negócio já superou as expectativas, foi impossível resistir a objetivos mais ambiciosos. Embora arrastada por uma grande baleia, Lindsay não era o Ahab obcecado por encontrar a Moby Dick; achou a baleia – o sucesso – por acaso, e só então viu que gostava da ideia de crescer rápido. Sua trajetória é mais parecida com a de Michael Corleone em *O Poderoso Chefão*. No começo, Michael tem ambições modestas: manter distância do negócio da família e preservar, implicitamente, a própria moral. No entanto, quando o pai por pouco escapa de ser assassinado, é Michael, surpreendentemente, quem o vinga – e de modo genial, com uma arma que esconde no banheiro de um restaurante. Michael vira o chefe da família e derrota, com habilidade, os inimigos, tornando-se o chefão da máfia em Nova York. Com o sucesso, no entanto, acaba perdendo o senso moral e o amor da família.

A segunda vulnerabilidade diz respeito à importância de o fundador saber o que realmente quer. Será que Lindsay, no início, sabia realmente o que queria com relação ao crescimento e ao risco? Apesar do que declarou logo de saída – e talvez sem nem perceber –, talvez realmente quisesse embarcar no foguete do venture capital. Se assim for, é muito provável que tenha enxergado o que queria ver no caso do Ink Block: uma oportunidade de hipercrescimento, assim como Michael Corleone viu o sucesso inicial em vingar o atentado contra o pai como sinal de que seu verdadeiro lugar era na família mafiosa.

PARTE II
Escalada

6

De mal a pior

Seria razoável supor que a taxa de sobrevivência de startups em estágio avançado fosse muito melhor que a das colegas no estágio inicial. Afinal, já identificaram uma oportunidade interessante e reuniram recursos para explorá-la. Aqui, startups em estágio avançado são definidas como empresas com cinco anos ou mais e na série C ou posterior se tiverem captado venture capital. Por incrível que pareça, cerca de um terço[1] delas não dá retorno positivo para os investidores. Com essa constatação, veio a pergunta: por que startups que estão escalando têm tanta dificuldade para vencer? Depois de muita investigação, descobri que, à medida que vão saindo do estágio inicial, muitas startups acabam indo de mal a pior. Startups no estágio inicial tropeçam quando um fundador não consegue achar uma boa oportunidade ou mobilizar os recursos certos – ou ambas as coisas. Em estágios avançados, equívocos também envolvem oportunidades e recursos, mas de um modo bem distinto.

Desafios da oportunidade. O empreendedor no comando de uma startup no estágio avançado precisa explorar a oportunidade sem perder o equilíbrio, o que exige estipular metas de velocidade e escopo suficientemente ambiciosas, porém atingíveis. Por "velocidade", quero dizer o ritmo de expansão da atividade central do negócio, ou seja, a oferta do produto original exclusivamente no mercado original. "Escopo" é um conceito mais amplo que inclui quatro aspectos. Os três primeiros – *alcance geográfico*, *extensão da linha de produtos* e *inovação* – definem, em seu conjunto, a dimensão do mercado da startup: quantos segmentos adicionais de clientes serão abordados e quais de suas necessidades serão atendidas. O quarto aspecto, *integração vertical*, refere-se à gama de atividades que a startup vai executar internamente em vez de delegar a terceiros.

1. **Alcance geográfico.** Quando a Baroo se expandiu de Boston para outras cidades, a começar por Chicago, o alcance geográfico de seu mercado cresceu. Outras startups ampliam ainda mais o alcance geográfico, chegando até a outros países.
2. **Extensão da linha de produtos.** Uma startup também pode ampliar o escopo de seu mercado com o lançamento de mais produtos, como fez o Google ao acrescentar Gmail, YouTube, Maps, Drive e dezenas de outros ao buscador, seu negócio original.
3. **Inovação.** No caso de certas startups, a inovação gera produtos com características verdadeiramente inéditas ou um desempenho vastamente superior. Isso tudo pode ampliar o escopo do mercado ao permitir que a startup chegue a clientes subatendidos. Às vezes, a startup inova de modo espetacular no modelo de negócios; foi o que fez a Stitch Fix ao lançar um serviço de personal stylist por assinatura. Outras inovam explorando[2] novas tecnologias, como a Solidia Technologies, com avanços em engenharia química que permitiram que reduzisse a pegada de carbono da produção de cimento em 70%.
4. **Integração vertical.** A integração vertical aumenta o escopo de atividades que uma empresa executa, assumindo para si funções que antes eram delegadas a terceiros. A integração "upstream" (ou "backward") envolve atividades de desenvolvimento de produtos e

manufatura, enquanto a integração "downstream" (ou "forward") inclui marketing, vendas e distribuição física de bens. A Apple, por exemplo, fez a integração upstream ao projetar ela mesma seus semicondutores, em vez de contar com fornecedores como a Intel. Também integrou downstream ao vender seus produtos em Apple Stores, e não só em outras lojas como a Best Buy.

Tanto velocidade como escopo impõem ao empreendedor um dilema da Cachinhos Dourados parecido aos discutidos no Capítulo 2. Qualquer excesso – para menos ou para mais – pode ser letal para a startup em estágio avançado.

Desafios de recursos. Em meio ao trabalho de equilibrar velocidade e escopo, uma startup em estágio avançado também enfrenta consideráveis desafios no plano da gestão de recursos. Para escalar, em geral precisa levantar grandes volumes de capital, algo que pode ser frustrado pelas idas e vindas do mercado financeiro. Às vezes, setores inteiros caem em desgraça, levando investidores a repudiar até negócios em perfeito estado de saúde. Se isso ocorre bem no momento em que a startup se prepara para captar outra rodada – a fim de bancar um crescimento agressivo ou alguma inovação espetacular –, o negócio pode definhar e morrer, vitimado por um timing infeliz, e não por erros de gestão.

Fora isso, o empreendedor precisa administrar um pool de recursos humanos que cresce rapidamente à medida que a startup, ao escalar, passa por duas transições organizacionais profundas. Para começar, profissionais altamente especializados em uma certa área – marketing ou operações, digamos – vêm se juntar a um time até ali formado, basicamente, de generalistas flexíveis, do tipo pau para toda obra, que nos primeiros dias da empresa passavam de uma função a outra conforme as circunstâncias pediam. Em segundo lugar, a abordagem fluida à gestão aos poucos dá espaço a sistemas e estruturas formais. A empresa cria organogramas e descrições de cargos, começa a fazer avaliações de desempenho do time, aprimora processos de orçamento e planejamento e assim por diante.

Essas transições organizacionais do novo estágio trazem mais dilemas à la Cachinhos Dourados – exigindo, de novo, a busca de um meio-termo. Contratar especialistas cedo demais pode causar problemas; esperar muito, também. O mesmo vale para estruturas e sistemas formais. O fracasso de uma startup em estágio avançado raramente se deve a esses problemas; quase sempre, a razão está no descompasso de metas de velocidade ou escopo. Isso posto, problemas organizacionais podem atuar como agravantes, aumentando a probabilidade de fracasso ao distrair a gestão quando os desafios do mercado exigem sua total atenção.

Modelo dos Seis S

Para avaliar a probabilidade[3] de que uma startup em escalada tenha sucesso e detectar razões para um eventual fracasso, o empreendedor pode usar o modelo dos Seis S. Nele, vemos três elementos dentro de um triângulo, todos ligados à organização interna do negócio: equipe (*staff*); estrutura (*structure*), que inclui tanto relações de subordinação como sistemas de gestão; e valores em comum (*shared values*), refletidos na cultura da empresa.

Envolvendo o triângulo, vemos um círculo com três elementos que representam os relacionamentos externos do empreendimento. A velocidade (*speed*, que indica o ritmo de expansão do core business da startup) e o escopo (*scope*, que se refere ao alcance geográfico, à extensão da linha de produtos, à inovação e à integração vertical) definem, juntos, a estratégia de produto-mercado da startup e, com ela, as relações da empresa com seus clientes, concorrentes e fornecedores. O último elemento, a série X, denota a estratégia da startup no mercado de capitais. Rodadas de captação de fundos de capitalistas de risco, chamadas "séries", seguem uma ordem alfabética. A série

X, portanto, representa relacionamentos com investidores atuais e futuros.

A seguir, veremos cada elemento desses em detalhes e mostrarei como cada um deles evolui à medida que a startup amadurece. Em seguida, veremos como interagem e se influenciam mutuamente. Por último, tratarei do desafio de manter esses elementos alinhados durante a expansão da startup por uma rota que vai sendo constantemente alterada.

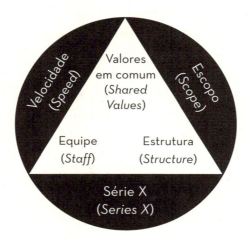

Modelo dos Seis S

Velocidade (Speed)

A velocidade de expansão do core business é, com toda certeza, a decisão mais importante que o CEO de uma startup em estágio avançado irá tomar. Empreendedores – e investidores que entram com o capital – adoram um crescimento veloz. Isso, em geral, faz subir a avaliação de valor da empresa, devido à premissa de que, quanto maior a startup, maior acabará sendo seu lucro. Além disso, à medida que a avaliação de valor sobe, fica mais fácil contratar gente boa, atraída pela perspectiva de ganhos com opções de ações. Além disso, oportunidades de promoção em um negócio em rápida expansão são um perfeito chamariz para grandes talentos.

O crescimento pode criar um círculo virtuoso[4] quando reforça o modelo de negócios de uma startup, permitindo que a empresa adquira clientes com mais eficiência, eleve preços ou reduza despesas operacionais. Especificamente falando, três benefícios potenciais do crescimento se destacam:

- Partindo do princípio de que seus clientes estão satisfeitos, o **reconhecimento da marca** da startup deveria crescer com o tempo, aumentando a eficácia da publicidade e do boca a boca entre novos clientes. Isso pode levar o custo de aquisição de clientes a cair.
- Se a empresa tiver o empurrão de **efeitos de rede**, uma base maior de usuários atrairá ainda mais gente, novamente reduzindo custos de aquisição de clientes. Além disso, uma rede maior significa que clientes podem interagir com um universo mais vasto de possíveis parceiros. Isso permite a uma startup em expansão aumentar preços, já que clientes dão valor ao acesso a uma rede maior.
- Por último, com o volume de transações aumentando, **economias de escala** deveriam reduzir custos unitários, ou seja, gastos que a startup tem para produzir e entregar um pedido típico do cliente. Há três maneiras de conseguir economias de escala. Uma delas é a distribuição de *despesas fixas* – como o salário do gerente da fábrica – entre mais unidades, o que diminui o custo unitário. Outra é a experiência advinda de operar com volumes maiores, pois, ao percorrer a *curva de aprendizado*, o pessoal descobre maneiras de aumentar a produtividade e reduzir custos. Uma terceira é a redução de custos graças à *automação*: algo que não era factível com volumes baixos (usar robôs em uma linha de montagem, digamos) pode ser economicamente viável em grandes volumes.

Esse é o lado bom da velocidade, mas há um lado ruim também. Quatro forças compensatórias impõem um limite de velocidade a uma startup, determinando o ritmo máximo ao qual pode crescer sem minar o próprio potencial de registrar lucro no longo prazo. Essas forças incluem:

- **Saturação.** O produto de uma startup é concebido para as necessidades de usuários em um ou mais segmentos de clientes. A certa altura, depois de a startup divulgar intensamente o produto, a maioria dos potenciais clientes nesses segmentos terá ouvido falar dele e tido a oportunidade de comprá-lo. Nesse momento, o mercado-alvo da startup estará saturado e, para seguir crescendo, será preciso atrair gente de outros segmentos. A menos que a startup faça alterações, o produto não será adequado às necessidades de possíveis clientes nos novos segmentos. Para convencê-los a comprá-lo, será preciso cobrar menos ou intensificar o marketing (ou ambos), reduzindo assim a rentabilidade. Outra saída seria alterar o produto para satisfazer exigências de novos segmentos de clientes, o que traz o risco de alienar a clientela atual; ou, para evitar a saturação, a startup poderia lançar um novo produto ajustado a novos segmentos do público, alternativa explorada mais à frente na discussão sobre escopo.
No caso de startups no estágio inicial, a maioria está longe de saturar o mercado-alvo. A Baroo, por exemplo, poderia ter fechado com muitos outros edifícios residenciais de alto padrão nas cidades em que atuava. Mas, depois de anos de hipercrescimento, startups que escalaram possivelmente atingem um ponto de saturação. Um bom exemplo disso é o Facebook:[5] nos EUA, seu crescimento arrefeceu depois de ter sido adotado, em sequência, por universitários, estudantes de ensino médio e, por último, adultos em geral.
- **Rivalidade.** Startups em estágio inicial, como a Quincy e a Triangulate, normalmente não provocam imitação: são

pequenas demais para serem notadas e sua ideia ainda não conseguiu se provar. A história é outra no caso de startups em estágio avançado, cuja rápida expansão costuma atrair concorrentes. Às vezes, as rivais são clones; em alguns casos, são "dragões adormecidos": empresas estabelecidas que "acordam" ao ver uma nova concorrente em seu território. Veremos um exemplo de clones no próximo capítulo, com a Fab.com, um e-commerce de artigos de decoração. A Fab foi copiada na Europa pela Rocket Internet, incubadora de Berlim que faz mira em startups americanas de sucesso.

Se for intensa, a rivalidade pode ter sério impacto na rentabilidade. Quem chega depois em geral cobra menos para se estabelecer, levando quem já estava operando a reduzir preços para preservar sua participação no mercado. Se competirem pelos mesmos recursos – motoristas, no caso de Uber e Lyft –, essa disputa vai acabar elevando custos.

- **Problemas de qualidade e atendimento ao cliente.** O hipercrescimento pode fazer pressão sobre as operações da startup e contribuir para problemas de qualidade, sobretudo quando a empresa precisa de um grande número de trabalhadores em áreas como produção e atendimento ao cliente. Talvez seja difícil contratar gente suficiente para exercer essas funções e prepará-las para fazer bem o trabalho. Veremos isso no Capítulo 8 com o caso da Dot & Bo, uma loja online de móveis e decoração que teve um sério problema de excesso de pedidos e não conseguiu contratar em tempo hábil analistas de atendimento em número suficiente para tirar dúvidas de clientes sobre a situação de pedidos.

- **Impacto no ânimo e na cultura.** Crescer a passos rápidos é estimulante, mas trabalhar meses a fio em ritmo acelerado para viabilizar a expansão pode abalar o moral do time. É só lembrar os problemas que a Baroo teve por não conseguir contratar mais gente para atender à demanda e precisar pedir aos melhores passeadores de cães da casa que trabalhassem até 12 horas por dia. A expansão do time também é capaz de minar a cultura da startup (darei mais detalhes na seção seguinte, a dos valores comuns). Os primeiros funcionários de uma startup no estágio inicial costumam ser gente motivada pela missão da empresa, pela oportunidade de trabalhar lado a lado com os fundadores e pelo senso de companheirismo ("um por todos, todos por um") de uma equipe diminuta. Já em uma startup em estágio avançado, hordas de novos trabalhadores tendem a encarar o que fazem como "um mero trabalho".

Como veremos nos capítulos a seguir, crescer depressa demais – superando o limite de velocidade – pode fazer uma startup em estágio avançado pegar o caminho do fracasso.

Escopo (Escope)

Em geral, um empreendedor opta por uma de duas estratégias sobre o escopo. Com a primeira – a mais comum das duas –, o escopo da startup será gradativamente ampliado à medida que ela amadurece, começando bem limitado e se expandindo ao longo do tempo.

Na segunda alternativa, o empreendedor se compromete desde o início com um escopo ambicioso – em geral com respeito a uma inovação radical, mas às vezes também pensando em uma integração vertical completa e na expansão geográfica. Se ficar patente que isso tudo é "um passo maior que a perna", as consequências costumam aparecer logo e a startup naufraga ainda no estágio inicial, não chegando nem a receber aportes ou afundando em um ano ou dois.

No entanto, veremos no Capítulo 9 que alguns fundadores que se comprometem com um escopo ambiciosíssimo conseguem, sim, reunir recursos suficientes para escalar o negócio por um belo tempo. Essas startups "big bang" em geral são fundadas por indivíduos carismáticos, conhecidos do mercado, capazes de fabricar uma realidade distorcida para persuadir investidores, profissionais gabaritados e outros a ajudá-los a tirar do papel a visão "revolucionária". A Theranos se encaixa perfeitamente nesse perfil.

Independentemente da rota adotada pelo empreendedor para ampliar o escopo da startup – gradual ou big bang –, cada uma das quatro opções de expansão do escopo tem prós e contras:

Alcance geográfico.[6] Muitas startups sentem a tentação de entrar em novos territórios. O Uber, por exemplo, entrou[7] em cidade após cidade nos EUA e, depois, seguiu o mesmo roteiro em outros países. Investidores em busca de uma oportunidade maior vão fazer pressão para o empreendedor seguir essa estratégia. Há outras razões para a expansão geográfica. Entrar em outro mercado é mais fácil quando se pode aproveitar o know-how adquirido em outros locais, como fez o Uber. Além disso, a presença de concorrentes em outras praças pode ser um empurrão. Com as rivais pegando embalo, a janela de oportunidade de uma startup para competir em um novo território pode fechar.

A principal plataforma online de venda[8] de roupas de segunda mão nos EUA, a thredUP, viveu essa pressão. Na Europa, o desenvolvimento de plataformas como essa estava anos atrás dos EUA, mas em 2016 já havia clones ganhando força por lá. Investidores queriam saber se a thredUP estava disposta a ceder a esses clones um continente inteiro com potencial de receita equivalente ao dos EUA. Depois de considerar uma série de opções – comprar uma rival europeia, por exemplo –, o cofundador/CEO da thredUP, James Reinhart, decidiu ir atrás do consumidor europeu, mas com um modelo bem limitado. Pelo menos a princípio, despacharia produtos para lá a partir dos EUA, em vez de montar ou adquirir uma empresa europeia com uma estrutura completa de comercialização e distribuição locais. Reinhart calculou que, diante dos muitos desafios e oportunidades que a thredUP continuava tendo em casa, tocar simultaneamente uma expansão agressiva na Europa sobrecarregaria a equipe de gestão e poderia esvaziar as reservas de capital que serviam como um seguro para a startup contra momentos difíceis.

Uma série de riscos pode se contrapor à pressão pela expansão geográfica. O custo de entrar em um mercado novo é alto e, como mostraram as dificuldades da Baroo, pode superar a capacidade do time de gestão. Além disso, cada mercado traz novas concorrentes, nova regulamentação e diferenças culturais que determinam as necessidades do cliente. Se o empreendedor não entender[9] essas diferenças e não adaptar ao gosto local o que oferece, pode acabar em sérios apuros, como descobriu a Disney ao abrir um parque de diversões perto de Paris: os europeus não só tinham muito menos disposição que os americanos a passar dias circulando por um parque da Disney como queriam vinho com as refeições.

Extensão da linha de produtos. Lançar mais produtos é uma ótima maneira de crescer, e uma startup em estágio avançado pode estar bem-posicionada para diversificar a linha de produtos. Seus gestores provavelmente entendem bem as necessidades do mercado e são capazes de identificar lacunas a serem preenchidas. Além disso, como a startup já é conhecida, espera-se que tenha credibilidade na hora de oferecer novos produtos, sobretudo voltados a quem já comprou o primeiro da empresa; com isso, o custo de aquisição de clientes deveria ser menor que o de uma startup recém-criada. Por último, uma startup em processo de expansão já tem engenheiros capazes de criar novos produtos e até de acelerar o desenvolvimento ao reaproveitar tecnologias e componentes existentes. O time também pode conseguir eficiências operacionais ao aproveitar a capacidade ociosa em operações – em depósitos ou call centers, digamos.

Embora esses benefícios da expansão da linha de produtos sejam tentadores, os riscos podem assustar. Qualquer produto novo enfrenta todos os desafios da novidade que analisamos na Parte I: a demanda pode ser mais fraca que o esperado, rivais podem ter uma "ratoeira" melhor, o desenvolvimento pode atrasar e por aí vai. Também há o risco de conflitos internos sobre o uso de recursos escassos entre o time responsável por uma nova oferta e a equipe a cargo do produto original. Na discussão subsequente da estrutura, proporei maneiras de administrar esse conflito.

Inovação. No Capítulo 2, vimos os trade-offs que um empreendedor no comando de uma startup em estágio inicial precisa fazer na hora de decidir "o quanto inovar". Esse "tira daqui, põe ali" vale igualmente para startups em estágio avançado. A inovação radical pode produzir uma solução superior e diferenciada para alguma necessidade forte e não atendida do cliente, mas traz os riscos de 1) aumentar o custo de migração de soluções anteriores, o que poderia impedir a adoção se for exigir grandes mudanças em hábitos do cliente; 2) elevar despesas de marketing se o cliente precisar ser instruído sobre a novidade inovadora; e 3) incrementar a probabilidade de demora no desenvolvimento do produto se dita inovação exigir avanços científicos ou de engenharia consideráveis.

A pressão para inovar normalmente decorre do simples fato de que produtos tendem a envelhecer – em geral bem rápido, sobretudo no setor de tecnologia – e, a certa altura, terão de ser aposentados ou substituídos pela geração seguinte. Empreendedores de startups em estágio avançado[10] precisam tomar decisões difíceis nesse quesito. Quando parar de fazer melhorias e passar para a próxima geração? Com o tempo, o custo de aprimorar um produto existente traz retorno cada vez menor. Uma explicação é que, em geral, recursos adicionados em uma etapa avançada do ciclo de vida de um produto têm menos valor para usuários; os recursos mais importantes são, basicamente, incluídos no início, e coisas acrescentadas depois não costumam passar de firulas. A outra razão é que, à medida que o produto amadurece, cada novo recurso deve ser tecnicamente compatível com todos os prévios, o que dificulta o trabalho de engenharia e, portanto, aumenta o tempo e o custo do desenvolvimento. Quanto maior o número de recursos existentes, mais tempo leva para determinar se um novo irá interferir no funcionamento de qualquer um que tenha sido agregado antes.

Em determinado momento, o retorno da inovação passa a ser negativo e é hora de considerar partir de novo do zero. Isso posto, um empreendedor tende a calcular mal quando e como substituir o produto atual por uma versão nova, mais atualizada – em especial se for de primeira viagem, ainda sem experiência. Se demorar muito para lançar a próxima geração, boa parte dos clientes pode já ter migrado para produtos mais modernos da concorrência. Porém, se tentar inovar demais no produto dessa geração seguinte, o time da startup terá de investir pesado em engenharia e correr o risco de perder muito tempo no desenvolvimento.

Integração vertical. Uma vez que ganha escala, a startup pode considerar a possibilidade de fazer, por conta própria, certas atividades até então terceirizadas. Uma startup em estágio inicial normalmente não tem capital, know-how e volume de vendas para isso. A Quincy, por exemplo, não tinha condições de possuir uma fábrica própria de roupas, pois só contava com capital semente. Se tivesse conseguido chegar a um faturamento de US$ 50 milhões ao ano, digamos, talvez pudesse ter erguido essa fábrica.

Por sua natureza, a integração vertical não produz uma expansão direta do mercado da startup. Na verdade, essa integração em geral serve para 1) melhorar margens de lucro, pois o excedente cobrado por terceiros fica com a startup e/ou 2) garantir uma qualidade maior e mais uniforme em atividades cruciais para o negócio, sobretudo se a confiabilidade e o compromisso de parceiros da startup estiverem em questão.

A integração vertical tem seus riscos, pois normalmente exige um investimento expressivo e a aquisição de novas habilidades e competências, elevando os custos fixos – o que pode ser um problema se a receita deixar de crescer. Dito isso, a integração vertical costuma ser menos perigosa que outras opções para ampliar o escopo – salvo quando o fundador tem uma ideia do tipo "big bang", com grandes ambições e muitas complexidades, e quer fazer tudo por conta própria desde o início. Veremos como isso se dá no Capítulo 9 com o exemplo da Better Place, cujo fundador e CEO, Shai Agassi, quis desenvolver internamente uma série de tecnologias que poderiam ter sido terceirizadas, como postos de recarga de bateria de veículos elétricos.

Se, como é mais comum, uma startup em estágio avançado ampliar o escopo paulatinamente, certas atividades delegadas a terceiros serão, em determinado momento, candidatas à integração vertical. Nesse cenário, seus gestores deveriam ter dados suficientes sobre volume, custos e investimentos exigidos para poder decidir entre "construir ou comprar". Em geral, depois de fazerem esses cálculos, chegam à decisão certa. Como veremos no próximo capítulo, a Fab.com fez uma integração vertical "upstream" quando comprou fabricantes de móveis na Europa. Com isso, a varejista teve condições de lançar mercadorias de marca própria com um bom lucro (veja o quadro "Comprar para escalar" com os prós e contras de aumentar a velocidade ou ampliar o escopo com a aquisição de outras startups).

Comprar para escalar

Para cumprir metas relacionadas a velocidade ou escopo, é possível que uma startup em estágio avançado considere a compra de outras startups. Essa fusão com rivais diretas pode acelerar o crescimento do core business e eliminar o risco imposto por concorrentes. Foi o que fez a Grab, líder no transporte individual de passageiros no Sudeste Asiático, quando comprou as operações do Uber na região. Uma startup em estágio avançado também pode ampliar o escopo com aquisições ao 1) entrar em outra região do mapa, como fez o Uber ao comprar a Careem, que liderava esse mercado no Oriente Médio; 2) acrescentar novos produtos a sua linha, como fez o Google ao comprar o YouTube; ou 3) fazer uma integração vertical, como a eBay ao comprar o PayPal.

No caso de empresas já maduras, estudiosos de administração[11] apontam que, em média, o retorno econômico de uma fusão é negativo. O comprador tende a superestimar sinergias e, por conseguinte, pagar mais do que devia. A probabilidade de que a fusão dê um bom retorno tende a ser maior quando a empresa tem experiência com esse tipo de transação e conta com um processo azeitado de due diligence e integração das empresas adquiridas.

Na condição de marinheiras de primeira viagem, a maioria das startups não tem essa vivência com aquisições e provavelmente não estará preparada para o desafio.

Ainda assim, apesar desse *médio* retorno negativo, muitas aquisições podem dar certo. Lá atrás, quando ainda eram startups em expansão, muitas empresas hoje gigantes fizeram aquisições brilhantes que à época foram questionadas pelo custo excessivamente alto – foi o caso de Google + YouTube, eBay + PayPal e Facebook + Instagram, por exemplo.

Na comparação direta com um esquema "faça você mesmo", as maiores vantagens de escalar por meio de aquisições são 1) mais rapidez, algo particularmente bom em mercados em acelerada evolução; 2) redução de custos, se for possível eliminar redundâncias (departamentos jurídico e de vendas, por exemplo); e 3) evitar riscos iniciais da startup relacionados a identificação da oportunidade e captação de recursos.

Para uma startup em expansão, no entanto, qualquer aquisição traz três grandes riscos: 1) pagar demais; 2) perder talentos; e 3) uma complicada integração pós-fusão que atrapalhe a organização e distraia sua liderança. Para evitar a fuga de talentos, uma saída é renegociar contratos com esse pessoal para garantir que o "vesting" de qualquer participação obtida graças à fusão seja dali a 18 meses, digamos. Incentivar alguém a comparecer ao trabalho não garante, no entanto, sua dedicação.

Na integração, há três riscos:

- **Incompatibilidade técnica.** Quando duas startups se unem e seus respectivos produtos têm raízes tecnológicas distintas – um foi programado com C++ e o outro com Java, por exemplo –, a decisão que o time de engenharia das duas precisa tomar é complicada. Seria melhor reprogramar um dos produtos para que os dois usem a mesma tecnologia? Ou deixar tudo como está? Unificar a base tecnológica pode reduzir custos na hora de lançar novos recursos, mas migrar pode dar trabalho. Decisões parecidas terão de ser tomadas para sistemas informatizados usados no acompanhamento de pedidos e estoques, na contabilidade, na folha de pagamento etc.
- **Desenho organizacional.** Na esteira de uma aquisição, é preciso tomar decisões difíceis – em geral com uma carga política muito forte – sobre quem estará subordinado a quem. Se um site de varejo nos

> EUA comprar um similar na Espanha, por exemplo, a quem se reportará a chefia do marketing na Espanha? Ao comando do site no país? Ao diretor de marketing nos EUA? A ambos?
> - **Ajuste cultural.** Quando duas empresas têm culturas diferentes, sua integração pode esbarrar em uma série de entraves em razão de divergências sobre o modo certo de fazer as coisas. Além disso, o moral na empresa adquirida pode cair se seu time sentir que estão lhe impondo uma nova cultura ou que é considerado inferior.

Série X (Series X)

Na captação de fundos, as grandes decisões para startups em estágio avançado são parecidas com as discutidas no Capítulo 2 para negócios no estágio inicial: quando levantar capital, quanto e de quem. Fora isso, startups mais maduras precisam estar atentas a outros riscos ligados à captação de fundos à medida que o negócio vai amadurecendo.

Pressão para crescer. Na Parte I, vimos que VCs tendem a fazer pressão por um crescimento agressivo, pois o modelo de negócios desse investidor exige ganhos descomunais em uma pequena parcela de investimentos para cobrir perdas ou retornos pífios na maioria da carteira. Essa pressão pode ser particularmente forte no caso de startups em estágio avançado. É que VCs, em uma disputa agressiva para investir em um negócio que exibe forte tração, acabarão inflando o valor das ações da startup – a ponto de pagar mais do que deviam. Esse fenômeno é chamado[12] de "maldição do vencedor": em um leilão, o lance vitorioso tende a exceder o valor real do bem leiloado. Isso pode ocorrer quando 1) há considerável incerteza sobre esse valor, gerando grande variação nas estimativas dos potenciais compradores; e 2) um leilão bem-conduzido desperta o espírito animal dos participantes – o "animal spirits" – e gera uma tresloucada disputa.

Essa maldição do vencedor pode estar por trás da briga de VCs pelo direito de investir em uma startup em estágio avançado e em rápida expansão. Há muita incerteza sobre o valor de uma startup, e acredite quando digo que o VC típico tem instinto animal de sobra. O ruim desse apetite voraz é que o VC vitorioso entra com altas expectativas de retorno positivo, fazendo ainda mais pressão para que o negócio continue a crescer velozmente.

O VC Fred Wilson calcula[13] que dois terços dos casos de insucesso de startups que conhece foram causados pelo aporte excessivo em uma ideia que, embora promissora, tinha problemas não resolvidos. "Investidores e conselheiros dessas empresas (ou seja, eu) são responsáveis por fracassos como esse", diz ele, completando: "A maioria dos negócios bancados por VCs dá errado porque o capital é usado para escalar a empresa antes que se chegue a um plano de negócio certo".

"Down round". No Capítulo 2, vimos que toda startup está exposta ao risco de uma correção ou "down round" – ou seja, uma rodada adicional de captação a um valor por ação inferior ao pago por investidores na rodada anterior. Uma down round é muito desagradável, pois indica que a empresa está enfrentando dificuldades. Isso pode dificultar a atração e retenção de gente qualificada com o chamariz de uma participação no negócio. Esse pessoal pode, ainda, temer afundar com um navio à deriva.

A briga entre VCs para ver quem investe em startups com boa tração significa que o empreendedor pode ter a oportunidade de levantar capital com uma avaliação de valor gigantesca. Antes de aceitar uma oferta estratosférica, no entanto, é preciso avaliar se é realista manter o embalo que levou àquela avaliação de valor. Embora seja difícil recusar uma oferta espetacular, se o crescimento estancar, uma down round pode acelerar o fim da startup. "O fato de investidores estarem dispostos a entregar muito dinheiro a você e a sua empresa não significa que seja inteligente aceitá-lo", diz Fred Wilson.[14]

Risco de financiamento.[15] No Capítulo 8, veremos que, às vezes, um setor inteiro perde o encanto aos olhos do investidor. Nessas horas, até empresas saudáveis podem ficar meses ou anos sem conseguir levantar capital. Logo, antes de se comprometer com uma expansão ambiciosa, o empreendedor no comando de uma startup em estágio avançado deve ter um plano B para o caso de a fonte de financiamento secar. Há como manter uma reserva de capital? É possível, com cortes rápidos, sobreviver por um tempo só com o fluxo de caixa gerado internamente?

Sucessão de CEO.[16] Em uma startup no estágio inicial, os fundadores normalmente detêm a maioria dos votos no conselho de administração. Quando uma nova firma de capital de risco lidera uma rodada de investimento adicional, é comum receber uma vaga no conselho. Depois de algumas rodadas, o conselho cresce e investidores passam a superar numericamente os fundadores – e, juntos, têm votos suficientes para substituir um fundador que deixa a desejar. Quanto mais depressa a startup crescer, mais capital exigirá, acelerando essa dinâmica. Se quiser permanecer no posto de CEO e manter o conselho reduzido para seguir no controle de prioridades estratégicas, o fundador deve pensar bem antes de sair captando fundos em rodadas rápidas e sucessivas. Naturalmente, isso significa não só crescer mais devagar, como também abrir mão do apoio e dos contatos que um conselho maior e bem-administrado pode trazer.

Prioridades do conselho.[17] A chegada de novos investidores em rodadas sucessivas cria outro problema para o empreendedor, pois os que entraram na rodada mais recente provavelmente terão prioridades distintas daqueles que injetaram capital lá no começo. Para que investidores em estágio avançado tenham um retorno interessante, a startup precisa seguir crescendo de forma agressiva. Se tiver saturado o mercado original, por exemplo, talvez tenha de partir para o exterior ou lançar novos produtos – soluções que têm seus riscos, como vimos acima. Já quem investiu no estágio inicial, tendo pagado um valor por ação bem menor, pode esperar um retorno excelente simplesmente se a startup seguir nos trilhos, sem se arriscar demais diversificando a linha de produtos ou investindo no exterior. Logo, membros do conselho que investiram no estágio inicial podem ficar menos animados com planos de expansão agressivos do que quem chegou no estágio avançado. Se for essa a situação, o desafio do CEO é evitar que se instale um impasse no conselho envolvendo decisões estratégicas.

Equipe

Os três primeiros S abarcam[18] o relacionamento da startup com partes externas: clientes, concorrentes, fornecedores (velocidade e escopo, ou *speed* e *scope* no original) e investidores (série X). O foco dos outros três S é a organização interna: a equipe da startup (seu *staff*), a estrutura (*structure*) de suas relações de subordinação e processos de gestão e seus valores em comum (ou *shared values*). À medida que a startup amadurece, time, estrutura e valores passam, todos, por importantes transições. O ritmo e a natureza dessas transições serão determinados sobretudo pela estratégia da startup no tocante a velocidade e escopo. Erros ligados aos S organizacionais têm menor tendência a ser fatais que aqueles com velocidade, escopo e séries X. No entanto, problemas organizacionais podem desviar a atenção da liderança e tornar mais difícil sustentar um desempenho forte, tanto financeiro como no mercado.

De generalistas a especialistas. A composição da equipe de uma startup em expansão muda radicalmente com o tempo – com a chegada de gente especializada e a saída dos líderes lá do começo. Um pequeno time de generalistas polivalentes, capazes de exercer uma série de funções distintas conforme pedem as circunstâncias, cede lugar a um grande grupo de especialistas com know-how para imprimir mais eficiência e eficácia à engenharia, ao marketing e a outras atividades operacionais. Times de especialistas podem, por exemplo, ser convocados para executar campanhas digitais de publicidade, prestar suporte técnico a novos clientes no pós-venda e monitorar a qualidade de produtos.

Uma startup em expansão também precisa de profissionais especializados em departamentos de apoio na matriz. No financeiro, por exemplo, o pessoal mantém o controle de gastos e desembolsos; no setor de recursos humanos, gerencia processos de seleção, promoção, remuneração, benefícios e treinamento de funcionários.

Rotatividade de executivos. Com a proliferação de especialistas, pode ficar evidente que membros da equipe original de gestão do negócio – incluindo até o fundador/CEO – já não têm conhecimento e competências para chefiar bem suas respectivas unidades. "A gestão em escala[19] é uma competência adquirida, não uma habilidade nata", diz Ben Horowitz, cofundador da firma de VC Andreessen Horowitz. "Ninguém sai da barriga da mãe sabendo como administrar mil pessoas", completa. Às vezes, o gestor não tem experiência suficiente na área que chefia para contratar e administrar satisfatoriamente o pessoal especializado agora sob seu comando. Um diretor de marketing que nunca otimizou gastos com publicidade digital talvez não possua competência para administrar um time que vai gastar milhões de dólares em anúncios no Facebook e no Google.

De modo geral, habilidades e atitudes que fazem o empreendedor se destacar no estágio inicial nem sempre são adequadas para o comando de uma organização maior, que está formalizando a estrutura organizacional, os sistemas de gestão e os fluxos de comunicação. Algo muito comum entre fundadores de startups em estágio inicial, por exemplo, é ir pela intuição e tomar decisões rápidas, o que mantém a agilidade do negócio. Nessa etapa, uma detida análise quantitativa muitas vezes é inviável, pois faltam os dados que só um longo período em operação traz. Em uma fase mais avançada, quando já há esses dados, tomar decisões só com base no instinto pode levar a erros caríssimos.

Por essas e outras, é comum a troca de executivos à medida que o empreendimento amadurece. O VC Fred Wilson calcula[20] que uma startup típica vai mudar o time no comando três vezes entre o surgimento e o momento em que atingir escala expressiva. Ele esclarece que essa troca de bastão não é o mesmo que despedir alguém por um desempenho fraco. Ainda assim, pode ser complicado achar um novo posto para um líder que não dá conta das novas exigências do cargo atual; demitir essa pessoa pode abalar o moral de colegas que trabalharam a seu lado desde o início – especialmente se ela personificar a missão e os valores da startup. Wilson observa que empreendedores seriais estão mais preparados para lidar com a rotatividade no comando, pois já viveram a experiência antes. Seu conselho a fundadores é abrir o jogo ao contratar novos executivos, deixando claro que, "ainda que não cruzem a linha da chegada, serão generosamente recompensados com equity".

O que fazer com o ocupante atual de um cargo específico é, naturalmente, só metade da equação da rotatividade de executivos; a outra é onde e como encontrar um substituto. No Capítulo 8, veremos ecos do padrão "ideia boa, companheiros ruins" na repetida – e frustrada – tentativa da Dot & Bo, uma startup em estágio avançado, de encontrar um diretor de operações capaz de reduzir a fila de pedidos em atraso e controlar despesas com entregas. Esse problema, que chamamos de "falta de recursos", pode se tornar agudo quando a lacuna é em uma área crítica como operações (caso da Dot & Bo). Além disso, o risco de que a pessoa errada seja instalada no posto aumenta quando o CEO tem pouca experiência prévia nessa área crítica (tanto por não saber o que buscar em um candidato como por não ter uma rede de contatos profissionais repleta de gente com potencial para ocupar o cargo).

Sucessão do CEO. Para Steve Blank, alguns fundadores/CEOs[21] de startups em estágio avançado padecem da "síndrome de Peter Pan": não querem crescer. Sentem saudade do caos, da camaradagem e do improviso dos primeiros dias da empresa e, na tentativa de trazer isso de volta, concentram toda sua energia em coisas novas que possam criar do zero – quando o time devia estar totalmente empenhado em aprimorar e expandir o negócio atual.

John Hamm, outro investidor de VC,[22] recomenda que o fundador busque a orientação de um membro do conselho ou mentor para superar hábitos que, embora úteis quando a startup estava começando, podem prejudicar o desempenho na hora da escalada. Segundo Hamm, isso inclui 1) a lealdade a colegas que talvez não estejam capacitados para exercer um novo papel de liderança, 2) o foco inarredável em executar as tarefas do dia a dia em vez de cuidar da estratégia maior e 3) trabalhar isoladamente, e não com integrantes da equipe gestora ou parceiros do ecossistema, o que é particularmente comum entre fundadores que se destacam no desenvolvimento de produtos.

Fundadores que conduziram com sucesso a empresa durante a fase de expansão e depois dela logo vêm à mente – gente como Bill Gates, Jeff Bezos, Mark Zuckerberg, Elon Musk. Mas são a exceção, e não a regra. Até com coaching, a maioria dos fundadores/CEOs é incapaz de adquirir o conhecimento necessário para chefiar uma startup maior e mais complexa. Segundo estudo de Noam Wasserman, da Yeshiva University,[23] 61% dos fundadores que ocupavam o cargo de CEO quando o empreendimento foi lançado não seguiam no posto depois da série D de captação de recursos. Em quase 75% desses casos, a troca ocorreu por iniciativa do conselho da empresa; nos demais, o próprio líder percebeu que precisava ser substituído. Entre aqueles que foram substituídos como CEO (voluntariamente ou não), cerca de um terço deixou a empresa; nos demais casos, o fundador assumiu outro cargo executivo.

Como vimos nos casos de Uber e WeWork, que tiveram forte repercussão, é possível que a substituição de um fundador/CEO por iniciativa do conselho ocasione rixas, divisão e troca de acusações de lado a lado. O drama que isso produz distrai a cúpula da empresa, retarda o processo decisório e pode levar o empreendimento a perder terreno para rivais. Tendo isso em vista, na hora de avaliar o desempenho de startups que substituíram um fundador/CEO, tirar conclusões sobre causa e efeito é complicado. Uma empresa que está exibindo resultados ruins (causa) tende a concluir que precisa de uma nova liderança (efeito). Por outro lado, o distúrbio organizacional provocado pela sucessão do CEO (causa) pode prejudicar os resultados (efeito).

Estrutura

Em uma startup em estágio avançado, processos informais de comunicação e tomada de decisões que funcionavam bem lá atrás, quando uma dezena de gente trabalhava lado a lado em uma saleta (ou em um único canal do Slack), já não são suficientes. Ao amadurecer, a startup precisa formalizar relações de subordinação e instituir sistemas de gestão para garantir que 1) a informação flua para onde é necessário, 2) haja coordenação entre uma série mais complexa de atividades e 3) conflitos entre uma área e outra possam ser resolvidos de modo rápido e eficaz.

Uma decisão crucial para startups em expansão é quando instituir uma estrutura organizacional e sistemas de gestão formais. Uma aversão à burocracia faz a maioria dos empreendedores adiar esse momento. Nem sempre é má ideia – pois migrar antes da hora pode fazer a empresa adotar estruturas e sistemas inadequados para a fase seguinte de crescimento.

Formalizar relações de subordinação. À medida que a startup cresce e contrata mais e mais gente, seus líderes precisam inevitavelmente formalizar a estrutura da organização – em geral, um passo por vez. Camadas intermediárias de gestão são adicionadas a departamentos, pois especialistas na linha de frente precisam que chefes digam o que devem fazer, e a liderança necessita que alguém, em cada departamento, responda pelos resultados e sirva de canal condutor de ordens ditadas lá do alto e de informações transmitidas lá de baixo.

É normal supor que quem trabalha em startups seja avesso a estruturas formais de gestão – embora nem sempre seja assim. Bill Campbell, o executivo do Vale do Silício que em vida foi mentor de muitos CEOs do mundo da tecnologia, certa vez disse que: "Um fundador [de perfil] técnico costuma achar[24] que o pessoal da engenharia não quer saber de chefe, mas não é verdade. Uma vez, desafiei um fundador a perguntar aos engenheiros se algum deles queria alguém assim. Para surpresa dele, todos responderam: 'Sim, queremos alguém com quem possamos aprender, alguém que rompa impasses'".

Romper impasses é importante não só dentro de um time, mas entre distintos setores da empresa. Quando a startup começa a ter departamentos especializados, conflitos são inevitáveis, pois cada um tem suas prioridades. A equipe de vendas, por exemplo, pode querer customizar o produto, adicionar mais recursos – pois é o que o cliente pede. Enquanto isso, o pessoal da produção talvez defenda a padronização, para obter economias de escala e garantir mais qualidade. Chegar a um equilíbrio pode ser difícil para o empreendedor que está enfrentando o desafio pela primeira vez. Administrar um conflito desses normalmente exige mudanças na estrutura organizacional. Coisas como:

- Ter *gerentes de produto*[25] que especifiquem a funcionalidade de produtos e o "roadmap" para acréscimo de recursos após consultar diretamente os clientes e ouvir colegas de engenharia, marketing, atendimento ao cliente e outros setores.
- Criar o cargo de *diretor de operações*[26] (ou COO – Chief Operating Officer) ao qual estarão subordinados os chefes de departamentos operacionais como engenharia, gestão de produtos, marketing, vendas, produção e suporte ao cliente – mas não os diretores de finanças ou RH, por exemplo. Caso disputas entre esses departamentos não possam ser resolvidas entre seus respectivos chefes, o diretor de operações terá a palavra final.
- Criar centros de lucro, cada qual com um *gerente geral* que tenha controle de áreas cruciais como desenvolvimento de produtos, marketing e operações – caso o escopo da startup tenha aumentado e já inclua diversas linhas de produtos ou regiões distintas.

Instituir sistemas de gestão.[27] Paralelamente à formalização de relações de subordinação, a startup em expansão precisa adotar uma série de sistemas e processos de gestão que facilitem o planejamento estratégico e operacional, o processo orçamentário, a avaliação de desempenho, a seleção e o desenvolvimento de funcionários e outras atividades. Se ignorar tal necessidade ou instituir processos inadequados, essa startup corre o risco de atrasar cronogramas, perder o controle de custos e qualidade e desperdiçar tempo com tarefas repetitivas que poderiam ser automatizadas.

Sistemas de gestão podem parecer algo menor e, de fato, sua ausência ou deficiência raramente é a grande causa da derrocada de uma startup em estágio avançado. Alguns sistemas, no entanto, são mais importantes que outros, e falhas em sistemas cruciais para o negócio podem agravar outros problemas, aumentando a probabilidade de insucesso. Como veremos no Capítulo 8, as limitações do sistema que a Dot & Bo usava para monitorar pedidos e situação de estoques contribuíram significativamente para atrasos na entrega e queixas de clientes resultantes disso. Solucionar o problema derrubou a margem de lucro, levando a Dot & Bo a torrar o capital mais depressa que o esperado.

Valores em comum

Na definição do investidor de VC Ben Horowitz,[28] a cultura da empresa é o modo como o pessoal toma decisões quando o chefe não está por perto. Em uma empresa com uma cultura forte, as pessoas "simplesmente sabem" o que fazer em situações extraordinárias. Um exemplo: se um cliente importante pede para acelerarem seu pedido – o que atrasaria outros pedidos –, os funcionários saberão, sem consultar os superiores, se devem ou não acatar a solicitação.

Em uma startup em rápida expansão, pode ser difícil manter uma cultura forte e coesa com a chegada de legiões de novos funcionários, pois quem vai entrando não tem tempo de assimilar os valores da empresa. Sem balizas culturais para "simplesmente saber" como agir, o risco é que fiquem paralisados diante de problemas ou oportunidades. Além disso, diferentemente do pessoal que se incorporou cedo e que provavelmente segue comprometido com a missão da startup, os novos funcionários talvez vejam o emprego como "só um trabalho", reduzindo ainda mais seu senso de responsabilidade. É como diz o coach executivo Jerry Colonna: "A cultura de algumas empresas[29] é como uma polidora de pedras (...). Você coloca pedras brutas, empoeiradas e sujas no tambor e, horas depois, tira gemas polidas. Uma pedra batendo na outra produz transformações positivas. O problema, no entanto, é que nem todo mundo quer trabalhar em uma polidora de pedras".

O racha na cultura de uma startup em expansão pode ocorrer de duas maneiras. Primeiro, pode haver conflitos entre a "velha" e a "jovem" guarda[30] quando quem está desde o começo se ressente do crescente poder de especialistas ou da falta de iniciativa e compromisso de parte do novo pessoal. Quem chega depois, por sua vez, pode ter ciúme ao ver a turma inicial faturando alto com opções de ações ("Essa engenheira aqui ao lado faz a mesma coisa que eu e acaba de ganhar US$ 5 milhões"). Segundo, à medida que o time ganha especialistas e sua área cresce, cada departamento pode adquirir uma subcultura própria. Uma pessoa pode sentir um vínculo maior com sua área da operação – o marketing ou o centro de distribuição, digamos – do que com o empreendimento como um todo.

Dada essa dinâmica, como manter forte a cultura interna de uma startup em expansão? É um tema importantíssimo e o empreendedor vai achar uma orientação mais aprofundada em muitos outros livros e blogs. Em linhas rápidas, algumas medidas para promover uma cultura forte incluem:

- **Declarações de missão e valores.** A maioria das startups tem uma declaração de missão ("Organizar as informações do mundo todo e torná-las universalmente acessíveis e úteis" é a do Google) e uma lista de valores (entre os do Google estão: "Não faça o mal" e "Rápido é melhor do que devagar"). O que diferencia uma declaração útil de outra totalmente desimportante é o modo como é formulada, comunicada e reforçada. Muitas startups envolvem a equipe inteira no processo de

desenvolvimento de declarações de missão e valores e exibem o resultado em todas as salas de reunião.
- **Comunicação.** Empreendedores cuja meta é instituir uma cultura interna forte comunicam de forma incessante a missão e os valores da empresa – iniciando toda grande assembleia, por exemplo, recordando a missão do negócio e relatando feitos heroicos de gente da empresa que personifica seus valores.
- **Decisões operacionais.** Não adianta falar só da boca para fora, pois o pessoal tem um faro infalível para a hipocrisia. Logo, a melhor maneira de reforçar valores é com atos. A cúpula gestora da empresa precisa fazer jus aos valores enunciados, tomando decisões de estratégia e equipe consoantes com esses valores (por exemplo, no caso da Google, se perguntando: "Isso seria fazer o mal?").
- **Práticas de RH.** Uma série de práticas ligadas a recursos humanos é capaz de reforçar a cultura da empresa. Uma delas é considerar abertamente o ajuste cultural na hora de contratar. O processo de integração de gente nova pode incluir lições sobre a história, a missão e os valores da startup – de preferência dadas por altos gerentes. Demitir alguém que tem um desempenho bom, mas que ignora ou desrespeita abertamente os valores da empresa, manda um fortíssimo recado.
- **Avaliação.** É recomendado fazer uma sondagem periódica de funcionários para saber se entendem a missão da empresa e se sentem incentivados a colocar seus valores em prática.

Uma cultura forte não garante que a empresa dará certo; o sucesso exige também bons produtos, estratégia sólida e execução impecável. Em um ambiente fluido e em rápida evolução, no entanto, contar com gente que possui capacidade e vontade de agir por iniciativa própria acelera a tomada de decisões e libera o tempo de gestores para outras coisas. Uma cultura forte em geral ajuda também a atrair grandes talentos.

Quando uma startup em expansão busca ampliar o escopo, no entanto, uma cultura forte (normalmente uma vantagem) pode ser um empecilho. O Dropbox é um bom exemplo.[31] Anos depois de fundada, a cultura da startup seguia dominada por engenheiros. Com um produto que era uma maravilha da engenharia e o desafio de montar uma infraestrutura arrojada de internet, a empresa atraía muitos desenvolvedores de alto calibre. Proezas técnicas eram celebradas culturalmente; outros departamentos no Dropbox, menores que em outras empresas de software, ficavam em segundo plano. Por exemplo, o Dropbox cresceu rapidamente sem muito marketing, graças ao boca a boca e a fortes efeitos de rede (à medida que as pessoas colaboravam e compartilhavam arquivos). E, por ter sido tão bem projetado, os usuários raramente tinham problemas com o produto – e, por conseguinte, não era preciso muita gente no suporte ao cliente.

Quando a cúpula cogitou criar uma versão do Dropbox para grandes organizações, preocupações de caráter cultural vieram à tona. Uma versão para clientes empresariais exigiria uma força de vendas, algo inédito na startup. Vendedores em geral são eloquentes, extrovertidos; de certo modo, o oposto de engenheiros de software, que detestam conversa fiada e usam fone de ouvido para tapar o barulho, concentrar-se e programar. No final, o Dropbox lançou com sucesso a versão, mas a gestão da empresa sabiamente passou um tempo considerando o efeito que a diversificação poderia ter na cultura da empresa.

Duas rotas para escalar startups

A discussão do modelo Seis S sugere que seus elementos frequentemente interagem e influenciam uns aos outros. Minha análise de startups em crescimento mostra que essas interações costumam seguir duas rotas previsíveis, cada qual com um catalisador próprio. A primeira parte com a busca de velocidade, ou seja, crescimento acelerado para o core business. Na segunda rota, o catalisador é uma visão com escopo ambicioso. Como veremos nos capítulos a seguir, cada via expõe a startup a riscos singulares – e a modos singulares de fracasso.

Escalar para ganhar velocidade

A rota Escalar para Ganhar Velocidade começa com um crescimento inicial rápido e passa, então, pelas seguintes transições, em sequência:

1. **VELOCIDADE ↑ → SÉRIE X ↑** Entusiasmados, usuários iniciais contribuem para um rápido crescimento, atraindo investidores.
2. **SÉRIE X ↑ → VELOCIDADE ↑** Acesso a capital traz mais crescimento – consoante com pressão de novos investidores, que pagaram um preço alto por sua participação.
3. **VELOCIDADE ↑ → EQUIPE ↑ → ESTRUTURA ↑** Para gerenciar o crescimento, a startup contrata especialistas em marketing, operações e outras áreas. A supervisão desse pessoal especializado exige uma camada intermediária de gerentes; a estrutura organizacional ganha novos níveis hierárquicos e os papéis são formalizados. Junto com especialistas, surgem também sistemas de gestão para coordenar seu trabalho e aumentar a eficiência e eficácia. Cargos de gestão (gerente de produto, diretor de operações) e processos são criados para coordenar distintas áreas.
4. **VELOCIDADE ↑ + EQUIPE ↑ + ESTRUTURA ↑ → VALORES COMUNS ↓** O ritmo de crescimento é estimulante, mas também exaustivo, o que pode abalar o ânimo. À medida que os departamentos crescem, surgem subculturas, e os conflitos entre distintas áreas aumentam. À medida que os times crescem, surgem embates entre "velha" e "jovem" guardas. É possível que a cultura da empresa se esvaia à medida que os primeiros integrantes do time (que personificavam a visão original) saem ou são demovidos pelo fato de a empresa já não precisar de generalistas do tipo "pau para toda obra".
5. **VELOCIDADE ↓ → ESCOPO ↑** Se o crescimento arrefecer devido à saturação do mercado ou pressão da concorrência, a startup

pode tentar sustentar o crescimento ampliando o escopo: entrando em mercados estrangeiros, lançando novos produtos ou reinventando o core business com uma nova geração de produtos que incorpore uma inovação radical. Porém, se a pressão competitiva ou os problemas operacionais induzidos pelo hipercrescimento estiverem resultando em margens operacionais baixas, a empresa tem a opção de buscar integração vertical para fazer internamente atividades até ali terceirizadas e, com isso, turbinar lucro.

6. **ESCOPO ↑ → EQUIPE ↑ → ESTRUTURA ↑** A startup precisa fazer outra rodada de contratação de gente especializada e ajuste da estrutura organizacional para gerenciar o novo escopo, maior.

Com tantas transições a encarar, é fácil entender por que uma grande porcentagem de startups em estágio avançado fracassa. Mesmo assim, há empresas que sobrevivem à intensa peneira que é escalar para ganhar velocidade e despontam no final dando lucro e liderando o setor. Google, Amazon, Salesforce, Facebook, Spanx, LinkedIn, Zappos, Dropbox e Netflix são exemplos. Outras, no entanto, naufragam devido a erros ou infortúnios registrados em uma ou mais das transições indicadas até aqui. Veremos exemplos nos próximos dois capítulos, que descrevem, respectivamente: 1) o padrão de fracasso da *cilada da pressa* (quando a demanda da primeira safra de usuários leva a um crescimento inicial explosivo impossível de ser sustentado de forma lucrativa no mercado de modo geral); e 2) o padrão de fracasso da *falta de recursos* (quando uma startup não é capaz de reunir os recursos necessários para atender à forte demanda no mercado como um todo).

Escalar para ganhar escopo

A rota escalar para ganhar escopo começa com uma visão inovadora e ambiciosa. Essa visão conquista investidores, que aportam capital suficiente para bancar um processo arrastado de desenvolvimento do produto. A partir desse ponto, as transformações organizacionais da startup espelham, em muitos aspectos, as da empresa que busca escalar a fim de ganhar velocidade.

1. **ESCOPO ↑ → SÉRIE X ↑** Uma visão arrojada e inovadora atrai investidores dispostos a bancar uma iniciativa de desenvolvimento que se estenderá por anos.
2. **ESCOPO ↑ → EQUIPE ↑ → ESTRUTURA ↑** Para desenvolver o produto, a startup contrata engenheiros e outros especialistas, além de gerentes para supervisioná-los.
3. **ESCOPO ↑ + EQUIPE ↑ + ESTRUTURA ↑ → VALORES COMUNS ↓** A pressão para cumprir prazos de desenvolvimento do produto é incessante, o que pode derrubar o ânimo do time. À medida que os departamentos crescem, surgem subculturas, e conflitos entre distintas áreas aumentam. À medida que times crescem, surgem embates entre a "velha" e a "jovem" guarda. É possível que a cultura da empresa se esvaia à medida que velhos integrantes do time deixem a empresa e gente sem afinidade com a missão seja contratada.
4. **ESCOPO ↑ → ESCOPO ↑** Uma maneira de levantar o moral do pessoal, conseguir alguma prova de conceito técnica e quem sabe até gerar caixa para ajudar a bancar a longa campanha de desenvolvimento do produto central é criar uma espécie de "acampamento-base": um produto (ou serviço) paralelo que utilize alguns dos recursos e tecnologias (mas não todos) que a startup está desenvolvendo. Com isso, um escopo ambicioso pode levar a outro ainda maior (veja o quadro "Acampamento-base" para obter mais informações e exemplos).
5. **ESCOPO ↑ → VELOCIDADE ↑ → SÉRIE X ↑** Tendo lançado o produto central, certas startups que apostam no escopo precisam correr para ampliar o número de clientes, pois seu modelo de negócios requer uma grande base para explorar os efeitos de rede ou atrair parceiros que precisam justificar o comprometimento de

recursos. Essa rápida expansão de clientes requer, por sua vez, uma injeção de capital novo.
6. **VELOCIDADE ↑ → EQUIPE ↑ → ESTRUTURA ↑** A startup precisa fazer outra rodada de contratação de gente especializada e ajuste da estrutura organizacional para cumprir a meta de ampliar rapidamente a base de clientes.

Observe como essas duas rotas de expansão convergem. As startups que partem buscando velocidade podem acabar ampliando seu escopo, enquanto as que começam com um escopo ambicioso, a certa altura, buscam velocidade.

Assim como na expansão movida a velocidade, a rota movida a escopo é repleta de perigos. No Capítulo 9, veremos que, ao escalar em busca de escopo, o sucesso de uma startup em estágio avançado em geral depende de que tudo dê certo, o que a sujeita ao padrão de fracasso de *milagres em série*.

Acampamento-base

Quando o projeto envolve uma "tough tech" – algo revolucionário cujo desenvolvimento exige ciência de ponta e trabalho de engenharia em vastas quantidades –, é comum o empreendedor considerar a criação de um negócio preliminar antes de lançar a grande ideia propriamente dita. Essa versão reduzida seria a primeira aplicação das tecnologias em desenvolvimento. Samir Kaul e seus sócios[32] na Khosla Ventures comparam esse projeto preliminar a um acampamento-base: um lugar no qual o montanhista para a fim de organizar provisões e se aclimatar a níveis baixos de oxigênio antes da investida final rumo ao cume. Exemplos de acampamento-base entre startups incluem:

- Lit Motors,[33] discutida no Capítulo 4, cujo carro-chefe seria o C-1 (um veículo elétrico de duas rodas fechado e estabilizado por giroscópio), mas que criava, simultaneamente, um scooter elétrico dobrável de baixo custo para transporte de pacotes volumosos e uso em países em desenvolvimento, como a Índia. O fundador, Danny Kim, achava

que a Lit Motors não só ganharia uma experiência valiosa com a produção do scooter (bem mais simples), mas poderia usar o lucro porventura obtido com o veículo no desenvolvimento do C-1.
- E Ink, cujo principal negócio[34] seria a tecnologia de tinta eletrônica usada no Kindle, da Amazon (e similares), e que criou uma empresa fornecedora de telões para promover mercadorias em lojas de departamentos a fim de testar as primeiras versões da tinta eletrônica. Era possível atualizar as telas por conexões sem fio, reduzindo custos de mão de obra nas lojas.

Fazer uma parada no acampamento-base não é só uma maneira de ganhar experiência e gerar caixa. É também uma oportunidade para o empreendedor 1) aprimorar a tecnologia gradativamente, como no caso dos displays da E Ink em lojas de departamentos, que exigiam resolução mais baixa que telas de dispositivos portáteis; e 2) dar ao time uma injeção inicial de ânimo, já que, sem isso, talvez levasse anos para que vissem os frutos de seu trabalho na forma de um produto para o negócio principal.

Uma possível desvantagem do acampamento-base: lançar e administrar um negócio preliminar pode ser mais difícil do que imaginado, convertendo o projeto paralelo em uma distração para a gestão e um sorvedouro de dinheiro. A E Ink aprendeu essa lição quando seu time penou para fazer com que os displays nas lojas funcionassem corretamente. O plano original de trocar o conteúdo usando uma rede de pager não deu certo, pois o sinal dessa rede era bloqueado pelo telhado de cobre de muitas lojas de departamentos que tinham contratado o serviço. Uma maneira de não ficar preso no acampamento-base é licenciar a tecnologia relevante para outro empreendimento, que tenha um time próprio e possa concentrar toda sua energia em converter a oportunidade do acampamento-base em um negócio viável.

7

Cilada da pressa

Na hora da escalada, rapidez pode virar afobação. Foi o que descobriu Jason Goldberg depois de ter fundado duas startups, com resultados radicalmente distintos. A primeira, um empreendimento[1] pensado para ajudar o RH de empresas a administrar programas de indicação interna para preencher vagas, cresceu cedo demais e deu um baita prejuízo aos investidores. A segunda, um serviço[2] que sugeria notícias ao usuário com base no que os amigos no Facebook e os seguidores do Twitter estavam lendo, foi vendida em menos de um ano a um grande player do setor, rendendo de volta a Goldberg e seus investidores mais de 13 vezes o investimento original.

Na esteira desse êxito, Goldberg e um amigo, Bradford Shellhammer, lançaram em 2009 a Fabulis, uma mescla de Facebook, Yelp, Foursquare e Groupon, dirigida abertamente para o público gay. Em um ano, o número de membros da Fabulis tinha parado de crescer, mas um recurso da rede social seguia popular: a oferta do dia, o "Gay Deal of the Day". Shellhammer, que tem um olho para objetos interessantes, montava uma cesta variada de produtos – chocolates, roupa íntima, hambúrgueres – e, todo dia, escolhia algo diferente para oferecer com um desconto considerável. As vendas eram boas e, para total surpresa de ambos, os dois descobriram que metade dos clientes da rede eram mulheres.

No início de 2011, depois de levantar US$ 3 milhões, Goldberg e Shellhammer decidiram fechar a Fabulis e abrir o Fab.com, um site de promoções-relâmpago para o público em geral. Os dois se dispuseram a devolver o dinheiro aos investidores, mas todos decidiram bancar a aposta. Uma campanha de marketing viral ("Traga dez amigos e ganhe um vale de US$ 30") durante três meses angariou 165 mil membros antes mesmo de o site começar a operar, em junho.

O Fab vendia, com grande desconto, produtos que Shellhammer escolhia tanto pelo apelo estético como pelo funcional. Na lista de campeões de venda havia cadeiras Eames, guarda-chuvas, máquinas de escrever antigas e vibradores. O público era atraído[3] por peças singulares, indicativas de uma atitude excêntrica e ousada: um lustre feito de taças de martini, um capacete de motociclista cravejado de strass. O Fab foi um sucesso instantâneo: só nos 12 primeiros dias, vendeu US$ 600 mil em mercadorias. Já que a logística da entrega ficava a cargo dos fornecedores (o chamado "drop-shipping"), a Fab não precisava manter estoques. Também, como promoções em destaque se difundiam rapidamente por redes sociais, o site tampouco precisava gastar com publicidade. Sem essas despesas, o fluxo de caixa era positivo – pelo menos no início. No final daquele ano, a startup somava mais de 1 milhão de membros e tinha captado outros US$ 48 milhões em venture capital.

De olho em uma nova expansão,[4] a Fab captou mais US$ 120 milhões em capital de risco em 2012. Naquele ano, vendeu[5] a impressionante cifra de US$ 115 milhões em produtos – ante os US$ 18 milhões de 2011. Só que o modelo de negócios[6] começava a desmoronar; apesar das fortes vendas, a startup deu um prejuízo de US$ 90 milhões em 2012, segundo noticiou a imprensa. É que, para turbinar o crescimento,[7] a Fab tinha investido US$ 40 milhões em marketing no ano. Infelizmente, o consumidor atraído pela publicidade era menos obcecado por design do que a clientela da primeira fase e, por conseguinte, muito menos inclinado a comprar várias vezes ou a divulgar as ofertas do site. Nas palavras do próprio Goldberg:

> Em meados de 2012, os novos clientes já não estavam dando resultados excelentes como os do começo. Nossa "geração dourada" eram uns duzentos mil usuários que tinham se registrado ainda antes do lançamento; sua performance sempre foi ótima. E os que vieram na esteira, no segundo semestre de 2011, também eram bons. Daí termos dobrado a aposta, com uma grande investida no marketing digital, que deu muito certo no início. Quando deixou de surtir efeito, no entanto, adicionamos TV e outros canais de marketing caros, como mala direta.[8]

A fuga de caixa[9] era agravada pelo custo de uma expansão a ritmo acelerado na Europa, onde a Fab fora rapidamente clonada por várias startups, incluindo a Bamarang, lançada em janeiro de 2012 pelos controversos irmãos Samwer. A Rocket Internet, incubadora dos Samwer, copiava negócios que tinham dado certo nos EUA – incluindo Pinterest, Airbnb, eBay e Groupon – e, depois, fazia a empresa americana comprar o clone para evitar uma guerra de trincheiras. Furioso, Goldberg se recusou a entrar no jogo. Em seu blog, escreveu: "Vai um aviso à Bamarang e a outras imitadoras. Copiar alguém não vai funcionar nessa arena. Cópias são mau design. No design, o cliente é inteligente e preza a autenticidade. Se não for para fazer algo original, não faça nada".

Goldberg recordou que os Samwer tinham clonado a Fab "quase pixel por pixel, literalmente".[10] Sua tese, lá atrás, era a seguinte: "Como nossos fornecedores vinham de várias partes do mundo, teríamos credibilidade lá fora e não devíamos abrir mão da Europa". Segundo ele, a incursão teve forte apoio do conselho: "Tínhamos investidores que já haviam investido no Airbnb e estavam perguntando: 'Quem vai dar um basta nisso? Alguém vai enfrentar esse agressor?'".

Para acelerar sua entrada[11] no mercado europeu, em 2012 a Fab comprou três startups estrangeiras de "flash sales", comprometeu US$ 12 milhões no aluguel de um depósito por dez anos e montou um time de 150 pessoas em Berlim. Em agosto,[12] a Fab já tinha 1,4 milhão de membros cadastrados na Europa, gerando 20% das vendas da empresa. Em meados do ano, os Samwer tinham fechado a Bamarang – mas, com muita astúcia, transferiram o foco de investimento e o time para outra empresa da carteira, a Westwing, que vendia móveis e itens de decoração e acabou dando certo, fazendo um IPO em 2018. Já a Fab teve, quando muito, uma vitória de Pirro; suas operações na Europa eram uma sangria de dinheiro. Quando finalmente jogou a toalha, tinha investido entre US$ 60 milhões e US$ 100 milhões no continente.

Em abril de 2013,[13] receoso de que o negócio de promoções-relâmpago perdesse fôlego, Goldberg resolveu pivotar de novo, anunciando um novo plano para entrar no panteão das gigantes do comércio eletrônico. Segundo ele, ofertas diárias eram "uma boa forma de atrair público no início; mas, a cada e-mail enviado diariamente, o público se esgota um pouco. É preciso ter mais do que só a promoção do dia".[14]

Àquela altura,[15] promoções diárias geravam só um terço do faturamento da Fab; o restante vinha do vasto sortimento de produtos oferecidos no site: 11 mil itens no total, a maioria móveis e objetos de decoração (e outras categorias como bijuterias, alimentação e artigos para pets). Com essa farta seleção, a Fab reformulou o site para facilitar o processo de busca para os 12 milhões de membros. Além disso, como o drop-shipping gerava muitas queixas (pela demora na entrega), a startup passou a manter mais artigos em estoque e a despachar mercadorias de seu próprio armazém. Por último, a Fab intensificou a campanha para criar e vender produtos de marca própria, o que prometia margens maiores. Para inaugurar essa estratégia, comprou a alemã Massivkonzept, que projetava, fabricava e vendia móveis de madeira personalizados, por ações avaliadas em cerca de US$ 25 milhões.

Essas medidas, que consumiram um capital considerável, causaram controvérsia. Alguns achavam que o mercado de ofertas-relâmpago ainda tinha fôlego; outros confiavam no instinto de Goldberg. Esse negócio tinha decolado em 2008 durante a Grande Recessão, quando Groupon e Gilt Groupe descobriram que empresas de bens e serviços de luxo, desesperadas para vender, estavam dispostas a dar grandes descontos. Em 2013, no entanto, a economia já tinha se recuperado e essa pressão, entre fabricantes, era menor. Paralelamente, a chegada de uma leva de novas concorrentes – incluindo Fab, Zulily, Rue La La e One Kings Lane – fazia o custo de produtos subir.

Para piorar as coisas, a Amazon resolvera entrar no mercado. "A disputa ficou acirrada", lembra Goldberg. "No início, a Amazon levava de 30 a 40 dias para copiar um produto de uma oferta-relâmpago nossa. Em 2013, fazia isso em 24 horas. Ligava para nossos designers e dizia: 'Ei, queríamos destacar seu produto no site'. Era difícil competir em preço, e a satisfação dos nossos clientes caiu, pois tampouco dava para igualar a rapidez na entrega. Como vamos competir quando eles estão vendendo o mesmo produto, do mesmo designer, com um preço igual ou menor e com entrega grátis e mais rápida?"

Hoje, Goldberg enxerga os riscos dessa pivotagem.[16] "O consumo de capital era alto e manter estoques expõe você ao risco de comprar a mercadoria errada. Tínhamos visto isso na temporada de compras do final de 2012, que teve resultados mistos. Achávamos – talvez com arrogância e certamente com excesso de confiança – que sabíamos o que vendia. Mas, naquela temporada, muita mercadoria não vendeu." Goldberg acrescentou: "Começamos a perder a vantagem da curadoria."[17]

Com tudo certo para pivotar,[18] o conselho da Fab considerou dois planos de crescimento na reunião de abril de 2013. O plano A era recuar e fechar o foco no mercado americano, com a meta de obter um fluxo de caixa positivo com um faturamento anual de cerca de US$ 150 milhões. O B era "continuar batalhando por um crescimento de 100% ao ano e liderança mundial". "Não houve muita discussão", disse Goldberg. "Só um membro do conselho defendeu o plano A. Ele estava preocupado com o comportamento dos clientes mais recentes e com o fato de que não tínhamos tido muito retorno com o pesado marketing no fim de ano. Todos os outros, incluindo eu, queriam seguir avançando a toda".

Em junho de 2013, a Fab levantou outros US$ 165 milhões de investidores a um valuation post-money de US$ 1 bilhão. Mas, como disse Goldberg, "o fato é que [o negócio] tinha dado errado; precisávamos de US$ 300 milhões para tocar o plano aprovado e respaldar grandes investimentos já em curso. Recebi ligações me felicitando por ter virado um unicórnio e me lembro de ficar com o estômago revirado. Pouca gente sabe o que é captar US$ 165 milhões a um valuation de US$ 1 bilhão totalmente ciente de estar embarcando em uma canoa furada".

O burn rate da Fab bateu[19] nos US$ 14 milhões ao mês. Para deter esse ritmo, Goldberg pisou forte no freio em outubro de 2013: a Fab mandou embora 80%[20] do pessoal nos EUA, demitiu a maioria dos altos gerentes e reduziu consideravelmente o sortimento de produtos. Shellhammer, o outro fundador, saiu. Quanto ao braço na Europa, a empresa fechou tudo, salvo pelo negócio de móveis personalizados, que dava lucro. Em meados de 2014, a Fab era uma sombra do que fora. Goldberg decidiu desmembrar a marca própria de móveis na Europa, a Hem, que recebera o reforço de outras duas aquisições. Deslocou a atenção totalmente para esse negócio e, ao mesmo tempo, colocou as operações da Fab nos EUA à venda. Em outubro de 2014,[21] uma conhecida empresa de design personalizado comprou os ativos americanos da Fab em uma transação puramente com ações avaliada em cerca de US$ 30 milhões. Mais tarde, a Hem foi vendida[22] a uma empresa suíça de móveis por cerca de US$ 20 milhões.

Cilada da pressa

Ascensão rápida, tombo rápido. Ao crescer em um ritmo insustentável, a Fab, como muitas outras startups em estágio avançado, foi vítima da cilada da pressa. Vejamos, passo a passo, como isso ocorre.

1. **Identificação da oportunidade.** O empreendedor descobre uma nova solução para uma necessidade forte e ainda não atendida de um segmento do público. As promoções diárias da Fab vinham a calhar para gente que tinha o mesmo gosto de Shellhammer e procurava artigos diferenciados.
2. **Forte crescimento inicial.** A expansão é alimentada pelo boca a boca dos primeiros usuários no segmento de público visado e, às vezes, por fortes efeitos de rede. Conforme detalhado abaixo, a Fab sentiu, sim, efeitos de rede nessa fase do crescimento, os quais perderam força com o tempo.
3. **Sucesso na captação de recursos.** O crescimento atrai investidores dispostos a pagar caro, por esperar uma expansão contínua. Se um fundador carismático como Goldberg conseguir vender uma visão espetacular a investidores, o valuation pode disparar e gerar expectativas de hipercrescimento.
4. **Chegada de rivais.** O crescimento também atrai rivais. Podem ser clones, como a Bamarang, gigantes do setor tecnológico como a Amazon ou "dragões adormecidos": empresas estabelecidas do setor que despertam do seu torpor e percebem que um empreendedor descobriu uma oportunidade nova em seu mercado.
5. **Saturação.** Como ocorreu com a Fab em 2012, a startup satura o pool de clientes mais cativado por sua proposta de valor. Atrair a leva seguinte exige publicidade pesada e promoções generosas. Enquanto o custo de aquisição de clientes (CAC) vai aumentando, o valor do tempo de vida (o LTV, ou Lifetime Value) cai, pois a nova clientela é menos fiel e menos inclinada a comprar mais de uma vez. Muitos valem menos que o investimento em marketing necessário para atraí-los. Se, para o investidor, o crescimento importa mais que o lucro, é possível que aceite injetar mais dinheiro na empresa – mas não indefinidamente.
6. **Gargalos na equipe.** Para viabilizar a expansão, a startup precisa contratar mais gente aos montes. Encontrar candidatos

qualificados nessa quantidade é um desafio e, ainda que o negócio contrate gente suficiente, pode ser difícil treinar todo mundo rapidamente. Seja como for, faltarão trabalhadores competentes e, por conseguinte, serão vendidos artigos que não foram inspecionados, clientes receberão o produto errado, e-mails ficarão sem resposta e por aí vai. Ao cortar caminho, a startup pode ver a qualidade do produto e o atendimento ao cliente piorar. A Fab conseguiu evitar problemas sérios nesse quesito.

7. **Criação de uma estrutura.** Coordenar uma força de trabalho maior, funcionalmente especializada, requer 1) altos gerentes com expertise relevante e 2) sistemas de informação e processos formalizados para planejamento e monitoramento do desempenho. No caso da Fab, a complexidade das operações aumentou muito quando a empresa começou a manter estoques e a fabricar uma linha própria de móveis. Uma startup em expansão precisa instalar pessoal de gestão, estrutura organizacional e sistemas de informação para coordenar esse conjunto mais complexo de atividades. Não é pouca coisa.

8. **Divergências internas.** O crescimento acelerado dos quadros de pessoal e a expansão de unidades especializadas pode gerar conflitos, problemas no moral e o esgarçamento da cultura da empresa. Por exemplo, a área de vendas reclama da qualidade dos leads que o marketing traz, enquanto o marketing acusa a engenharia de estar demorando para soltar os novos recursos. Goldberg admitiu o antagonismo entre subculturas na Fab. "Permiti o isolamento de times e mentalidades, o que semeou o câncer da desconfiança",[23] disse. O jogo de culpa resultante produz reações do gênero "não é minha culpa" e provoca ira. A discórdia cresce com o pessoal veterano revoltado com a atitude pouco comprometida dos novatos; por seu lado, profissionais especializados que chegaram depois ficam frustrados ao ver que os veteranos do time não dão valor a sua contribuição. A cúpula tenta apagar incêndios

na organização e unir as tropas. Gerentes de nível médio começam a questionar se os chefes realmente sabem o que está acontecendo e o que precisa ser feito – sobretudo quando o CEO está o tempo todo fora da empresa, tentando levantar mais capital.

9. **Deslizes éticos.** Às vezes, a pressão para manter o crescimento leva o empreendedor a cortar caminho no plano legal, regulamentar ou ético. O Uber, por exemplo,[24] foi acusado de incentivar o pessoal a chamar e cancelar corridas na rival Lyft. No afã de manter o rápido crescimento, a corretora de seguro de saúde Zenefits[25] criou um software que supostamente ajudava candidatos a burlar o processo de preparação para o exame de corretor. Na Fab, Goldberg conseguiu evitar essa degeneração ética.

10. **Investidor receoso.** À medida que o caixa da startup vai esgotando, o preço das ações cai. Quando opções de ações deixam de ter valor, o pessoal debanda – e investidores hesitam em aportar mais capital. Ainda que um investidor atual esteja disposto a socorrer a startup com mais dinheiro, essa pessoa exigirá uma grande quantidade de novas ações, diluindo muito a participação de executivos e investidores que não fizerem o mesmo. Já que o conselho precisa aprovar tal transação, a decisão final vai demorar e envolver muita briga.

11. **Lance final.** Nesse ponto, o problema é evidente, pois a empresa está crescendo a um ritmo insustentável e precisa desacelerar. A dúvida é saber até que ponto pisar no freio. Fechar a torneira do marketing já basta ou, para sobreviver, é preciso cortar pessoal? Faz sentido tentar vender a empresa? Se investidores se recusarem a liberar capital para a startup dar a volta por cima, alguma empresa com os cofres cheios enxergará um ajuste estratégico? Trataremos disso tudo no Capítulo 10, que explora as providências que um empreendedor pode tomar se julgar que está rumando para o fracasso.

Variações desses temas se repetem entre startups que crescem muito depressa. Para sobreviver, algumas mandam gente embora. Outras cortam o marketing e fecham o foco em segmentos de clientes mais leais e lucrativos. Birchbox, Blue Apron, Groupon, Zenefits e Zynga são exemplos. Já para a Fab e muitas outras (Beepi, Homejoy, Munchery, Nasty Gal), a cilada da pressa se provou fatal.

O teste RAWI

Como evitar ou transpor com segurança a cilada da pressa? Ter um sistema de alerta ajuda.[26] Para o empreendedor, esse detector é o teste RAWI, que faz quatro categorias de perguntas para determinar se uma startup está preparada para escalar com sucesso.

- **Ready (pronta)?** A startup tem um modelo de negócios comprovadamente bom? Seu mercado-alvo é grande o bastante para que siga crescendo? Tem margem de lucro alta o suficiente para que, quando começar a escalar, possa resistir à piora na relação preço/custo se for mais difícil atrair novos clientes?
- **Able (capaz)?** A startup tem acesso a recursos humanos e financeiros necessários para crescer a passos largos? Poderá capacitar gente nova em grandes volumes e coordenar o trabalho de todos?
- **Willing (disposta)?** Os fundadores querem expandir o negócio? Crescer vai contribuir para sua visão original? Estão dispostos a aceitar a diluição do patrimônio resultante da captação de altas somas em venture capital? Aceitam perder o comando se investidores assumirem o controle do conselho da startup? Mostram-se preparados a pagar o preço, no plano pessoal, de longas horas dedicadas ao trabalho?
- **Impelled (impelida)?** A startup tem rivais agressivas? Corre o risco de despertar dragões adormecidos? A combinação de

efeitos de rede intensos, de altos custos de migração e de fortes economias de escala lançará concorrentes em uma "disputa por território"?

É importante frisar que o teste RAWI não é feito uma única vez. Tendo em vista a dinâmica do mercado e o desempenho do negócio, ele deve ser refeito pelo empreendedor em intervalos regulares – trimestralmente, por exemplo.

Pronta?

A startup está *pronta* (ready) para escalar[27] se, dado um determinado ritmo de expansão, seus líderes acreditarem que o negócio pode manter o ajuste produto-mercado, ou seja, que o produto continuará atendendo às necessidades do público-alvo de forma a gerar um lucro saudável em longo prazo. Esse lucro, por sua vez, será alto o bastante para atrair novos investidores e sustentar o crescimento.

A rentabilidade em longo prazo[28] será saudável se a startup mantiver uma relação LTV/CAC acima de um determinado limiar ao crescer. Esse limiar depende do modelo de negócios, sobretudo de sua capacidade de explorar fortes efeitos de rede e do nível de despesas fixas por unidade monetária de receita. Abordaremos o impacto de efeitos da rede no LTV/CAC desejado no item "Impelida?"; por ora, vejamos a questão de despesas fixas. O LTV, como vimos, reflete a margem bruta (receita menos custos variáveis) obtida de um cliente típico ao longo do tempo. Para registrar lucro, o negócio precisa ter uma margem bruta de todos os clientes suficientemente alta para cobrir custos de aquisição e despesas fixas da empresa. Empresas com despesas fixas elevadas,[29] como as da modalidade "Software as a Service" (SaaS), precisam ter um LTV/CAC alto. Uma meta típica para esse tipo de empresa é 3 ou mais.

Com que rapidez, então, a startup pode crescer e, ao mesmo tempo, manter a relação LTV/CAC acima do limiar relevante? Aqui, é preciso computar fatores que determinam o limite de velocidade descritos no capítulo anterior, incluindo: 1) *risco de saturação*, ou seja, o ponto no qual a startup ofereceu o produto à maioria dos potenciais clientes nos segmentos visados; 2) *exposição da qualidade*, ou seja, a rapidez com que a startup pode crescer sem falhas no produto e erros no atendimento ao cliente; e 3) *rivalidade*, em particular a reação da concorrência provocada pela rápida expansão. Esses três fatores podem, todos, ter grande impacto na relação LTV/CAC de uma startup. Falaremos do risco de saturação a seguir, da exposição da qualidade na seção "Capaz?" e da rivalidade no item "Impelida?".

À medida que foi crescendo, a Fab saturou o mercado-alvo inicial: os usuários iniciais que eram fanáticos pelos produtos bacaninhas que Shellhammer selecionava. Levas subsequentes de clientes compravam com menos frequência, exigiam descontos maiores e em geral eram adquiridas por marketing pago, não por um boca a boca gratuito. Resumindo: preços mais baixos para pedidos menores e menos frequentes reduziram o LTV de novos clientes (na comparação com o público inicial). A necessidade de gastar com marketing elevou o CAC. Assim, a razão LTV/CAC da Fab piorou com o crescimento – um desafio recorrente para startups que caem na cilada da pressa.

Para saber se uma startup em expansão é vulnerável à saturação, o empreendedor precisa entender o tamanho de cada segmento de clientes no mercado endereçável total do negócio e com que rapidez esses segmentos tendem a crescer. Projeções do porte de segmentos de clientes, contudo, podem ser inexatas, pois os limites entre um segmento e outro em geral são difusos. É raro, por exemplo, que haja uma separação nítida entre usuários iniciais e o grande público; o mais comum é haver certa justaposição entre um segmento e outro.

Por isso,[30] o time de uma startup deve analisar o desempenho de levas sucessivas de clientes que vão chegando – as chamadas "coortes" – para medir a saturação. Cada coorte reúne clientes adquiridos durante um mesmo período (no mesmo mês ou trimestre, por exemplo); o ideal é que sejam também do mesmo segmento e tenham sido adquiridos com o mesmo método de marketing, já que agrupar clientes de distintos segmentos em uma mesma coorte é capaz de ocultar tendências específicas de cada um desses. Ao reunir clientes adquiridos por métodos de marketing diferentes em uma única coorte, também há o perigo de distorcer a análise, pois é possível que cada método desses atraia gente com graus variados de interesse no produto da startup. Indivíduos que buscam o produto de livre e espontânea vontade no Google, por exemplo, provavelmente têm uma necessidade maior do que gente que responde a um anúncio difundido amplamente no Facebook e, portanto, a chance de que virem clientes fiéis é maior.

A análise de cada coorte deve buscar tendências em todos os principais indicadores de satisfação e engajamento do cliente com um produto, incluindo gasto médio por período, taxas de retenção e recompra e número de clientes novos indicados. As métricas relevantes variam de acordo com o modelo de negócios. No caso de produtos "freemium", como o Dropbox, a análise de coortes deve incluir taxas de conversão da versão gratuita para a versão premium, paga. A tabela do exemplo a seguir[31] mostra uma análise de coorte para um produto freemium.

Na tabela, um exame rápido de cada coluna pode revelar se o desempenho está melhorando ou piorando. No alto, uma linha mostra intervalos sucessivos de tempo: mês 1 após a aquisição da coorte, mês 2 etc. As linhas abaixo partem com a coorte mais antiga, com células mostrando, da esquerda para a direita, o resultado dessa coorte em relação ao desempenho no mês 1 após a aquisição dos clientes, depois no mês 2, e assim sucessivamente. Ao conferir uma coluna partindo do alto, é possível ver se o desempenho de novas coortes é melhor ou pior que o de anteriores. Se taxas de conversão de coortes recentes estiverem caindo (como ocorre no exemplo), pode ser sinal de que a startup está saturando o mercado original. Quatro meses depois da aquisição, por exemplo, 7,8% da coorte de fevereiro de 2015 (a mais antiga) tinha migrado para a versão premium; no caso da coorte de agosto de 2015, apenas 5%.

Uma piora nesses resultados pode advir de outros problemas além da saturação, como deficiências no atendimento ao cliente ou maior concorrência. Isso posto, são problemas que deveriam afetar todas as coortes – novas e velhas – igualmente. Depois de computar o impacto de outros problemas que atingem todas as coortes, o empreendedor deveria ser capaz de discernir se a saturação está contribuindo para uma piora maior que a esperada nos resultados de coortes recentes.

Taxa acumulada de conversão de "free-to-paid" para coortes adquiridas por Google AdWords

Mês	1	2	3	4	5	6	7	8	9	10
Fev-15	0,1%	5,0%	6,8%	7,8%	8,2%	8,8%	8,9%	8,9%	9,0%	9,0%
Mar-15	0,8%	5,3%	7,1%	8,0%	8,7%	9,6%	9,7%	10,2%	10,4%	
Abr-15	0,9%	5,0%	5,7%	4,4%	8,6%	8,9%	9,7%	9,9%		
Maio -15	1,1%	3,2%	4,2%	4,9%	5,1%	5,6%	5,9%			
Jun-15	1,4%	3,9%	5,1%	5,7%	6,1%	6,3%				
Jul-15	0,9%	3,5%	4,7%	5,9%	6,0%					
Ago-15	0,7%	3,7%	4,7%	5,0%						
Set-15	0,2%	2,5%	3,1%							
Out-15	0,1%	2,0%								
Nov-15	0,0%									

Um problema do uso da análise de coorte para avaliar o risco de saturação é que, quando a tendência se torna evidente, a saturação já ocorreu. Mark Roberge, colega meu na HBS,[32] observa que a maioria dos indicadores de desempenho de coortes – taxas de retenção de assinantes, taxas de conversão "free-to-paid" – medem a satisfação e o engajamento do cliente em um momento anterior. Se olhar apenas para taxas de retenção, você só vai saber que há um problema quando um cliente insatisfeito for embora. Uma solução é usar o Net Promoter Score. O NPS mede, em uma escala de 0 a 10, a probabilidade de um cliente indicar o produto a um conhecido. A pontuação é calculada como a porcentagem de todos os clientes que são "promotores" (9 ou 10 na escala), menos a porcentagem de "detratores" (0 a 6 na escala). Um NPS de mais de 50 é considerado excelente. Um NPS em queda pode alertar a empresa para problemas e permitir que seus gerentes tomem medidas corretivas antes que haja um sério estrago.

Roberge sugere que uma startup em escalada dê um passo a mais e concentre a análise de coortes em indicadores que sejam 1) altamente preditivos da satisfação do cliente a longo prazo e 2) observáveis logo após o cliente ter sido adquirido. Por exemplo, a startup de serviços de marketing HubSpot, onde Roberge trabalhou, mede a porcentagem de novos clientes que usam pelo menos 5 dos 25 recursos da plataforma no intervalo de 60 dias após o registro. Esse indicador tem forte correlação com a retenção de clientes em longo prazo e o quanto gastam. Quando o resultado supera os 80%, a HubSpot considera que a coorte em questão está "nos trilhos".

Além de alertar logo cedo a startup, os indicadores vinculados ao uso do produto podem permitir soluções mais focadas do que um indicador geral de satisfação como o NPS. Cada área de uma startup influencia de alguma maneira o NPS, de modo que qualquer tendência de queda exige uma análise mais detida para revelar qual área abordar. Por outro lado, há muito menos maneiras de ativar o uso de recursos por novos clientes, de forma que gerentes podem definir medidas corretivas com mais celeridade.

A análise de coortes[33] ajuda o empreendedor a evitar a tentação de inflar cálculos de LTV – com estimativas excessivamente otimistas de taxas de retenção ou tíquete médio de pedidos, por exemplo. Além disso, a análise de coorte deveria ser usada para monitorar o CAC ao longo do tempo, por segmento de cliente e metodologia de marketing. Com isso, o empreendedor não perde de vista a relação LTV/CAC. Para seguir com o exemplo "freemium" anterior, a tabela a seguir mostra como o custo de adquirir um usuário da versão grátis usando o Google AdWords vai subindo. O CAC das três coortes mais recentes praticamente dobrou em relação ao de coortes anteriores.

CAC para coortes de usuários de versão grátis de um produto adquiridas por Google AdWords

Coorte	CAC usuário grátis
Fev-15	US$ 0,12
Mar-15	US$ 0,12
Abr-15	US$ 0,13
Maio-15	US$ 0,08
Jun-15	US$ 0,12
Jul-15	US$ 0,12
Ago-15	US$ 0,20
Set-15	US$ 0,18
Out-15	US$ 0,36

Essa elevação do CAC pode ser sinal de saturação, mas não necessariamente. Na maioria dos canais de marketing, o número de "prospects" gerado em um determinado intervalo de tempo tem um teto. O VC Jeff Bussgang faz uma comparação[34] com um poço de petróleo: existem canais que jorram potenciais clientes, ao menos por um tempo; mas, a certa altura, todo poço seca. Com publicidade paga em buscadores, por exemplo, só se chega ao público que digitou keywords específicas. Certos termos são mais eficazes que outros para atrair clientes. Se investir demais nesse tipo de publicidade, a startup será forçada a usar palavras-chave menos eficazes, o que elevará o CAC. Esse gasto maior não significa, necessariamente, que todo potencial cliente no mercado-alvo foi exposto à mensagem de marketing da startup, pois é possível que os gastos da startup com publicidade paga em buscadores tenha atingido aquele limite máximo. Se assim for, para manter o CAC geral em níveis rentáveis, a startup deve pisar no freio ou empregar outros canais de marketing.

Outra explicação para o aumento do CAC em um determinado canal de marketing é que as rivais passaram a investir mais em marketing. De novo, um CAC maior não indica necessariamente saturação: o CAC pode estar subindo simplesmente em virtude de uma batalha de marketing.

Goldberg e o time no comando da Fab fizeram uma análise de coorte e sabiam que o LTV/CAC vinha deteriorando, mas mesmo assim não agiram rápido o bastante. Em outubro de 2013, três meses depois da rodada de captação que fez da Fab um unicórnio, Goldberg dizia ao time, em um comunicado: "Gastamos US$ 200 milhões e não provamos que nosso modelo de negócios [funciona], não provamos que sabemos exatamente o que os clientes querem comprar".[35] E adicionou uma lista de seus erros como CEO, incluindo:

- *Fiz a gente avançar depressa demais.*
- *Não exigi que fechássemos o foco no cliente-alvo.*
- *Gastei demais em marketing antes de chegar à proposta de valor certa.*
- *Não incuti na nossa cultura suficiente disciplina em torno de custos e métricas de negócios.*
- *Deixei que investíssemos demais na Europa.*
- *Não enxerguei a tempo a necessidade de corrigir a rota.*

No *post-mortem* que fez, Goldberg reconheceu que fora vítima de um falso positivo. "Nosso pecado original – a razão do fracasso da Fab – foi nunca chegar de fato a um ajuste produto-mercado. Achamos que tínhamos conseguido em virtude dos excelentes resultados com os usuários iniciais. Com eles, realmente acertamos em cheio. Os produtos que vendíamos faziam verdadeiro sucesso, casavam com o *zeitgeist*. Mas essa paixão não se converteu em um volume suficiente de compras fora daquela base mais fiel de primeiros usuários. Os primeiros clientes não eram representativos dos que viriam depois. Achamos que os dados iniciais representariam os clientes subsequentes e, por causa disso, crescemos rápido demais".[36]

Trocando em miúdos, a Fab escalou sem estar *pronta* para isso. "Nosso VC disse que nossas primeiras coortes eram as melhores que já tinham visto", prosseguiu Goldberg. "Que nunca tinha visto um crescimento tão rápido no e-commerce. Nosso NPS era sempre excelente. Pisar no acelerador parecia o certo a fazer. Jamais vou jogar a culpa disso em alguém além de mim, mas nossos investidores estavam na torcida pelo hipercrescimento. Não fizeram pressão, mas ficaram empolgados com nosso ambicioso plano de crescimento."

Como mostra a experiência da Fab, fazer a análise de coortes e entender tendências do LTV/CAC são passos necessários, mas não suficientes, para escalar bem. É preciso interpretar tendências corretamente e, com base nisso, agir. Se o desempenho está aquém das expectativas, o empreendedor tem duas opções. Uma é desacelerar o ritmo. Com isso, o tempo que gestores perderiam apagando incêndios causados pelo crescimento desordenado pode ser mais bem-aproveitado. Com menos pressão, é mais provável que diagnostiquem problemas e tracem planos sólidos para solucioná-los.

Por outro lado, pode manter o pé no acelerador seguindo a tese de que 1) entende cabalmente os problemas a sua frente e sabe como resolvê-los; 2) se desacelerar, pode ter dificuldade para voltar a pegar embalo, com concorrentes em seu encalço; e 3) os investidores podem ficar com o pé atrás se a startup frear deliberadamente o crescimento. Este último argumento pode ter influenciado Goldberg. Segundo relatos na imprensa,[37] no início de 2013, gente do alto escalão da empresa sugeriu reduzir pela metade as operações da Fab na Europa, mas Goldberg não quis agir enquanto não fechasse a grande rodada de captação de fundos em junho de 2013. Moral da história: quando um empreendedor precisa decidir entre "pisar no freio" e "acelerar", seu excesso de confiança e a tendência do ser humano a ver só aquilo que quer ver podem fazer a balança pender.

Capaz?

Uma startup é *capaz* de escalar se seus líderes acreditam que terão acesso a recursos necessários para expandir a um dado ritmo e que poderão administrá-los bem. É preciso responder a três perguntas:

1. Poderemos levantar o capital necessário para bancar um crescimento acelerado?
2. Poderemos contratar um número suficiente de gente competente para postos na linha de frente e preparar todos para fazer bem o trabalho?
3. Teremos altos dirigentes, estrutura organizacional e sistemas de gestão certos para coordenar de forma eficiente e eficaz o trabalho desse pessoal da linha de frente?

Se a resposta a essas três perguntas for "sim", a startup será *capaz* de escalar.

Capital. A Fab tinha levantado US$ 165 milhões em junho de 2013, mas não chegara aos US$ 300 milhões que Goldberg queria para bancar seu plano agressivo de crescimento global, ou seja, o "plano B."

Linha de frente. Em virtude da rápida expansão, havia de fato o risco de que a Fab não pudesse contratar gente capacitada com rapidez suficiente, o que teria estrangulado as operações e prejudicado o atendimento ao cliente. Por sorte, a startup tinha um número satisfatório de gente qualificada para enfrentar a tormenta. Embora houvesse um problema[38] de atraso em entregas, a empresa conseguiu evitar sérios problemas no atendimento ao cliente. O sucesso nessa frente também significava que a resposta à terceira pergunta era "sim": a Fab tinha altos executivos capazes de coordenar quadros em rápido crescimento.

Outras startups em rápida escalada não têm tanta sorte. Durante a febre das pontocom, quando corretoras de valores online conquistaram o público, firmas como E*Trade e Ameritrade não conseguiam contratar e capacitar pessoal de atendimento ao cliente depressa o bastante para dar conta do explosivo volume de transações. Esses atendentes tinham de ser preparados para esclarecer dúvidas de clientes sobre transações complexas, incluindo ordens "stop loss", negociação de opções e chamadas de margem. Por conta de deficiências de pessoal e capacitação, clientes com dúvidas e problemas no serviço viram, revoltados, suas aplicações perderem valor enquanto esperavam por uma resposta.

Qual a saída para uma startup incapaz de contratar trabalhadores competentes com rapidez suficiente para atender uma demanda em rápida expansão? Pisar no freio do crescimento é sempre uma opção, embora raramente cogitada, pelas razões expostas. Em vez disso, a chefia em geral opta por 1) preencher vagas com quem puder encontrar, 2) instar os funcionários atuais a trabalhar em ritmo acelerado e 3) enxugar a capacitação, jogando gente recém-contratada no olho do furacão. Nessas condições, não surpreende que erros se amontoem. Às vezes, para não esgotar o pessoal, uma startup simplesmente deixa que a fila de perguntas sem resposta cresça, gerando frustração entre clientes. Nas palavras de Reid Hoffman:[39] "Em muitas empresas em campanha de crescimento, a norma é dar o atendimento que for possível ao cliente, desde que isso não atrase as coisas (...) o que muitas vezes significa atendimento nenhum!". Também é possível haver dificuldades em outras áreas da operação com pessoal insuficiente. Pode haver erros na última inspeção ao final da linha de produção, por exemplo, ou na preparação de pedidos em um depósito.

Liderança e gestão. Se a falta de pessoal ameaçar restringir o crescimento, o empreendedor precisa garantir que gerentes no comando de áreas relevantes do negócio saibam o que estão fazendo, de preferência devido à experiência prévia com uma startup em expansão. Como veremos no capítulo seguinte, instalar a pessoa certa no comando de um departamento não é tarefa fácil, sobretudo se o CEO da empresa não tiver experiência na área. Além disso, quando um departamento por fim tiver alguém qualificado no comando, o CEO deve ouvir esse indivíduo. Se essa pessoa disser que não há como contratar e capacitar o pessoal da linha de frente com rapidez suficiente para manter o trem nos trilhos, o CEO deve buscar entender o porquê.

Por último, o empreendedor deve monitorar inputs e outputs dos principais departamentos operacionais do mesmo jeito que monitora o desempenho de coortes de clientes. Como vem evoluindo o pipeline de recrutamento em áreas cruciais ao longo do tempo? Houve mudanças na porcentagem de candidatos que recebem e aceitam uma oferta de emprego? Qual a tendência da taxa de erros na produção e no atendimento ao cliente – e qual a relação entre essas taxas e o grau de experiência de funcionários? Assim como na avaliação de coortes, uma das metas é identificar, logo cedo, indicadores fortemente correlacionados com o risco de problemas mais sérios no futuro.

Disposta?

Pode parecer estranho perguntar se a startup está *disposta* a escalar depressa. Afinal, buscar crescimento não é a marca do empreendedorismo? É como diz Paul Graham, fundador da Y Combinator: "Uma startup é uma empresa feita para crescer depressa".[40] O mesmo Graham explica que um empreendedor no leme de uma startup em rápido crescimento sentirá forte pressão para levantar mais capital a fim de continuar crescendo:

> Startups de maior sucesso sempre vão ter, a seu dispor, dinheiro para crescer mais rapidamente, pois VCs precisam mais delas do que elas de VCs. Uma startup rentável poderia, se quisesse, usar apenas sua própria receita para crescer. Já um VC precisa investir em startups, especialmente nas mais exitosas, para poder seguir no mercado. Isso significa que qualquer uma suficientemente promissora receberá ofertas de dinheiro em condições que seria loucura recusar.

Como Graham observa, muitos empreendedores no comando de startups que deram certo poderiam, em tese, não captar mais venture capital e bancar um crescimento mais moderado com recursos gerados pela própria empresa. Isso posto, ao não aceitar mais capital de risco "em condições que seria loucura recusar", a pessoa pode estar perdendo a oportunidade de fazer fortuna. Se a startup tem a chance de escalar rapidamente, mesmo quando não está sentindo pressão de concorrentes (ver a seguir), por que então não fazê-lo? Para começar, a equação risco-retorno do empreendedor é radicalmente diferente daquela de um investidor de risco. Suponhamos que apostar com tudo em uma expansão acelerada tenha uma probabilidade de 1 em 20 de dar um retorno espetacular. Uma firma de VC com dezenas de empresas na carteira pode, naturalmente, esperar que pelo menos uma delas tenha um desempenho extraordinário – e que outro punhado dê um retorno razoavelmente bom. Tirando a média de todos esses resultados, o VC terá um retorno satisfatório no capital investido, ainda que perca muitas das apostas. Já o empreendedor não trabalha com médias e só tem uma chance para acertar. Se a probabilidade de perder tudo ao apostar todas as fichas for muito grande, é possível que opte por uma estratégia mais segura.

Por exemplo, se você, como fundador/CEO, pudesse fazer uma única aposta, o que preferiria: 1) 10% de uma startup com 5% de probabilidade de atingir US$ 1 bilhão em valor ou 2) 25% de uma startup que levantasse bem menos capital, crescesse mais lentamente e tivesse 10% de probabilidade de atingir US$ 200 milhões em valor? Em termos de geração de riqueza pessoal, para o fundador, as duas alternativas preveem o mesmo: US$ 5 milhões. Mas, com a opção do hipercrescimento, o fundador tem metade da probabilidade (5% *versus* 10%) de faturar o dobro (US$ 100 milhões *versus* US$ 50 milhões).

Segundo, escalar rápido demais bota imensa pressão nos ombros do CEO, que pode ser obrigado a trabalhar horas infindáveis, lidando com um fluxo incessante de pepinos. Tudo ocorre em ritmo acelerado: erros de contratação, demissões, problemas no atendimento, perda de clientes. Se tudo correr bem, as vitórias também chegam antes, é claro. Existem líderes que adoram a pressão e sentem tremenda satisfação em lidar com o caos. Outros, depois de perder mais uma apresentação do filho na escola ou o casamento de outro amigo, podem se perguntar se vale mesmo a pena.

Para encerrar, se o fundador ainda detém o posto de CEO e resolve escalar a um ritmo mais acelerado, é preciso aceitar que a probabilidade de perder o cargo é maior. Acelerar o crescimento significa levantar mais venture capital – e cada rodada em geral acrescenta outro investidor ao conselho. A certa altura, esses investidores terão a maioria dos votos do conselho e poderão expulsar o CEO se julgarem que seu desempenho é insatisfatório. Um fundador que gosta do poder que o posto de CEO traz, ou que ficaria abalado ao ser expulso de um negócio ao qual se dedicou de coração, deve pesar esse risco.

Essa última ressalva nos leva a uma questão fundamental: avançar "rápido ou devagar" não depende só do fundador. É uma decisão a ser tomada pelo conselho. Em uma startup no estágio inicial, quando um conselho pode ter dois fundadores e um único investidor, os criadores do negócio podem, de fato, ditar a estratégia (supondo que estejam de acordo). Mas, como observado anteriormente, na maioria das startups em estágio avançado, o conselho acabará tendo mais investidores que fundadores. Nesse caso, se investidores/membros do conselho quiserem crescer rápido, mas o fundador/CEO tiver suas dúvidas, caberá aos primeiros decidir se ele é indispensável ou se deveria ser trocado por alguém que fará o que eles, investidores, querem.

E se investidores/membros do conselho não estiverem de acordo sobre os planos de crescimento da empresa? Como observado no capítulo anterior, investidores em rodadas iniciais às vezes preferem uma estratégia mais conservadora que aqueles que chegam depois. A primeira leva de investidores pagou pouco pela participação e, portanto, tem garantido um retorno satisfatório desde que a startup não desande. No caso de investidores em rodadas avançadas, para que o retorno seja bom, a startup precisa manter uma taxa de crescimento elevada, o que pode exigir apostas arriscadas, como a incursão da Fab na Europa. Lembremos que um único integrante do conselho da Fab defendeu o plano A (que preconizava um crescimento mais lento, focado nos EUA), enquanto Goldberg e os demais membros do conselho votaram no plano B, o de "conquistar o mundo". Embora em um cenário assim a maioria saia vitoriosa, a contenda pode ser feia.

Impelida?

A última pergunta do teste RAWI é se a concorrência – atual ou esperada – impele a startup a apressar o crescimento. Essa difere das demais. Nas outras três do teste – Pronta? Capaz? Disposta? –, a resposta *deve* ser "sim" para que o crescimento acelerado receba sinal verde. Já no caso de "Impelida?", ainda que o retorno seja "não", o empreendedor pode tentar acelerar o crescimento – desde que as outras três questões indiquem um "sim". Aqui, parte-se do princípio de que um "sim" à interrogação "Pronta?" significa que o empreendedor acredita que um mercado mais disputado não vai derrubar o LTV/CAC. Nesse cenário, crescer de forma acelerada segue sendo uma alternativa razoável, ainda que a startup não esteja sendo *impelida* a se expandir de forma agressiva.

Naturalmente, se a resposta às *quatro* perguntas for "sim", a coisa é mais simples: é pisar no acelerador, e já! A situação complica se a indicação a "Impelida?" for "sim", mas a *Pronta, Capaz* ou *Disposta* for "não". Quando isso ocorre, os líderes do negócio vão sentir a pressão da concorrência para crescer, mas, simultaneamente, estarão tolhidos por algum entrave. Em sua forma mais veemente, no entanto, "Impelida" implica uma ameaça existencial no mercado. Se assim for, ainda que não se sinta *Pronta, Capaz* ou *Disposta*, a pessoa que empreende deve fazer o possível para eliminar os entraves no caminho para, então, tentar crescer.

Três características estruturais de certos modelos de negócios – efeitos de rede, custo elevado de troca (ou migração) para o cliente e economias de escala fortes – impelem uma startup (e adversárias sujeitas às mesmas forças) a acelerar o crescimento.

Efeitos de rede.[41] Um produto que permite a interação entre seus usuários tem efeitos de rede se, a cada novo usuário que chegar, o valor do produto para todos os usuários aumentar, pois o universo de gente com quem é possível interagir vai crescendo. O Skype, por exemplo, só teve valor para o primeiro usuário quando um segundo usuário passou a usá-lo. Dali em diante, cada novo usuário que o Skype adquiria tornava o produto um pouquinho mais útil para todo mundo que já o usava, pois havia, em tese, mais alguém com quem conversar. Pela mesma razão, a crescente base de usuários do Skype elevava o apelo entre quem ainda não o usava, pois aumentava a probabilidade de que alguém com quem essa pessoa quisesse falar já tivesse Skype. Com efeitos de rede, usuários trazem mais usuários. E, quanto maior o desejo de ter mais gente com quem interagir, mais intenso será o efeito de rede.

Dependendo de quantos grupos distintos de usuários tiver, uma rede pode ser de um lado ou de dois lados. Na rede de dois lados, como o nome já diz, há dois grupos de usuários e cada um deles exerce um papel distinto nas transações. Administradoras de cartão de crédito, por exemplo, atendem titulares de cartões, de um lado, e comerciantes, de outro; sites de empregos conectam empresas com vagas abertas e candidatos; aparelhos de videogame conectam jogadores e desenvolvedores. Já redes de um lado têm um único tipo de usuário. No Skype, por exemplo, embora sempre haja alguém que faça a ligação e alguém que a receba, esses papéis são fluidos, pois um usuário pode tanto fazer como receber chamadas.

Em uma rede de dois lados, usuários em cada um dos lados em geral preferem ter acesso ao máximo de usuários do outro lado; são os chamados efeitos de rede positivos no outro lado (cross-side). Por exemplo, um cartão de crédito aceito por mais comerciantes é mais útil para o consumidor – e vice-versa. Às vezes, no entanto, efeitos de rede cross-side são negativos, pois o acréscimo de usuários no outro lado subtrai valor do produto. Consumidores podem ficar irritados, por exemplo, com sites que exibem excesso de anúncios irrelevantes. Além disso, em uma rede de dois lados, integrantes de cada grupo podem ter preferências quanto ao número de usuários de seu próprio lado. Gamers, por exemplo, talvez prefiram ter o mesmo tipo de aparelho de muitos outros jogadores, para trocar games e jogar com outros online: é um efeito positivo de rede no mesmo lado (same-side). Já quem entra em um leilão no eBay vai querer ver menos gente disputando o artigo em seu lado da rede.

Há fortes incentivos econômicos para que o empreendedor acelere o crescimento de produtos que tiram partido de efeitos de rede positivos. Um produto que dá acesso a uma rede maior tem mais valor para usuários atuais e seu preço, portanto, pode ser elevado – embora seja possível postergar essa alta para turbinar a expansão. Como o acesso a uma rede maior também tem mais valor para potenciais usuários, uma startup que explora efeitos de rede deveria ver o custo de aquisição de clientes cair. É o que vemos nos casos de Airbnb, American Express, Expedia, Facebook, LinkedIn, Windows (Microsoft), Nasdaq, Slack, PlayStation (Sony), Tinder e Zillow.

É importante, para o empreendedor, determinar a força de efeitos de rede para seu produto, pois, quanto mais fortes forem esses efeitos, mais depressa a startup deveria tentar crescer. Felizmente, é possível[42] quantificar efeitos de rede com uma técnica de pesquisa de mercado chamada *análise conjunta*. Nela, os participantes precisam indicar, sucessivas vezes, qual de dois produtos preferem. A cada vez, certos atributos dos produtos são modificados (se o produto for um cartão de crédito, digamos, efeitos de rede – número de estabelecimentos comerciais que aceitam o cartão – seriam considerados, juntamente com aspectos como limite do cartão, serviços de assistência em emergências, programa de fidelidade, taxa de juros, anuidade etc.). Um algoritmo calcula, então, a importância de cada atributo para os participantes.

Usando a análise conjunta, um empreendedor poderia calcular a importância que o usuário atribui ao tamanho de uma rede (ou seja, quanto mais estaria disposto a pagar para ter acesso a uma rede maior). No entanto, é preciso certo preparo para aplicar a análise conjunta, e os entrevistados podem exigir alguma espécie de compensação por seu esforço, de modo que não são muitas as startups que utilizam a técnica. Uma alternativa é avaliar a força de efeitos de rede para um novo produto em termos qualitativos (baixa/média/alta), comparando atributos do produto e necessidades de clientes com os de outros similares que sabidamente gozem de efeitos de rede.

Com que tipo de produto os efeitos de rede são fortes? Entre os principais estariam plataformas que conectam usuários com requisitos muito específicos (o "lado da demanda") com usuários com produtos ou serviços altamente diferenciados (o "lado da oferta"). Sites de namoro e de emprego se encaixam nesse perfil, bem como sites de leilão como eBay e sites de imóveis. Se todo potencial comprador e vendedor de imóveis em determinada localidade estiver em uma única rede, quem compra terá sua probabilidade de achar o imóvel dos sonhos maximizada e quem vende também verá maximizada sua chance de encontrar o comprador disposto a pagar o valor mais alto.

Efeitos de rede são igualmente fortes quando contribuem para qualquer um dos seguintes aspectos: 1) *variedade*, por oferecer uma série de experiências únicas, como streaming de filmes ou videogames; 2) *mobilidade*, como ocorre com cartões de crédito ou o transporte individual de passageiros, pois a pessoa quer a capacidade de usar um produto ou serviço desses onde quer que esteja; e 3) *conectividade*, ou a capacidade de se comunicar com amigos ou contatos de trabalho, como é o caso com Skype ou WhatsApp, ou com redes sociais como Facebook ou Twitter.

No começo, a Fab conseguiu explorar efeitos de rede. No entanto, esses não eram tão fortes quanto os dos exemplos citados e foram perdendo ainda mais força à medida que a startup crescia. A primeira geração de usuários gostava de compartilhar promoções da Fab com amigos: um efeito de rede "same-side" (que, no entanto, foi diminuindo à medida que levas de clientes menos entusiastas foram chegando). A Fab também teve um efeito de rede "cross-side", ao menos no princípio. Os fornecedores que disponibilizavam no site seus produtos exclusivos eram atraídos pela crescente base de clientes da empresa, gente obcecada por design e que, por sua vez, era atraída pela seleção irreverente do site. Isso posto, o compromisso da Fab com essa curadoria naturalmente limitou esse efeito: um sortimento vasto demais teria diminuído o apelo do site para os fãs de primeira hora. Esse efeito de rede cross-side também foi perdendo força à medida que a Fab adquiria clientes que não estavam em busca de artigos inusitados.

Depois de pivotar da área de ofertas-relâmpago, a Fab ampliou o sortimento de mercadorias para explorar outro efeito de rede cross-side? Não. É verdade que parte do público consumidor é atraído para varejistas com um vasto sortimento. É, aliás, a ideia por trás da Amazon – cujo slogan é "De A a Z" – e da rival da Fab, a Wayfair, cujo lema é "Um Zilhão de Coisas do Lar". Mas, para que haja um efeito de rede cross-side, usuários dos dois lados devem tomar a decisão de ingressar nela. Isso acontece com sites de ofertas-relâmpago, mas não com varejistas que vendem produtos de muitas categorias, como Amazon ou Wayfair.

Em geral, artigos vendidos em um site de ofertas-relâmpago estão disponíveis exclusivamente naquela página, pelo menos por um período limitado. Logo, um fornecedor que disponibilizava seus produtos para ofertas-relâmpago na Fab tinha de decidir expressamente que ficaria na rede da Fab e não em outra do gênero – pelo menos por um tempo. Já uma loja que vende de tudo oferece milhares de itens que podem ser adquiridos em muitos outros estabelecimentos; esses produtos vêm de fornecedores que venderão a praticamente quem quiser. Esses fornecedores não tomam a decisão expressa de se vincular a uma ou outra varejista. Não estão interessados no tamanho da base de clientes da varejista – ou seja, em um efeito de rede cross-side –, e sim na disposição desse cliente a fazer um pedido e pagar por ele.

Logo, à medida que foi ampliando o sortimento de mercadorias, a Fab não precisava de uma grande base de usuários no lado da demanda para atrair o lado da oferta. Precisava, simplesmente, pagar fornecedores para ter mercadoria em estoque. Entretanto, na disputa direta com Amazon e Wayfair, era difícil para a Fab vencer.

Se o empreendedor deve ter como meta o crescimento acelerado quando seus produtos tiverem fortes efeitos de rede, como saber se está avançando com rapidez suficiente – ou depressa demais? Anteriormente, sugeri o uso de um limiar de LTV/CAC para determinar o ritmo do crescimento. É algo que serve também para empresas com efeitos de rede – com duas modificações. A primeira: a meta de LTV/CAC para uma startup com efeitos de rede fortes deve ser de 1 – pelo menos nos primeiros anos, enquanto vai mobilizando sua rede. Isso dito, na seção "Pronta?", recomendei uma relação LTV/CAC maior que 1 para garantir que uma startup cubra custos fixos e dê lucro. Quando efeitos de rede fortes impelem uma startup a "get big fast" (expandir-se rapidamente), contudo, custos fixos e lucro podem esperar um pouco. A certa altura, o limiar LTV/CAC deve ser empurrado para mais de 1 – mas só depois de a rede ter atingido massa crítica.

A segunda modificação reconhece que, com efeitos de rede, clientes geram mais clientes. Em consideração a isso, cálculos do LTV[43] podem incluir o coeficiente viral projetado do produto ("v"), ou seja, o número de novos clientes atraídos por um novo cliente. O empreendedor deveria, especificamente, calcular o LTV multiplicando a margem bruta obtida, ao longo do tempo, de um único cliente por 1 + v. Se o valor presente descontado da margem bruta de um único cliente for US$ 100, e se cada novo cliente atrai, em média, 0,5 cliente adicional, então o valor de vida útil do cliente (LTV) é igual a US$ 100 x (1 + v), ou seja, US$ 100 x 1,5, portanto US$ 150. Portanto, se a relação LTV/CAC almejada for 1, essa startup pode gastar até US$ 150 por cliente novo em marketing pago. Comparemos isso com o CAC máximo para uma startup de software-as-a-service (SaaS) sem efeitos de rede na qual cada cliente também rende uma margem bruta de US$ 100. Com uma relação LTV/CAC de 3 como meta, conforme proposto na seção "Pronta?", essa startup de SaaS poderia gastar apenas US$ 33 para adquirir cada novo cliente. É uma grande diferença no CAC máximo aceitável e mostra como efeitos de rede podem levar a um marketing agressivo.

Uma ressalva sobre essa abordagem: ao projetar o coeficiente viral de um produto, o empreendedor deve presumir que sua startup já colocou para girar seu "flywheel" de efeitos de rede. No início, quando um produto tem escassos usuários, seu coeficiente viral real pode ser baixíssimo. A startup, nesse comecinho, precisa achar um jeito de semear sua rede – talvez com marketing pago – com um número suficiente de usuários para começar a atrair outros. Lembremos do desempenho do aplicativo de relacionamentos da Triangulate, o Wings: Sunil Nagaraj havia projetado um coeficiente viral de 0,8, mas o site de namoro não tinha verba de marketing para botar o flywheel em movimento, o que fez com que o coeficiente viral do Wings na realidade não passasse de mero 0,03.

Uma vez que a startup tenha conseguido deflagrar efeitos de rede, é preciso trocar coeficientes virais projetados pelos efetivos para calcular o LTV. Mas, se o empreendedor usar já no início o dado real, em vez de projeções, há o risco de o negócio subinvestir no crescimento e estancar. Uma maneira de evitar o excesso de confiança ao fazer essas projeções de coeficientes virais é usar como base cifras históricas de startups similares.

Custos de troca.[44] Assim como ocorre com efeitos de rede fortes, custos de troca (ou migração) elevados para potenciais clientes levam o empreendedor a correr para crescer. Conforme vimos em capítulos anteriores, o cliente arca com esses custos ao trocar algum produto ou serviço por outro similar, de outra empresa. Esse custo inclui tempo ou dinheiro gastos, riscos e inconvenientes e desconforto psicológico. São duas grandes categorias:

- **Custos iniciais.** Buscar e avaliar um fornecedor novo, bem como iniciar o novo relacionamento, leva tempo. Encerrar uma conta atual pode dar trabalho, e abrir uma nova – preencher dados de cobrança, definir preferências etc. – pode ser uma chatice. Se quiser trocar de corretora digital, digamos, a pessoa terá de transferir fundos e investimentos de uma conta para outra. Às vezes, para trocar de produto, o cliente tem de investir em novos aparelhos ou software – e assumir a perda com aquilo que está sendo substituído ou, quando muito, tentar vender o artigo para recuperar parte do prejuízo. Um usuário que troca o Google Home pelo Amazon Echo, por exemplo, precisará adquirir novos aparelhos para cada cômodo onde usa um smart speaker, já que toda a parafernália dos dois não é compatível.

Em geral, quando uma empresa troca sistemas de informação, seus engenheiros precisam integrar o novo sistema aos bancos de dados e softwares existentes – coisas como integrar o novo serviço de folha de pagamento à conta bancária da empresa e ao sistema contábil. Além disso, pode haver penalidades pelo término antecipado de contratos, como com serviços de telefonia celular, ou a perda de benefícios conquistados ao longo do tempo. É por isso que passageiros aceitam uma série de inconvenientes para seguir acumulando milhas com uma única companhia aérea. Por último, um produto novo normalmente exige um período de aprendizado do usuário e de capacitação para o trabalhador até que comece a ser usado de um jeito eficiente.

- **Risco de distúrbios.** Quando a atividade é de natureza essencial, trocar fornecedores pode trazer considerável risco. Lembremos como foi difícil, para a Baroo, conquistar clientes que já tinham um passeador de confiança para o cão e que não estavam dispostos a entregar a chave da casa a um estranho. Uma empresa também pode ter problemas ao mudar de fornecedor ou de sistemas informatizados. Por exemplo, trocar um serviço de "nuvem" por outro expõe a empresa ao risco de sérios distúrbios caso, na migração, algum arquivo seja perdido ou danificado.

Se a fidelidade a uma determinada marca é forte, também pode haver custos de troca na forma de desconforto psicológico. Se um produto para tingir o cabelo funciona, por que arriscar a troca? Se uma marca gera associações emocionais fortes ("Sou o tipo de pessoa que tem um Tesla"), a troca pode provocar uma pequena crise de identidade.

Para clientes da Fab, os custos de migração eram baixos: tinham gastado um tempinho preenchendo dados de entrega e cobrança e aprendendo a usar o site – e só. Entre as startups descritas nos capítulos anteriores, custos de troca também eram baixos para clientes da Triangulate e da Quincy Apparel. Já no caso dos clientes da Jibo, esse custo era relativamente alto. Não só teriam de comprar outro robô de companhia, mas também voltar a adquirir e configurar quaisquer aplicativos de terceiros e dedicar um belo tempo à "socialização" do novo acompanhante.

Por que, então, altos custos de troca levam uma startup a tentar crescer depressa? Para tirar clientes de outra empresa, uma startup precisa compensá-los pelos custos que terão ao migrar. Essa compensação pode ser, digamos, um desconto ("pague 1, leve 2") ou um incentivo promocional ("contrate um plano de dois anos e leve um iPhone grátis"). Esses subsídios aumentam o custo de aquisição de clientes, o CAC. Em tese, ao menos, uma incumbente pode elevar o preço cobrado de seus clientes – aumentando seu lucro e LTV – até o ponto no qual, para o cliente, é indiferente ficar com o produto dessa empresa ou mudar para a alternativa subsidiada de uma rival.

Dada essa dinâmica, elevados custos de troca podem deflagrar uma corrida na qual o prêmio é o *cliente de primeira viagem* – que, por estar estreando na categoria em questão, ainda não forjou vínculos com nenhuma empresa. Logo, custa muito menos conquistar esse cliente estreante do que usurpar outros de um adversária. Como não terá nenhum custo de migração ao comprar, essa pessoa não exige subsídios. Um CAC menor significa não só que clientes de primeira viagem são mais rentáveis, mas que ampliam o mercado total endereçável da startup. Mais especificamente, um CAC menor permite à startup adquirir clientes de primeira viagem com um LTV menor e, ainda assim, manter a relação LTV/CAC dentro de uma faixa aceitável.

Essa é a boa notícia: altos custos de troca, assim como efeitos de rede, podem conferir sérias vantagens econômicas. A melhor maneira de colher esses benefícios é conquistar esses clientes estreantes *antes* das adversárias. Contudo, há perigos também. Existe uma tendência entre startups a entrar em mercados novos em crescimento acelerado repletos de clientes de primeira viagem. Como as rivais também enxergam a oportunidade, vão correr para adquirir esse público antes de você. A concorrência pode ficar acirrada – o que elevaria o custo de aquisição de clientes de primeira viagem. Essa disputa agressiva estaria justificada, pois, uma vez que um cliente estreante está a bordo – atado por altos custos de migração –, o vencedor da disputa pode passar a cobrar mais.

Por essas e outras, a *vantagem do "first mover"* – o primeiro a chegar – pode ser particularmente forte em mercados novos nos quais o custo de migração para o cliente é elevado. O pioneiro em uma nova categoria de produto tem a possibilidade de adquirir compradores de primeira viagem *antes* da chegada de rivais. Todavia, essa vantagem desaparece assim que uma segunda empresa chega; nesse ponto, a corrida desata. Como a Jibo foi pioneira na robótica social – categoria com altos custos de troca –, se seu robozinho tivesse sobrevivido, teria gozado das vantagens do pioneirismo, ao menos por um tempo.

Economias de escala. Economias de escala reduzem custos unitários de uma startup à medida que o volume de transações aumenta. Para certas startups, o benefício de economias de escala é muito maior que para outras; nelas, o empreendedor se sente impelido a crescer rapidamente. Possíveis economias de escala serão grandes quando a empresa tiver 1) custos fixos altos em relação ao volume de vendas atual e 2) muitas oportunidades de "aprender fazendo".

Quando despesas fixas são distribuídas por mais unidades, o custo unitário cai. Em volumes baixos, economias de escala podem reduzir consideravelmente o custo unitário. Essa redução, no entanto, perde força à medida que a produção vai aumentando. Se, por exemplo, a empresa tem US$ 30 milhões em custos fixos ao ano, o custo fixo por unidade cai US$ 15 (de US$ 30 para US$ 15) quando o volume anual dobra de um milhão para dois milhões de unidades. Em comparação, o custo fixo por unidade da mesma empresa cai só US$ 1,50 (de US$ 3 para US$ 1,50) quando o volume ao ano sobe de 10 milhões para 20 milhões de unidades. Se o mercado total endereçável da startup for, pelo seu porte, capaz de comportar apenas uma empresa que venda 20 milhões de unidades, a primeira que atingir essa marca pode conquistar uma vantagem de custo irreversível sobre as rivais. Já se o mercado total comportar várias empresas que vendem 20 milhões de unidades, economias de escala não darão a uma startup nenhuma vantagem de custo sobre as rivais. Isso posto, essa startup terá de acompanhar o ritmo das demais, ou o custo unitário excessivamente alto vai obrigá-la a vender seus produtos com prejuízo.

Certas empresas conseguem reduzir o custo unitário com o aprimoramento constante de processos de produção: atribuindo certas atividades a especialistas ou eliminando gargalos, por exemplo. Graças ao fenômeno da *curva de aprendizado*, empresas com volume de produção maior (ou seja, que "fazem" mais) tendem a detectar mais oportunidades de reduzir custos (pois "aprendem" mais). Esse "aprender fazendo" tende a surtir mais efeito com:

- **Processos de produção de alto valor agregado.** A curva de aprendizado – medida como a redução percentual do custo unitário cada vez que o volume acumulado de produção é duplicado – normalmente é mais acentuada quando mão de obra e maquinário agregam um valor importante no processo de produção, como na fabricação de aviões ou de semicondutores. *Valor agregado* é a diferença entre o custo final do produto e o custo de insumos para sua produção. Essa diferença consiste, basicamente, em custos de mão de obra e equipamentos. Aprender fazendo (descobrir, por exemplo, como reduzir o tempo de preparação entre a produção de um lote e outro) muitas vezes reduz gastos com mão de obra e equipamentos. Por outro lado, muitos insumos – alumínio ou eletricidade, por exemplo – são comprados no mercado aberto, e volumes maiores nem sempre garantem uma redução expressiva no custo unitário.

- **Tecnologias estáveis.** A probabilidade de que o "aprender fazendo" traga uma vantagem competitiva é maior quando tecnologias de produção são estáveis. Se uma rival menor pega o mercado de surpresa com um processo de produção radicalmente novo – e bem mais eficiente –, é bem possível que passe à frente de uma adversária maior, derrubando a vantagem de custo que essa rival conquistou depois de muito esforço e aprendizado.

- **Informação exclusiva.** Se não puder manter o direito àquilo que é de seu exclusivo conhecimento por meio de patentes, contratos de não divulgação ou protocolos estritos de confidencialidade, a empresa pode perder a vantagem de custo quando as rivais imitarem seus novos processos de produção.

Assim como a maioria das empresas, a Fab tinha a vantagem de economias de escala – que não eram, contudo, grandes o suficiente para impelir um crescimento acelerado. No início, o negócio conseguiu manter baixos os custos fixos, pois a entrega era feita pelos fornecedores, poupando à Fab o custo fixo de manter um depósito. Além disso, fatores que agregam valor – mão de obra e maquinário para transformar insumos em produtos acabados – também somavam uma parcela pequena do custo total da Fab. À exceção de móveis personalizados que a Fab mesma fabricava, todos os demais produtos vinham de terceiros. Logo, não havia uma curva de aprendizado que trouxesse grandes benefícios à empresa.

Corrida do ouro (de tolo)?

Efeitos de rede, altos custos de migração para o cliente e fortes economias de escala podem impelir a startup a correr a crescer. Em certos casos, no entanto, a empresa tenta acelerar o crescimento ainda que não goze de uma ou mais dessas vantagens. Pode até ser, desde que a startup esteja *Pronta*, *Capaz* e *Disposta* e a disputa no mercado não tenha superaquecido a ponto de o custo de aquisição do cliente ser maior que o real valor desse.

A Fab competia em um mercado superaquecido, embora não tivesse a seu favor efeitos de rede, economias de escala ou custos de migração. Ainda assim, Goldberg pisou fundo no acelerador. E não foi só ele: suas principais adversárias online – Wayfair e One Kings Lane – fizeram o mesmo. A Wayfair, por exemplo, gastou US$ 113 milhões em marketing em 2012 para gerar US$ 601 milhões em vendas. Os sites de ofertas-relâmpago Gilt Groupe e Rue La La também investiram pesado para turbinar a venda de artigos de decoração. A certa altura, até a Amazon voltou a artilharia ao mercado. Rivais derrubaram preços e aumentaram os gastos com publicidade; uma empresa tentava bater a outra na disputa pela atenção do consumidor. Em 2012 e 2013, a categoria viveu uma verdadeira febre. Por que motivo? Esperavam, todas, encontrar uma mina de ouro?

Há pelo menos três razões para que um empreendedor aposte mais do que deve no crescimento. Uma delas é que simplesmente não entenda que está gastando demais na aquisição de clientes. É algo improvável no caso da venda de artigos de decoração pela internet: é incomum – mas não inédito – chegar a US$ 100 milhões em vendas sem ter alguém na equipe capaz de analisar o desempenho de coortes e tendências no CAC. Outra razão é que o empreendedor, mesmo sabendo que está gastando demais com marketing, acha que os resultados estão a ponto de melhorar, em razão de um excesso de confiança e otimismo.

A terceira explicação para investir demais no crescimento é mais perniciosa: é a esperança de que alguém mais tolo pague a conta. Se o setor estiver vivendo uma verdadeira disputa por território e, ainda assim, investidores estiverem atribuindo um valuation excessivo à empresa, o empreendedor pode ver aí a oportunidade de explorar uma bolha especulativa, ou seja, de vender equity a preços altos a investidores desavisados que, apesar do prejuízo crescente do setor, são atraídos pelo crescimento explosivo da receita. Investidores atuais podem até incentivar essa tacada seguindo a tese de que, se a empresa puder ser vendida ou abrir o capital antes que a música pare, seu retorno poderia ser espetacular.

Se você é um empreendedor em meio a uma febre dessas, mas teme que sua startup esteja cavando a própria cova em vez de uma mina de ouro, o que fazer? Desacelerar! Isso mesmo. E deixar alguma reserva no banco. Pode ser difícil levantar capital por um tempo, mas a realidade vai acabar se impondo a rivais que estão investindo demais em crescimento. A certa altura, essa turma vai se estatelar no chão e ser abandonada por investidores. Se tiver suficiente capital guardado para resistir ao chacoalhão, sua startup sobreviverá.

É possível desescalar,[45] ou seja, convencer rivais a desacelerar? Em um mercado novo disputado por empresas em pé de igualdade – como o varejo digital de artigos de decoração –, talvez seja possível para um empreendedor convencer adversárias de que pisar no freio seria bom para todas. Em tese, um empreendedor poderia reduzir seus gastos e, em declarações à mídia especializada, a analistas do setor, a fornecedores, reguladores, investidores e parceiros de canal, explicar a razão para a desaceleração e, com isso, persuadir as rivais de que estão, todas, gastando demais para crescer. Aqui, não falamos de promessas e acordos feitos na surdina, pois colusão de preços é, naturalmente, ilegal. O objetivo é dar o exemplo e esperar que as concorrentes façam o mesmo.

Estudiosos da teoria dos jogos descobriram que a probabilidade de que haja uma desescalada mutuamente benéfica é maior quando:

1. *O número de players é reduzido.* Quanto maior o grupo, maior a probabilidade de que alguém descumpra o trato – o que aqui significaria gastar mais para roubar participação de quem está pisando no freio.
2. *Os envolvidos têm longo histórico de interação.* Players têm experiência prévia em interpretar gestos e atos uns dos outros e já foi estabelecida confiança no grupo.
3. *Os atores esperam seguir interagindo no futuro.* Isso significa que refletirão mais sobre as consequências, para a sua reputação, de violar acordos tácitos para desacelerar.
4. *A opinião sobre oportunidade de mercado é compartilhada.* O risco de correr demais é maior se concorrentes tiverem opiniões díspares sobre o porte e o crescimento do mercado e sobre a força relativa de cada adversária.
5. *As ações* são transparentes. A transparência reduz "trapaças" depois de um acordo implícito para desacelerar (derrubar às escondidas o preço para clientes cruciais, por exemplo).
6. *O intervalo transcorrido entre decisões e movimentos observáveis é curto.* Isso reduz o risco de que uma empresa escale por ignorar o gesto de paz de uma rival.

Desses critérios, o único que definitivamente não vale para startups é o segundo, pois, pela própria natureza, novos empreendimentos não têm uma longa história de interação. Os outros podem servir, mas há dois riscos em mandar às rivais um sinal indicando que deveriam gastar de forma mais sensata. O primeiro é que as adversárias interpretem isso como um gesto desesperado de uma concorrente debilitada, incapaz de enfrentar a disputa ombro a ombro – o que pode acabar reforçando sua determinação. O segundo é que investidores reajam de forma exagerada a esse alerta e derrubem valuations no setor.

. . .

Resumindo: a Fab não passou no teste RAWI. A startup até foi *capaz* de escalar rapidamente, pois tinha recursos humanos adequados em quantidade suficiente e soube empregar bem essa força de trabalho. Mas não foi *capaz* de levantar capital suficiente para bancar seus agressivos planos de expansão. A Fab claramente estava *disposta* a crescer: era o que queria Goldberg (e seus investidores também). A Fab não foi *impelida* a crescer por fortes efeitos de rede, custos de migração ou economias de escala. Contudo, não foi esse o entrave; simplesmente significava que a expansão era uma alternativa, não um imperativo.

O grande problema foi que a Fab não estava *pronta* para escalar. Quando se expandiu para além das primeiras coortes de clientes e chegou ao público em geral, seu ajuste produto-mercado desapareceu. A tentativa de crescer nesse mercado derrubou o LTV/CAC, sobretudo com a intensificação da campanha de rivais para adquirir clientes. A expansão da Fab na Europa foi o golpe de misericórdia.

No próximo capítulo, veremos outra startup do setor da Fab – a Dot & Bo – que também não passou no teste RAWI, mas por outros motivos. Como no caso da Fab, o CEO e os membros do conselho dessa varejista online de artigos de decoração estavam *dispostos* a crescer, embora não estivessem sendo *impelidos* a tal. Ao contrário da Fab, no entanto, a Dot & Bo estava *pronta* para escalar (tinha mantido o ajuste produto-mercado ao crescer). O empreendimento fracassou porque não foi *capaz* de acessar certos recursos cruciais.

8

Falta de recursos

A Dot & Bo foi fundada[1] por Anthony Soohoo, um empreendedor serial que, em 2007, vendeu um site de notícias de famosos para a CBS Interactive, a rede de conteúdo digital da emissora americana, onde assumiria um posto executivo. Depois de um tempo ali, Soohoo viu a oportunidade de adaptar técnicas de narração da TV para ajudar o comércio eletrônico a vender mais em categorias como alimentação, viagens, decoração. Como a CBS não quis bancar a ideia internamente, Soohoo saiu para criar o negócio ele mesmo. Em 2011, virou um empreendedor-residente na firma de venture capital Trinity Ventures, onde começou a explorar a oportunidade que detectara.

Antes mesmo de definir o segmento do mercado que miraria, Soohoo levantou US$ 4,5 milhões, a um valuation pre-money (antes do aporte) de US$ 9 milhões, em uma rodada de série A liderada pela Trinity. Depois de seis meses, decidiu apostar no setor de decoração, um mercado imenso e ainda negligenciado por empresas tradicionais, que deixavam a desejar com um sortimento limitado de produtos, vendedores insistentes e maltreinados e prazos de entrega longos. Dois meses depois, em fevereiro de 2013, Soohoo e uma pequena equipe lançavam a Dot & Bo.

O grande diferencial da Dot & Bo era fazer uma curadoria esmerada para montar coleções de móveis e itens de decoração. As peças eram apresentadas como parte de um todo coerente. Cada coleção era concebida como um episódio de uma série imaginária de TV ("Einstein's Office", por exemplo, ou "Modern Outlaw"), na qual produtos eram "personagens". Foi Soohoo quem explicou: "Em geral, quando vai vender uma cadeira, a pessoa concentra 99% do esforço nas características da cadeira. Nossa ideia era focar 50% na cadeira e 50% nos demais objetos do espaço. Juntávamos tudo e vendíamos o conceito como um todo – assim como faria um bom designer de interiores". Os produtos cabiam no bolso: custavam cerca de 10% a mais que os da IKEA, por exemplo, mas tinham qualidade e desenho superiores.

A ideia agradou o consumidor em busca de inspiração e orientação para decorar a casa. O faturamento mensal cresceu rapidamente, de US$ 10 mil em fevereiro de 2013 para US$ 750 mil em dezembro do mesmo ano. A taxa de abertura dos e-mails de marketing da Dot & Bo – um canal importante – era duas a três vezes maior que a média do setor. "Foi uma das estreias mais fortes que já vi no comércio online", disse Gus Tai, sócio e membro do conselho da Trinity.

Para bancar uma expansão maior, Soohoo foi buscar uma série B de aportes. Em duas semanas, tinha recebido dois "term sheets" – e, do nada, a oferta de uma grande empresa do varejo tradicional para comprar a Dot & Bo por US$ 40 milhões. O conselho da startup achava que o negócio prometia muito mais e convenceu Soohoo a recusar essa oferta – o que ele fez, levantando US$ 15 milhões na série B em março de 2014, a um valuation pre-money de US$ 50 milhões.

Ao longo de 2014, em meio à rápida expansão da base de clientes, ficou aparente que a Dot & Bo estava conseguindo manter o ajuste produto-mercado. As taxas de repetição de compra seguiam altas, bem como as indicações por boca a boca. Segundo projeções, os clientes adquiridos naquele ano tinham um valor ao longo da vida (LTV) de cerca de US$ 200, a um custo de aquisição médio de US$ 40 – uma relação LTV/CAC bem melhor que a das principais rivais da Dot & Bo no varejo digital de objetos para o lar. Como observou Soohoo, tinha gente "gastando US$ 400 para adquirir um cliente que fazia uma única compra de US$ 50". O faturamento em 2014 foi de US$ 15 milhões, quase sete vezes mais que em 2013. Embora a receita estivesse crescendo a um ritmo forte e a coorte de clientes de cada mês desse os resultados esperados, crescer depressa tinha um preço: a Dot & Bo gastava 42% da receita em marketing e, com uma margem bruta de apenas 25% em decorrência de problemas operacionais (descritos a seguir), teve um prejuízo operacional de US$ 8 milhões em 2014.

O crescimento explosivo punha pressão sobre a logística. Os produtos da startup vinham de fontes diversas: alguns fornecedores despachavam artigos em grandes quantidades ao depósito da empresa – antes mesmo de a Dot & Bo registrar um pedido; outros abasteciam o armazém com lotes menores quando o volume de pedidos chegava a certo nível; outros, ainda, faziam a entrega diretamente ao consumidor. Por conta dessa complexidade, os tempos de entrega variavam muito e, com frequência, eram descumpridos, o que por sua vez levava a uma diferença espantosa entre o Net Promoter Score ("Em uma escala de 0 a 10, qual a probabilidade de você recomendar a Dot & Bo a um amigo?") da Dot & Bo *pós-compra* (41) e seu NPS *pós-entrega* (−17). Para piorar, o crescimento acelerado pegou muitos fornecedores de surpresa, ocasionando uma falta de mercadorias que obrigou a Dot & Bo a cancelar diversos pedidos. Nada disso abalava os investidores da startup, que achavam que "excesso de demanda era algo bom". Não era.

Em 2013, a Dot & Bo tinha apostado em um pessoal jovem, cheio de energia, para gerenciar estoques e entregas. Embora não tivesse experiência prévia na área, a turma dava conta do trabalho – pelo menos no começo. À medida que os problemas foram se acumulando, Soohoo viu que precisaria de alguém tarimbado para tocar a operação. Contratou um VP de operações que tinha sido gerente geral de divisões de duas grandes empresas de tecnologia, além de CEO de duas startups.

Em nenhum desses cargos, no entanto, o executivo estivera a cargo de operações de comércio eletrônico similares às da Dot & Bo.

Um dos primeiros encargos do novo VP foi escolher um sistema de gestão empresarial, ou ERP, para administrar compras, estoques, pedidos e outros aspectos operacionais, mas a falta coletiva de experiência nessa área levou o time a escolher mal. O sistema adquirido não dava conta da barafunda de modalidades de sourcing que a Dot & Bo empregava. Com isso, não era possível determinar com precisão a situação do estoque de produtos, levando o site a mostrar frequentemente como esgotados artigos disponíveis e vice-versa. Além de a empresa deixar de vender, muitos pedidos atrasavam meses, gerando uma enxurrada de consultas ao serviço ao cliente. A startup não conseguia contratar e capacitar gente para o atendimento com rapidez suficiente, o que significava que um e-mail podia levar até 11 dias para ser respondido. Ademais, pagar por frete expresso para agilizar a entrega de pedidos atrasados derrubava a margem bruta da empresa.

Em razão do sistema falho de ERP, "não tínhamos como responder a perguntas simples de clientes, como 'Onde está meu pedido?'", lembra Soohoo. "Não podíamos calcular com precisão o custo da entrega. O sistema não servia para projetar a demanda, fazer a comunicação com fornecedores ou monitorar o feedback de clientes para detectar problemas". E acrescentou: "Depois que você instala um sistema de ERP, trocar é muito difícil, sobretudo se o time de TI for pequeno e sobrecarregado, como era o nosso".

No segundo semestre de 2014, Soohoo fez a equipe se concentrar em colocar em ordem a logística e as operações da empresa. Gastos com marketing foram cortados para tentar desacelerar o crescimento da demanda – o que foi difícil, pois a fama da Dot & Bo tinha se alastrado pelas redes sociais. Paralelamente, Soohoo trocou o VP de operações por alguém com profunda experiência em logística, com passagem pela Netflix. Entre outras iniciativas, esse novo VP renegociou contratos de frete da Dot & Bo, controlou com mais atenção entregas feitas por fornecedores e traçou planos para a troca do sistema de ERP. No final de 2014, somente 15% dos pedidos estavam atrasados, ante 40% no primeiro semestre do ano. Além disso, tanto o NPS pós-compra como o NPS pós-entrega melhoraram muito: para 54 e 55, respectivamente. O vão entre os dois tinha sumido.

Em maio de 2015, com as operações em ordem e a projeção de que a receita no ano chegaria a US$ 40 milhões (ante os US$ 15 milhões de 2014), Soohoo decidiu captar a série C. A meta era levantar US$ 30 milhões a um valuation pre-money de US$ 200 milhões. Desde o ano anterior, no entanto, o investidor andava com um pé atrás com empresas de e-commerce, pois o preço de ações do setor recuara 40% em média – o site de ofertas-relâmpago para mães Zulily liderava a boiada (a ação da Zulily tinha caído de US$ 70 em fevereiro de 2014 para meros US$ 11 em maio de 2015).

Depois de quatro meses tentando em vão levantar fundos, o conselho da Dot & Bo decidiu vender a empresa. Apareceram alguns interessados, incluindo uma grande varejista na internet que ofereceu US$ 50 milhões. No entanto, com a negociação se arrastando, as reservas de capital da startup foram se esgotando. Para estancar a sangria, Soohoo enxugou os quadros: no final de 2015, eram 71 funcionários, 20 a menos que em junho daquele ano.

O ano de 2016 avançava e a Dot & Bo não fechava um acordo. Nesse meio-tempo, veio a notícia[2] de que a rival One Kings Lane, uma loja de móveis na internet que tinha levantado US$ 225 milhões em capital de risco, fora vendida à Bed Bath & Beyond por menos de US$ 30 milhões. Segundo Soohoo, isso "congelou completamente o mercado para empresas de e-commerce". Todas as propostas que a Dot & Bo recebera foram retiradas. Em setembro de 2016, com um empréstimo no banco vencendo, a única saída foi fechar as portas. A empresa liquidou estoques e usou os recursos para saldar a dívida e dar duas semanas de indenização ao pessoal. O que restou dos ativos foi vendido à Alibaba por menos de US$ 1 milhão.

Risco do financiamento

No capítulo anterior, apresentei o teste RAWI, feito para determinar se uma startup está (ou é) *Pronta, Capaz, Disposta* e *Impelida* a crescer depressa. Na seção "*Capaz?*", o teste mede se a empresa tem como atrair os recursos necessários para escalar e se pode administrá-los satisfatoriamente. A Dot & Bo se saiu mal nessa parte do teste e cometeu o erro que chamo de falta de recursos. É diferente de cair na cilada da pressa; no padrão da falta de recursos, a startup é capaz de manter o ajuste produto-mercado ao ir crescendo, mas não consegue mobilizar os recursos necessários para sustentar a expansão. No caso específico da Dot & Bo, o problema foi a incapacidade de contratar gente especializada de alto gabarito e de captar fundos devido ao congelamento geral de novos investimentos em startups de e-commerce. A Dot & Bo fracassou em decorrência de *erros* (ao contratar) e *infortúnios* (condições do mercado de capitais).

Toda startup em expansão está, em certa medida, exposta ao risco do financiamento, ou seja, à possibilidade de que a conjuntura no mercado de capitais impeça uma empresa perfeitamente saudável de levantar recursos imprescindíveis. Às vezes, como ocorreu com a Dot & Bo, a organização não consegue capital em razão de uma súbita debandada de investidores. Quando um setor cai em desgraça, a perda de interesse do investidor pode ser drástica e durar anos; se uma startup em rápida expansão precisa de mais capital justamente quando essa fuga começa, talvez não dê para sobreviver até que o humor do investidor vire. "Em 2015, ficou impossível levantar capital no mercado para uma startup de e-commerce", lembrou Gus Tai, sócio da Trinity Ventures e membro do conselho da Dot & Bo. "A maioria das categorias corre, periodicamente, esse risco de financiamento, e o e-commerce não foi exceção. Mas fui pego de surpresa pela virada no humor dos investidores", conta.

Ao refletir sobre o tombo da Dot & Bo, Soohoo disse: "Se o interesse de investidores no setor tivesse permanecido forte, acho que poderíamos ter vendido a empresa por US$ 300 milhões a um grande varejista interessado em entrar no mercado digital de decoração ou, então, ter tirado a empresa do vermelho. Se tivéssemos reforçado mais o time, quem sabe podíamos até ter aberto o capital". Tai, da Trinity, concorda: "Para o sucesso no comércio eletrônico, a execução tem de ser muito boa. A Dot & Bo fez isso no lado da demanda. Com mais tempo e mais dinheiro, acho que poderíamos ter solucionado os problemas do lado da oferta também".

O capital de risco tem essa tendência[3] a ciclos de expansão e contração. Exemplos dignos de nota incluem hardware e software de informática no início dos anos 1980, biotecnologia no começo dos 1990, tecnologias limpas no final dos anos 2000 e – a mãe de todas as bolhas – empresas de internet no final dos anos 1990. Em todas essas ocasiões, investidores injetaram rios de dinheiro em empresas de um setor efervescente à época, até que o fluxo de capital subitamente secou e startups sedentas de dinheiro penaram para sobreviver.

Ciclos de expansão-contração do investimento nem sempre afetam todo um setor. Às vezes, se restringem a certos segmentos, como serviços de entrega de comida, realidade virtual, pet care, bitcoin/blockchain, venda direta ao consumidor, robôs de investimento, veículos autônomos etc.

Em geral, uma bolha de investimento tem início quando empreendedores e investidores detectam uma grande (e nova) oportunidade, não raro desencadeada por avanços tecnológicos como machine learning, edição genética ou reconhecimento de voz (a Jibo é um exemplo). Do mesmo modo, quando empreendedores enxergam maneiras distintas de explorar novos modelos de negócios, como ofertas-relâmpago (Fab.com), trabalho na "gig economy" (Baroo) ou varejo "direto ao consumidor" (Quincy). Outrossim, quando a rápida proliferação de novos canais de distribuição, como celulares ou plataforma de aplicativos do Facebook, abre oportunidades (Triangulate). Pioneiros pegam embalo e atraem clones. VCs que perderam a primeira onda de oportunidade remam forte para pegar a seguinte. Empreendedores e investidores acometidos de uma "exuberância irracional" podem exagerar na dose, trazendo ao mercado um excesso de novos empreendimentos. Com essa aglomeração, uma startup precisa gastar muito para obter uma vantagem. Na esteira, vem o choque. Ninguém se surpreende quando projetos malpensados e malfinanciados naufragam; já quando líderes da categoria sucumbem, alarmes disparam e investidores fogem em massa. A bolha estoura. Foi o que ocorreu com a Dot & Bo: a startup viu a fonte de financiamento secar quando as dificuldades das rivais maiores, Fab.com e One Kings Lane, ficaram aparentes.

Que tipo de startup é mais vulnerável ao risco do financiamento? Negócios em estágio inicial não são imunes, mas têm uma vantagem: precisam de menos capital novo para sobreviver. Com um empréstimo-ponte de US$ 750 mil, digamos, um time de seis pode segurar as pontas por dois anos mais – e esse empréstimo pode muito bem vir de investidores atuais.

Já uma empresa em estágio avançado normalmente precisará de muito mais capital, mesmo depois de ajustar as velas. Embora investidores atuais possam ter US$ 10 milhões à mão para bancar um empréstimo-ponte, dada a magnitude do investimento, é natural que parem e se perguntem se não estão apostando em um barco furado. E, como descobriu Soohoo, quando investidores atuais estão com o pé atrás, é mais difícil atrair novos. Com a dança da captação de recursos se arrastando, o empreendimento vai rapidamente esgotando suas reservas de capital. Para startups que estão crescendo em um ritmo insustentável e rumando para a cilada da pressa, o risco do financiamento representa um grande perigo. É preciso pisar no freio cedo o suficiente para evitar colidir de frente com a insolvência.

Ben Parsa, diretor de compras da Dot & Bo, concluiu que a startup se expôs ao risco do financiamento ao reproduzir a estratégia de crescimento acelerado ("get big fast") da Zulily, outra empresa de comércio eletrônico no portfólio da Trinity Ventures:

A Trinity teve um retorno espetacular quando a Zulily abriu o capital. A Zulily tinha criado, muito depressa, uma marca forte de e-commerce. Tem muita empresa estabelecida disposta a comprar uma startup por não saber como criar uma marca online por conta própria. Desde o início, estávamos seguindo esse roteiro. Para que a Dot & Bo fosse um bom alvo de aquisição, precisávamos de uma escala expressiva. Não precisávamos ter lucro; só precisávamos de capital suficiente para continuar crescendo. No início, parecia haver dinheiro disponível e o Anthony era excelente para levantar fundos. O que fizemos, portanto, foi criar uma máquina espetacular de crescimento. Nossa estratégia de conteúdo e curadoria era muito boa. Havia muita demanda reprimida, que nossas rivais digitais não estavam satisfazendo. Criamos um trem de carga que se movia a alta velocidade. Mas, quando a torneira do mercado de capitais fechou, foi difícil pisar no freio para equilibrar o fluxo de caixa.

Como evitar o risco do financiamento na startup ou, pelo menos, mitigar seu impacto?

Para começar, o empreendedor deve estar atento à dinâmica de expansão e contração. Não estou dizendo que evite um setor em expansão ou desista dos planos só porque sua startup não será uma das primeiras do setor. Afinal, o Google não foi pioneiro entre buscadores e tampouco a Dropbox na gestão de arquivos. Porém, tanto o Google como a Dropbox tinham um produto superior, capaz de tirar participação de rivais que já estavam no mercado. Logo, o empreendedor precisa saber, de início, qual será a vantagem competitiva de sua empresa na disputa com rivais estabelecidas, e se os primeiros investidores vão poder – e querer – liberar recursos para a startup seguir de pé se a torneira do mercado de capitais fechar.

É provável que empreendedores no comando de startups[4] em estágio avançado tomem certas precauções se suspeitarem que o risco do financiamento se avizinha. Primeiro, tentar levantar mais capital que as projeções financeiras indicam que precisarão para atingir metas importantes no futuro próximo. Um colchão de reserva pode ser a diferença entre morte e sobrevivência. A Amazon, por exemplo, emitiu

US$ 2 bilhões em dívida logo depois do IPO – o suficiente para cobrir seu considerável prejuízo nos anos seguintes, quando o mercado de capitais secou após o estouro da bolha das pontocom. Já a eToys – até ali considerada da mesma liga da Amazon – concluiu o IPO pouco antes do colapso das pontocom; não conseguiu levantar mais capital e quebrou.

A decisão de buscar (ou não) um colchão de reserva pode ser complicada, pois obriga o empreendedor a optar entre o medo e a ganância. O medo de que falte dinheiro justificaria a captação de mais recursos, mas isso significa uma diluição maior da participação do empreendedor na empresa. Se não há necessidade do dinheiro em curto prazo, por que não esperar até que seja necessário (em um ano e meio mais, digamos)? Se continuar no caminho certo, a startup terá cumprido metas importantes e, supondo que o mercado de capitais siga operando normalmente, será capaz de levantar uma nova rodada a um superior preço por ação, resultando em menos diluição para gestores e investidores atuais.

Isso posto, ainda que o empreendedor queira captar mais recursos que o necessário, nada garante que potenciais investidores irão aceitar. Eles também estarão divididos entre o medo e a ganância. A ganância: se a empresa continuar nos trilhos, US$ 40 milhões investidos de uma só vez em uma grande rodada da série B significarão uma participação acionária maior para a firma de venture capital do que US$ 15 milhões investidos na série B agora e, mais tarde, outros US$ 25 milhões investidos na série C com a ação a um preço mais elevado. O medo: se a startup sair dos trilhos depois de a firma de VC ter investido os US$ 40 milhões de uma vez só, essa firma poderia perder muito mais do que se tivesse aportado apenas US$ 15 milhões.

Como uma segunda precaução contra o risco de financiamento, o empreendedor pode tentar levantar capital de VCs com maior vontade e capacidade de liberar um empréstimo-ponte caso essa ajuda seja necessária. Partindo da tese de que terão bons retornos, VCs captam recursos para um novo fundo aproximadamente a cada três anos, à medida que esgotam o capital no fundo atual. Em geral, VCs não fazem novos aportes em uma startup com recursos de outro fundo. Logo, se o VC exauriu o capital do fundo usado originalmente para investir na startup, esta não deve esperar que o VC invista mais. Ele pode até ter aberto um fundo novo nesse ínterim, mas fazer aportes na startup com recursos do novo fundo pode gerar conflitos de interesse da perspectiva de cotistas ("limited partners") dos dois fundos, o novo e o velho.

Para entender o motivo, imagine que um VC queira fazer um novo aporte em uma startup com recursos do fundo IV, tendo investido anteriormente nessa startup usando o fundo III. Estipular um valuation excessivamente alto para a startup na nova rodada de investimento levaria a uma diluição excessiva para cotistas do fundo IV – para o benefício de cotistas do fundo III. Para evitar esse conflito, VCs destinam uma parcela de cada fundo a investimentos iniciais em startups estreando em sua carteira e, então, reservam o saldo para investimentos subsequentes nessas mesmas startups. No entanto, essa é uma ciência inexata; às vezes, o VC investe mais depressa que o esperado e esgota o capital do fundo. Logo, todo empreendedor devia verificar o saldo do fundo atual de um potencial investidor antes de assinar um term sheet.

Além disso, se o fundo atual da firma de VC estiver dando retornos medíocres até ali, essa firma talvez não queira fazer novos aportes em uma empresa da carteira cujo desempenho ameaça piorar, pois precisa melhorar os retornos para despertar o interesse de cotistas em um novo fundo.

Uma terceira proteção contra o risco do financiamento seria tentar manter certa flexibilidade para cortar custos se necessário, apesar dos trade-offs que isso possa envolver. O empreendedor poderia, por exemplo, optar por contratos de aluguel de imóveis de curto prazo, mesmo pagando mais, para preservar a capacidade de rescindir o contrato se necessário.

Falta de gestores capacitados

Além do risco do financiamento, a escassez de outros recursos pode ter grande impacto na probabilidade de sobrevivência de uma startup em escalada. A *falta de gestores capacitados* – gente de comprovada experiência em áreas cruciais – pode prejudicar o desempenho operacional da startup, levando a empresa a queimar capital em um ritmo mais acelerado que o esperado.

A Dot & Bo teve problemas na contratação desses profissionais. Quando a startup precisou de um líder de operações, Soohoo contratou um generalista em vez de um especialista. Não deu certo. Sua intenção era preparar esse indivíduo para o cargo de diretor de operações; Soohoo achava que o COO deveria ter competências de generalistas, o que até fazia sentido. Infelizmente, isso significava que aquela pessoa não tinha a experiência exigida para lidar com os sérios problemas de então. Seu sucessor, que possuía histórico destacado na área, conseguiu estabilizar as operações. No entanto, Soohoo não ficou satisfeito com o desempenho desse segundo VP e, a certa altura, o trocou também. "Era um sujeito de empresa grande, que arrumava o que você pedia para arrumar", explicou Soohoo. "As métricas relevantes – custo médio do fulfillment, digamos – melhoravam, mas não necessariamente de um jeito saudável para a empresa como um todo. Ele não tinha cabeça de dono". Ben Parsa, outro fundador da Dot & Bo e seu diretor de compras, concordava. E acrescentou: "Assim como muitos gestores de empresas grandes, ele era um ás da dissimulação; tinha essa capacidade de manipular cifras para fazer parecer que as coisas estavam funcionando".

Do mesmo modo,[5] o investidor Ben Horowitz adverte que um estilo de gestão burilado em grandes organizações pode ser percebido como "político demais" por líderes de uma startup. Horowitz diz, ainda, que muitos executivos de empresas de grande porte sentem dificuldade para se adaptar ao fato de que, em uma startup, se a iniciativa não partir deles, nada acontecerá – ao passo que, em uma empresa grande, o gestor está acostumado a que venham a ele pedir subsídios ou decisões.

Se tivesse encontrado antes o VP de operações certo, a liderança da Dot & Bo talvez tivesse conseguido manter um colchão suficiente para suportar o congelamento geral de investimentos no e-commerce. Soohoo cometeu outro erro na contratação de especialistas ao recrutar um profissional gabaritado de marketing para substituir um jovem generalista que vinha tocando as iniciativas de marketing da Dot & Bo até ali. Esse generalista vinha fazendo um bom trabalho, mas nunca tinha chefiado uma equipe. "Achei que alguém de fora pudesse nos ensinar algo", diz Soohoo, completando: "Mas foi um desastre e ele só durou quatro meses. Era muito metódico, o que desacelerava o aprendizado e o crescimento. Botamos o jovem generalista de volta no comando e ele colocou tudo em ordem de novo. Para mim, a lição foi: pense bem antes de trazer gente de fora quando o pessoal da casa está dando conta do recado".

Assim sendo, a Dot & Bo contratou um gestor especializado cedo demais em uma área e tarde demais em outra, sublinhando os desafios enfrentados por uma startup em expansão ao contratar executivos tarimbados. A explicação, em parte, é que um fundador que trabalhou previamente em uma área – engenharia, digamos – geralmente não está capacitado para recrutar especialistas em outras áreas, pois simplesmente não sabe quais os principais fatores para o sucesso na arena em questão. Que habilidades são necessárias? O que é mais importante: conhecimento técnico ou uma forte capacidade de resolução de problemas? E, na ausência de dados para uma análise rigorosa – um empecilho comum para startups no estágio inicial –, como saber se a experiência anterior é um guia confiável para a ação?

Rand Fishkin, fundador e ex-CEO da Moz, provedora de software de otimização de sites para mecanismos de busca, lançou luz sobre o desafio de contratar especialistas quando observou que a razão pela qual a Moz "penou, desde o início, para criar software de alta qualidade" foi sua própria falta de conhecimento avançado na área, o que tornava difícil atrair engenheiros tarimbados.[6] Fishkin acrescentou que, "sem esse conhecimento profundo, é menor a probabilidade de [o empreendedor] ter contatos nessa área e identificar bons profissionais".

O que fazer, então?[7] Às vezes, como ocorreu com o marketing da Dot & Bo, o certo é continuar com generalistas que possam "dar conta do recado" e a certa altura exercer a liderança. Já quando um especialista realmente é necessário, o fundador tem três opções.

Uma alternativa de baixo risco é recorrer a indicações ou a headhunters para contratar um **especialista em começo de carreira**. Essa abordagem tem vantagens: o profissional pode desempenhar funções na linha de frente, se necessário; como seu salário não será alto, se a contratação for um erro, o custo acabará baixo; e a liderança da startup vai poder adquirir certa experiência na contratação. A desvantagem é que não haverá ninguém com o conhecimento necessário para liderar bem esse profissional – que, pela inexperiência, pode ficar à deriva.

Outra saída seria contratar, já de saída, um **profissional tarimbado para desenvolver a área**, encarregando esse indivíduo de montar o time da linha de frente e implementar sistemas e processos cruciais. Porém, a remuneração exigida por um candidato altamente qualificado pode assustar fundadores. Soohoo, por exemplo, desistiu de contratar um COO com experiência na logística do transporte de móveis porque seu salário seria o dobro do orçado para a função. Ainda que o fundador possa identificar um profissional gabaritado e pagar o que esse indivíduo pede, há riscos. Se esse candidato só trabalhou em empresas de grande porte, o ajuste cultural pode ser um problema, pois nada garante que o contratado vá se adaptar ao ritmo de uma startup. Além disso, quem tem muita experiência pode ser fiel demais a soluções que deram certo em empresas anteriores, mas que talvez não sejam boas para uma startup.

Uma última solução seria buscar um meio-termo entre as duas primeiras alternativas e contratar um **profissional capacitado de nível**

médio, que saiba se virar e queira crescer, que esteja disposto a meter a mão na massa, mas tenha a ambição de chegar à gerência.

O CEO de uma startup em expansão deve buscar muita orientação na hora de tomar essas decisões cruciais de contratação. Membros do conselho devem indicar candidatos e ajudar a entrevistá-los. Firmas de VC já ajudaram outras empresas da carteira a preencher vagas executivas e, portanto, podem ter informações muito úteis sobre os requisitos de um cargo, sobretudo quando um CEO não tem experiência na área em questão.

Contar com alguém de alto nível na área de recursos humanos também pode ter enorme impacto no recrutamento de executivos. À medida que a startup cresce, as prioridades para a função do RH mudam, e é importante ter uma liderança de RH que possa administrar essa transição. Um bom exemplo de como o RH pode evoluir vem de Kristi Riordan, diretora de operações da Flatiron School, um bootcamp de programação de crescimento acelerado. Na primeira fase, sua grande prioridade era contratar. "Uma startup pode se virar por um belo tempo com indicações feitas por outros funcionários", diz Riordan, "mas, a certa altura, faz sentido ter um recrutador em tempo integral.[8] Pode ser difícil contratar essa pessoa, pois o mercado está cheio de recrutadores com orientação transacional. É preciso ter alguém que abrace sua missão e cultura e reflita seus valores na hora de atrair talentos".

Na segunda fase, a prioridade da Flatiron eram operações ligadas ao pessoal, ou "criar processos de onboarding e offboarding de funcionários, desenvolver programas de benefícios e difundir a adoção de metas por toda a organização".

Na terceira fase, o foco da Flatiron foi o desenvolvimento de talentos: dar capacitação e abrir oportunidades de crescimento profissional para gerentes de nível médio. Nessa fase de uma startup em expansão, a chefia do RH também desempenha um papel crucial nas seguintes áreas: 1) desenho organizacional, o que inclui rever relações de subordinação à medida que novos cargos vão sendo criados; 2) orientar o CEO na preservação e no fortalecimento da cultura da empresa; e 3) assessorar o CEO e outros altos executivos na expansão de suas habilidades e adaptação de seu estilo de gestão aos novos desafios. Um chefe de RH que saiba desempenhar essas funções terá insights valiosos sobre como preencher lacunas na gestão.

Falta de sistemas

Quando uma startup está no comecinho, o time é pequeno. Seu pessoal pode trocar informações em conversas no corredor e tomar decisões estratégicas importantes enquanto divide uma pizza. Quando o número de gente vai aumentando, no entanto, isso já não funciona; cada área vai exigir sistemas e processos para facilitar a circulação de informações e a tomada de decisões. O departamento de vendas, por exemplo, precisará de processos para priorizar leads, monitorar rentabilidade de contas, remunerar vendedores etc. O de produtos e o de engenharia precisarão de processos para medir a produtividade, um roteiro para priorizar novos recursos etc.

A eficácia de certos sistemas pode ter grande impacto no desempenho de uma startup que está escalando. Na Dot & Bo, por exemplo, um sistema ruim de ERP dificultava o controle de estoques e da situação de pedidos, levando à perda de vendas e a um péssimo atendimento ao cliente. Em comparação, seus gerentes tinham bom controle sobre a rentabilidade de diferentes canais de marketing, algo crucial para uma empresa que gastava mais de 40% da receita na aquisição de clientes.

Em contraste com startups em estágio inicial,[9] nas quais as decisões geralmente são tomadas por meio de processos informais, em uma startup em expansão certas decisões podem exigir uma avaliação formal seguida da aprovação de um alto executivo. No caso de decisões importantes e recorrentes, a direção deve deixar claro quem tem o direito de propor uma iniciativa, quem deve fornecer subsídios e quem toma a decisão. Formalizar processos de tomada de decisão pode parecer burocrático, sobretudo para quem está ali desde cedo e se acostumou a mais autonomia e transparência. Contudo, sem a clareza que vem da formalização de processos, a tomada de decisões pode ficar travada; a responsabilidade por resultados, confusa; e a estratégia, à deriva. O desafio é achar o equilíbrio certo entre burocracia e caos.

Devido ao investimento exigido e à aversão de empreendedores a burocracia, poucas startups em expansão adotam sistemas de gestão já prevendo sua necessidade. O mais comum é que instalem sistemas em resposta a erros, confusão, incongruências e trabalho em excesso decorrentes da falta de processos automatizados e padronizados. Há, sim, startups que investem cedo e pesado em sistemas de gestão, especialmente quando seus gerentes têm experiência no uso de sistemas em grandes empresas ou, no caso de empreendedores seriais, em startups anteriores. Contudo, pode ser um erro investir com muita antecedência ou simplesmente clonar sistemas de empresas grandes sem analisar bem se atendem às necessidades peculiares de uma startup em expansão. Considerando-se que essas necessidades evoluem depressa, é possível que os sistemas instalados muito cedo não incluam recursos importantes e tragam coisas que acabam se provando desnecessárias.

A boa notícia é que a solução para o problema da falta de sistemas é, simplesmente, resolver a falta de gestores capacitados: é preciso contratar profissionais qualificados com experiência em escalar startups que enfrentaram desafios semelhantes – e que possam tomar decisões sensatas sobre quando e como instalar sistemas de gestão. Para passar na prova "Capaz?" do teste RAWI, a empresa precisa ter o tipo certo de líder especializado no comando.

9

Moonshots* e milagres

> *Queríamos carros voadores; em vez disso, ganhamos 140 caracteres.*[1]
> Peter Thiel, empreendedor e investidor

Shai Agassi podia não ter carros voadores, mas sonhava com um mundo de ruas tomadas por veículos elétricos. Agassi fundou a Better Place[2] em 2007, antes que Tesla ou Nissan sequer tivessem lançado um modelo puramente elétrico. Sua visão era ousada: montaria uma gigantesca rede de postos de recarga e substituição de bateria de veículos elétricos. Junto com o pai – que também estudara no Instituto de Tecnologia de Israel, o célebre Technion –, Agassi já tinha criado outra empresa que acabou vendida por US$ 400 milhões à SAP, gigante alemã do software empresarial. Agassi entrou para o conselho executivo da SAP,[3] virou diretor da divisão de Produtos e Tecnologia e era cotado para, um dia, suceder o CEO. Em 2005, foi ao Fórum de Jovens Líderes Globais em Davos, onde teve uma epifania: para reduzir a instabilidade geopolítica e o dano ambiental causados por

---

* Nota da Editora: *Moonshot* é um termo para designar projetos que propõem soluções disruptivas e ambiciosas usando tecnologia de ponta.

nossa dependência do petróleo, todo veículo movido a gasolina, no mundo todo, teria de ser substituído por um carro elétrico alimentado por energia de fontes renováveis.

No ano seguinte, em um congresso na Brookings Institution, Agassi contou sua ideia ao ex-premiê israelense Shimon Peres. Impressionado pela ambição de Agassi, Peres se ofereceu para fazer a ponte entre o rapaz, autoridades do governo e dirigentes empresariais relevantes – com a condição de que ele deixasse o cargo na SAP. "Esse outro trabalho é melhor",[4] disse Peres a Agassi, "pois você pode salvar o mundo".

Em março de 2007, Agassi saiu da SAP. Com a ajuda de Peres,[5] convenceu o governo de Israel a tributar veículos elétricos importados em apenas 8% – uma concessão crucial, já que em Israel a alíquota sobre automóveis a gasolina era então de 78%. As primeiras reuniões com montadoras de veículos renderam outro trunfo: Carlos Ghosn, CEO da Renault-Nissan, concordou em fabricar um carro elétrico compatível com estações de troca de baterias (descritas a seguir), que seriam parte crucial da rede de recarga da Better Place; em troca, a startup se comprometia a comprar 100 mil veículos. O modelo seria uma versão adaptada do Renault Fluence a gasolina, um sedã médio de custo acessível.

Depois disso, Agassi saiu atrás de dinheiro.[6] Em junho de 2007, Idan Ofer, o bilionário CEO da maior empresa de petróleo de Israel, liderou uma rodada da série A de US$ 110 milhões – na época, um dos maiores aportes na série A na história do capital de risco. Morgan Stanley, VantagePoint Capital (firma de venture capital do Vale do Silício) e uma série de anjos de destaque entraram na rodada, que aumentou em mais US$ 50 milhões graças a investimentos de uma empresa dinamarquesa de energia e uma firma australiana de VC.

Com o capital garantido, Agassi foi montar a equipe. Irmãos e ex-colegas da SAP[7] ocupariam postos importantes. O irmão seria o diretor de infraestrutura global e a irmã, diretora de marketing em Israel. No comando de operações globais, de parcerias com montadoras e do financeiro, Agassi instalou gente egressa da SAP. Para o crucial papel de CEO de operações em Israel, Agassi contratou um ex-major-general das Forças de Defesa de Israel. Ninguém nesse alto comando tinha experiência prévia com produtos físicos como estações de recarga ou a indústria automotiva.

Agassi escolheu sua terra natal, Israel,[8] como o mercado de estreia da Better Place. Por sua dimensão reduzida – e o fato de poucos israelenses irem além das fronteiras devido a conflitos com vizinhos –, o país era o lugar perfeito para a implantação de uma rede de recarga de baterias de carros elétricos, cuja autonomia na época era de cerca de 160 quilômetros. A Dinamarca, outro país pequeno com uma população comprometida com um estilo de vida "verde", seria o segundo mercado da Better Place.

Em 2008, o time de Agassi concluiu que, para o negócio atingir escala, seria preciso instalar no mínimo dois pontos de recarga para cada veículo atendido pela Better Place. Os pontos ficariam em estacionamentos, calçadas e garagens de usuários; uma recarga completa da bateria levaria de quatro a seis horas. Segundo estimativas, cada ponto de recarga custaria entre US$ 200 e US$ 300, incluindo a instalação. Em um dos cenários traçados, a Better Place a certa altura atenderia 10% dos dois milhões de automóveis em Israel. Isso exigiria a instalação de 400 mil pontos de recarga, a um custo de mais de US$ 80 milhões.

Para deslocamentos de mais de 160 quilômetros – de norte a sul, Israel tem pouco mais de 400 quilômetros –, a Better Place precisaria instalar estações de substituição; nelas, robôs trocariam a bateria vazia por uma com carga completa em cerca de cinco minutos, mais ou menos o tempo que levava para abastecer um carro a gasolina. Em 2008, o time concluiu que, com a operação já a toda, seria preciso uma estação de troca para cada 2 mil veículos elétricos. Pelas estimativas, cada estação teria um custo de US$ 300 mil a US$ 500 mil; se a Better Place conquistasse 10% do mercado israelense, seria necessário, portanto, instalar cem estações, a um custo de mais de US$ 30 milhões.

Como mercado de estreia, Israel tinha outra vantagem: 70% dos sedãs médios[9] do país eram carros de empresas, concedidos como benefício a funcionários. Agassi e o time raciocinaram[10] que convencer donos de frotas a utilizar os carros da Better Place aceleraria a adoção. No final, persuadiram 400 empresas israelenses a assinar cartas de intenção (não vinculantes) para renovar sua frota com veículos da Better Place uma vez que a rede de recarga entrasse em operação.

Em 2008, não havia muitos dados sobre o mercado para carros 100% elétricos. À época, o único veículo da categoria era o Tesla Roadster, um esportivo de dois assentos que acabara de ser lançado ao salgado preço de US$ 110 mil. A Better Place encomendou uma pesquisa de mercado;[11] os resultados revelaram que 20% dos lares israelenses considerariam adquirir um veículo elétrico da startup e estariam dispostos a pagar 10% a mais do que por um modelo a gasolina equiparável. No entanto, revelou também que o público queria mais opções (não só o sedã da Renault) e preferia pagar parcelas mensais em vez de desembolsar o valor integral do carro de uma tacada.

Embora Agassi tivesse prometido[12] que seria consideravelmente mais barato comprar e manter seus carros elétricos do que modelos a gasolina, quando ficou aparente que tanto o veículo quanto a infraestrutura de postos de recarga teriam um custo bem maior que o originalmente projetado, a Better Place decidiu cobrar do consumidor israelense US$ 35 mil pelo Fluence, preço similar ao da versão a gasolina. Esse valor não incluía a bateria, a qual seria alugada por um plano de assinatura anual que incluiria ainda o acesso à rede de recarga e o custo da eletricidade consumida na carga. O preço da assinatura variava por quilometragem: um plano de aproximadamente 20 mil quilômetros por ano custava US$ 3.600. A título de comparação, um motorista em Israel gastaria US$ 3 mil em combustível (com base no preço à época) para rodar 20 mil quilômetros em um carro a gasolina que fizesse treze quilômetros por litro. E isso porque o carro elétrico seria mais barato de manter!

A Better Place pagaria[13] à Renault-Nissan US$ 31 mil (incluindo a alíquota de importação de 8% e o imposto sobre valor agregado de 16%) por Fluence, sem bateria. A bateria custaria inicialmente US$ 15 mil – consideravelmente mais que os US$ 8 mil a US$ 11 mil que a startup projetara em 2008. Além do custo do veículo[14] e da bateria, a Better Place tinha originalmente previsto despesas de cerca de US$ 1 mil por carro por ano para fornecer acesso à rede; isso incluía eletricidade, manutenção e um valor alocado para a depreciação de pontos de recarga e estações de troca (com base em estimativas do custo de implantação de 2008). Com esse modelo de negócios, a Better Place Israel esperava recuperar o custo do veículo e da bateria após quatro anos e dar um lucro modesto a partir dali. A rentabilidade podia melhorar com o tempo se o custo da bateria caísse ou se fosse possível negociar veículos a um custo menor (talvez fechando acordos com outras montadoras).

Antes da estreia em Israel, a equipe cresceu e se espalhou pelo mundo. A sede da Better Place[15] foi instalada em Palo Alto; a startup também tinha filiais em Israel, Dinamarca, França, Espanha, Áustria e Austrália, e já tinha anunciado planos para projetos piloto ou a implantação de redes completas com parceiros em Austrália, Havaí, Ontário, Califórnia, Holanda, China e Japão. Paralelamente, os gerentes da startup começaram a trabalhar com fornecedores para criar distintos componentes do sistema. Pontos de recarga foram projetados para ser resistentes; tinham um modem sem fio para medir o uso por assinantes. Criar o software do veículo[16] – apelidado de Oscar, ou Operating System for the CAR – foi especialmente difícil. O Oscar precisava, entre outras coisas, monitorar o uso de energia e o estado da bateria, alertar o motorista e indicar a estação mais próxima na hora da recarga, administrar a taxa de recarga para reduzir a deterioração da bateria, além de restringir de forma seletiva e temporária a recarga noturna de certos veículos se a frota da Better Place estivesse puxando energia demais da rede – para evitar apagões.

Segundo o jornalista de tecnologia Brian Blum,[17] cujo livro *Totaled* (uma fonte importante para este capítulo) conta a história da Better Place, a empresa gastou um total de US$ 60 milhões no Oscar. Desenvolver o software de gestão de relacionamento com clientes (CRM) para monitorar o uso e administrar a cobrança foi igualmente complexo e caro, pois o programa, como outros componentes do sistema, precisaria ter capacidade de lidar com milhões de clientes. À medida que a velocidade de consumo do caixa ("burn rate") subia, ficava evidente que a startup precisaria de mais capital. Agassi captou mais US$ 350 milhões em uma rodada da série B em janeiro de 2010 – a um valuation de US$ 1,1 bilhão.

Apesar da grande incerteza envolvendo demanda e custos, o sucesso de Agassi nessa rodada de captação de fundos se deveu, em boa medida, ao carisma e à capacidade do empreendedor de vender uma visão inspiradora, fascinante até, de um futuro melhor. Ajudou o fato de que Agassi virara uma espécie[18] de celebridade do mundo dos negócios: em 2009, figurou na lista das cem pessoas mais influentes do mundo da revista *Time*, e sua TED Talk, na qual dizia que a transição para veículos elétricos era "moralmente equivalente à abolição da escravidão", foi vista mais de 1,3 milhão de vezes.

"A confiança que ele tem no que está dizendo é incrível",[19] disse Joe Paluska, que foi diretor de comunicação e relações institucionais da Better Place, a respeito do fundador. Nimish Mehta, alto executivo da SAP, observou: "Nunca vi alguém com a capacidade do Shai de vender conceitos abstratos".[20] Já Clive Thompson, colunista de tecnologia do *The New York Times*, afirmou que Agassi tinha "a capacidade de um vendedor nato de ler as pessoas e se conectar com elas".[21] Mas Thompson também enxergou um lado escuro, acrescentando: "Ele também tem a obstinação que já vi em muita gente com interesse em programação [de software] e raciocínio lógico: uma vez que se convence de que tem a solução ideal para um problema, o Agassi desenvolve uma monomania quase patológica sobre a ideia".

A ideia da startup era fechar parcerias com outras montadoras além da Renault-Nissan. Todas teriam de lançar um automóvel com uma bateria substituível compatível com as estações de troca da Better Place. Mas, embora muitas tivessem considerado a ideia, nenhuma aceitou a proposta; com algumas, Agassi conseguiu azedar a relação. Em uma reunião em 2008, por exemplo,[22] executivos da General Motors sugeriram fechar com a Better Place para instalar estações de recarga para o Chevy Volt, o híbrido plug-in que pretendiam lançar. Agassi foi insolente: "Ele tem cano de escapamento. É uma idiotice. Não fazemos as coisas pela metade. Não mexemos com carros com tubo de escapamento, e ponto". Cheio de si, Agassi diria mais tarde a um colega: "A próxima reunião que tivermos será na nossa sede, e nosso valor de mercado vai ser maior que o deles".

Enquanto isso, a relação da Better Place[23] com a Renault-Nissan piorava, pois seu defensor na montadora saiu e foi substituído por um executivo que duvidava da ideia. O novo chefe de operações de carros elétricos da montadora achava que outra tecnologia – a chamada "fast-charging", capaz de repor até 80% da carga de uma bateria vazia em 30 a 40 minutos – era uma solução superior para resolver um problema sério: o medo do motorista de que a bateria acabasse antes de chegar a um ponto de recarga. O custo de instalar uma rede de pontos de recarga rápida seria uma fração do investimento da Better Place em estações de troca de baterias. Fora isso, o executivo – que nunca se reuniu com Agassi – era um forte defensor do Nissan Leaf, o compacto 100% elétrico que não tinha uma bateria substituível. O Leaf foi lançado[24] no final de 2010 a um preço de US$ 33 mil antes de incentivos fiscais.

Para tentar evitar um prejuízo com o Fluence, gerentes da Renault travavam uma guerra de braço com o pessoal da Better Place sobre o projeto do carro. Segundo Blum, uma disputa teve a ver com o uso de "parafusos inteligentes" no veículo, que, uma vez acionados em uma estação de troca, soltariam a bateria e a depositariam em uma placa retrátil de metal. A Renault preferia uma alternativa mais barata, de sua perspectiva: usar parafusos normais, que seriam removidos pelo braço robótico nas estações. A Better Place cedeu, embora a alteração fosse aumentar o custo do equipamento de estações de troca e criar uma incompatibilidade com outros carros elétricos cuja bateria substituível não tivesse exatamente os mesmos parafusos.

Com a startup prestes a começar a vender carros em Israel, ficou evidente que componentes cruciais da rede custariam muito mais que o originalmente previsto. Cada ponto de recarga acabaria custando[25] cerca de US$ 2.500, cerca de dez vezes mais que o projetado em 2008 (US$ 200 a US$ 300). Esse custo, no entanto, estava em sintonia com o mercado: em 2011, a General Electric começou a vender[26] um ponto de recarga de uso doméstico por US$ 1 mil, com peças e mão de obra para a instalação típica somando outros US$ 1 mil à conta do consumidor. A US$ 2.500 a unidade, o custo total de implantação de 400 mil pontos de recarga em Israel seria de US$ 1 bilhão – e não os US$ 80 milhões projetados em 2008.

O mesmo ocorreu com as 21 estações de troca[27] que a Better Place acabou instalando em Israel: cada uma custou mais de US$ 2 milhões (e não os US$ 300 mil a US$ 500 mil projetados). Um consultor contratado no começo[28] do processo de desenvolvimento tinha calculado que, em virtude da complexidade do projeto, cada estação de troca teria um custo ainda maior, de até US$ 3 milhões. A equipe da Better Place tinha rejeitado essa estimativa, com o argumento de que sua projeção de US$ 500 mil era corroborada por dados da Siemens e da ABB, duas gigantes europeias da engenharia.

Com o custo de equipamentos tão elevado, seria impossível para a Better Place ter lucro em Israel no curto prazo. Se conseguisse economias de escala no futuro – turbinando as vendas em Israel, na Dinamarca e em outros mercados – seria possível derrubar esses custos. Mas nada era garantido. Ainda assim, Agassi seguiu em frente.

Com o aumento da pressão para cumprir o cronograma de lançamento, cresciam também os conflitos. Em uma reunião em junho de 2010,[29] o conselho confrontou Agassi sobre a gastança da empresa. Agassi protestou. Ofer, o presidente do conselho, ameaçou demiti-lo, mas acabou voltando atrás. A relação do emprendedor com executivos também estava desgastada. Agassi esculachava o pessoal[30] pelos resultados ruins e, de acordo com a revista *Fast Company*, mandou o diretor de operações globais embora por ter supostamente falado com um membro do conselho sem consultá-lo antes.

Enquanto isso, a Renault-Nissan estava atrasada[31] na entrega do Fluence, e a burocracia em Israel retardava a instalação da rede de pontos de recarga e estações de troca de baterias. De acordo com Blum,[32] em muitos lugares era difícil obter o alvará para a construção, pois era preciso assegurar que a escavação não fosse destruir nenhum artefato arqueológico. A instalação de pontos de recarga em calçadas de vias públicas – necessária para quem não tivesse garagem ou entrada de automóveis – foi proibida. Além disso, embora postos de gasolina[33] fossem locais ideais para instalar pontos de recarga e estações de substituição, as normas permitiam que apenas 200 metros quadrados do terreno de um posto de gasolina fossem destinados a outros fins – e a maioria dos donos de postos já destinava esse espaço a lojas de conveniência, um negócio que dá lucro. A Better Place teve, portanto, de sair atrás de novos pontos para a recarga em lugares afastados. E o distribuidor da Renault em Israel,[34] naturalmente desconfiado das projeções ambiciosas de venda do Fluence feitas por Agassi, recusou-se a trazer o veículo elétrico. Assim, a Better Place teve de gastar ainda mais das reservas de caixa para montar uma unidade a fim de importar e vender ela própria os carros.

Diante de todos esses contratempos, não surpreende que a startup tenha sido incapaz de cumprir a meta de lançar o serviço em Israel no começo de 2011. Ainda naquele ano, foi preciso mais capital. Agassi captou US$ 250 milhões em uma série C – basicamente, dos investidores atuais – a um valuation de US$ 2,25 bilhões. Isso posto, a meta tinha sido[35] levantar US$ 350 milhões, tornando aguda a pressão financeira.

Moonshots e milagres

Quando finalmente começou[36] a entregar carros em Israel, em janeiro de 2012, a Better Place estava consumindo caixa ao ritmo de cerca de US$ 500 mil por dia. E as vendas eram fracas. Os funcionários de empresas não queriam receber um carro da startup, pois teriam de recarregar com frequência e não sabiam ao certo que distância seria possível percorrer antes de a bateria acabar. Uma vez que a companhia para a qual trabalhavam pagaria pelo leasing e pela operação do veículo – tanto o custo da gasolina como o do pacote de serviços do carro elétrico –, o único valor que o funcionário teria de desembolsar era o da taxa de uso cobrada sobre o valor do benefício recebido do empregador (no lugar de dinheiro). Uma vez que o custo de ter e usar um carro da Better Place era aproximadamente igual ao de um veículo a gasolina, optar pelo elétrico não reduziria a taxa de uso. O motorista teria um inconveniente adicional, mas não pouparia nada. Interessante, a proposta não era.

Dados os preços da Better Place, a economia feita por empresas não seria suficiente para que obrigassem seus funcionários a aceitar os carros da startup – ainda que, lá atrás, tivessem dito que pretendiam fazê-lo. Já empresas de leasing,[37] na dúvida sobre o potencial dos carros da Better Place no mercado de usados, não se mostravam dispostas a incentivar operadores de frotas corporativas a adotá-los. Para obter o apoio dessas organizações, a Better Place teve de garantir seu valor de revenda, prometendo comprar os carros de volta se o preço no mercado de usados não fosse alto o suficiente – promessa que só aumentou a exposição financeira da startup.

Após essa fraca acolhida, a tensão na startup disparou. Segundo Blum,[38] em uma reunião com nove integrantes da alta diretoria no começo de 2012, Agassi soltou a seguinte: "Confiança é a coisa mais importante em uma empresa. Mas confiança é algo que se conquista, por mérito. E nesta sala há apenas duas pessoas nas quais confio". A resposta de Andrey Zarur, amigo de Agassi e membro do conselho, foi fazer a maioria dos membros do time admitir que o sentimento era mútuo. Quando Zarur, que tinha ajudado Agassi a conceber a visão original da Better Place em Davos, avisou que o dinheiro da startup acabaria em outubro, Agassi ficou furioso com ele e tuitou: "Um amigo que não é de verdade não é amigo".

Em condições normais, o CFO[39] estaria soando o alarme sobre a situação periclitante do fluxo de caixa – mas o cargo estava vago desde a saída de seu primeiro ocupante no ano anterior. Era uma vaga difícil de preencher – ainda mais porque Agassi, contrariado com o fato de que o conselho exigia que o novo CFO se reportasse a eles também (e não só a Agassi), relutava em contratar um substituto.

No fim de agosto,[40] Agassi tentou, em vão, levantar mais capital de novos investidores. Até conseguiu um empréstimo de US$ 50 milhões do Banco Europeu de Investimento, o braço de financiamento da União Europeia. Mas não era o suficiente. Em setembro, quando o dinheiro da Better Place já ameaçava acabar, pediu um empréstimo-ponte aos investidores, que já tinham desembolsado um capital de US$ 750 milhões. Ofer, já sem paciência, disse não e sugeriu que Agassi deixasse o posto de CEO e virasse presidente do conselho. Agassi se recusou e renunciou. Ofer liderou uma última rodada de captação de US$ 100 milhões e recrutou dois CEOs, ambos de vida curta. O primeiro, que comandava as operações da Better Place na Austrália, durou só quatro meses antes de perder a confiança de Ofer – tempo suficiente para demitir 500 funcionários e convencer executivos da Renault a dar uma pausa nos planos de suspender imediatamente a produção do Fluence. O segundo CEO calculou que a startup precisaria de outros US$ 500 milhões para chegar ao breakeven, soma que parecia totalmente fora de cogitação. Em maio de 2013, a Better Place se declarou em quebra. Tinha vendido menos de 1.500 carros em Israel e na Dinamarca.

Milagres em série

A Better Place foi simplesmente uma má ideia? Um erro de cálculo de US$ 900 milhões, fadado desde o início ao fracasso? Não necessariamente, mas era um "moonshot": uma ideia tão ambiciosa que teria sido necessário vencer uma série de obstáculos para o projeto não se espatifar. Com tantos desafios pela frente, seria quase impossível superar todos eles.

Em suma, a Better Place foi vítima de um padrão de fracasso no estágio avançado que chamo de *milagres em série*. Nele, uma startup com uma inovação ousada enfrenta muitos desafios importantes – e a incapacidade de superar qualquer um deles é suficiente para matar o projeto. Isso significa que a startup precisa de uma sequência de milagres para dar certo. Vejamos os desafios enfrentados pelo ambicioso plano de Agassi.

1. **Forte demanda de carros elétricos.** Para que a visão de Agassi se materializasse, um grande número de pessoas teriam de adotar veículos 100% elétricos, apesar da autonomia limitada e da dificuldade de recarga. Embora um segmento reduzido do mercado – preocupado com o planeta – estivesse disposto a pagar mais por uma solução limpa, o público em geral só adotaria um veículo elétrico se o custo de obter e rodar com o carro fosse menor que o de um equivalente a gasolina. Em lugares onde a gasolina é altamente tributada – Israel e Europa, por exemplo –, o custo da eletricidade para carregar baterias seria de fato bem menor que o da gasolina usada para percorrer uma dada distância. No entanto, essa economia seria anulada pelo custo maior de aquisição do veículo.

    Quando a Better Place foi lançada, um carro elétrico com bateria custava cerca de 50% mais – antes de qualquer incentivo fiscal – que um modelo comparável a gasolina. Logo, manter o custo de um

veículo elétrico em níveis acessíveis dependeria, em grande medida, de subsídios consideráveis de governos.
2. **Forte demanda de baterias substituíveis.** E se o consumidor que quisesse comprar um carro elétrico – ainda que mais caro – não gostasse da solução da Better Place para o problema da autonomia limitada dos elétricos? Em tese, essa pessoa poderia simplesmente limitar seus deslocamentos a distâncias curtas, usando o carro elétrico só para percursos de rotina previsíveis ou para circular pela cidade. Mas e para trajetos mais longos? Somente gente acima de uma certa renda poderia ter um segundo veículo a gasolina para essa finalidade, o que limitaria o mercado para carros elétricos com baixa autonomia e sem baterias substituíveis.

Outra alternativa era a tecnologia de carregamento rápido de corrente contínua (CC). Embora o carregamento rápido possa degradar a bateria quando frequente, defensores da tecnologia esperavam que a maioria dos condutores só fosse usar essa alternativa uma vez ou outra durante o ano, ao percorrer longas distâncias. Nesses deslocamentos, a pessoa podia estar disposta a fazer paradas de 30 a 40 minutos para recarga a cada duas horas. Para o uso diário, recarregaria o veículo durante a noite em pontos de corrente alternada (CA) – mais lentos, mas que não degradavam tanto a bateria. Contrariando as projeções[41] de partidários do "fast charging", no entanto, os primeiros a adotar os veículos da Better Place faziam, sim, viagens longas e frequentes; em média, usavam estações de troca da bateria uma vez por semana. Dada essa incerteza sobre hábitos e preferências do consumidor, a superioridade do carregamento rápido não era de forma alguma incontestável quando da estreia da Better Place.

Diferentemente da Better Place, a Tesla provou todas essas alternativas. Seu sedã Model S, lançado em 2012 de olho em um público de alta renda, custava US$ 57.400 na versão com autonomia de cerca de 250 quilômetros e US$ 77.400 na de cerca de 480 quilômetros. Um automóvel maior como o Model S podia ter uma bateria mais volumosa, o que permitia a maior autonomia. E, assim como o Fluence da Better Place, o Model S também tinha uma bateria substituível. A Tesla abriu um posto de troca da bateria[42] entre San Francisco e Los Angeles em 2015. Foi pouco usado; o consumidor preferia usar os "superchargers" da montadora: estações de carregamento rápido lançadas em 2012 e situadas em pontos estratégicos entre as duas cidades.

3. **Parcerias com várias montadoras.** A Better Place só conseguiria bancar a instalação de uma rede densa de pontos de recarga e estações de troca de bateria se atingisse uma certa participação de mercado. Caso contrário, teria de enxugar a rede, reduzindo a conveniência do carro da Better Place e aumentando o risco de que a bateria acabasse durante o trajeto.

Para atingir a participação de mercado exigida, a Better Place precisaria fazer parcerias com várias fabricantes de automóveis. Essas montadoras, contudo, teriam de adotar o modelo de bateria substituível da Better Place para poder usar suas estações de troca. Era exigir bastante. Para essas fabricantes, o projeto do carro é tudo: é assim que diferenciam seu produto e controlam custos. Outra preocupação das montadoras era saber qual seria a demanda de veículos compatíveis com a rede da startup – o que, por sua vez, dependeria da incursão simultânea da Better Place em vários mercados (ver Premissa 4).

Quando a Better Place se aproximava da hora final, sua cúpula considerou, sim, permitir o acesso de montadoras com veículos sem baterias substituíveis a sua rede de pontos de recarga – sugestão que executivos da GM tinham dado lá atrás, em 2008. Mas, em julho de 2012, quando a GM da Austrália anunciou a Better Place como parceira preferencial para pontos de recarga do Chevy Volt em residências e concessionárias, era tarde demais.

4. **Incursão simultânea em vários mercados.** Dado o enorme custo de projetar um novo veículo e o imenso volume necessário para produzir em escala eficiente, uma montadora precisa de acesso a mercados igualmente grandes. Logo, uma fabricante dificilmente faria um acordo com a Better Place se a startup não garantisse que veículos compatíveis com sua rede de recarga pudessem ser comercializados em vários países dentro de prazos razoáveis. Satisfazer essa expectativa traria enormes desafios operacionais e exigiria vastas somas de capital.
5. **Forte apoio de investidores.** O modelo de negócios da Better Place exigia enormes injeções de capital antes da estreia, o que significava, na prática, pedir ao investidor que desse um salto no escuro – e bem antes de estar claro se o modelo funcionaria conforme planejado. A startup teria de instalar uma massa crítica de pontos de recarga e estações de troca antes de vender um único carro, e teria de desembolsar o valor total do carro e da bateria primeiro e esperar que pacotes de assinatura gerassem receita ao longo do tempo. E tinha de fazer isso tudo em vários mercados simultaneamente.
6. **Execução impecável.** Ainda que todos os requisitos fossem satisfeitos, os gestores da Better Place teriam de garantir uma execução impecável em todas as áreas: engenharia, marketing, atendimento ao cliente etc. E, mais uma vez, teriam de fazê-lo em vários países ao mesmo tempo. Não era nada fácil: a equipe da Better Place provavelmente montou um dos planos de lançamento mais complexos e operacionalmente desafiantes da história das startups.

Resumindo, para que seu plano desse certo, Agassi estava contando com uma sequência de milagres. Até houve alguns. O grande público, por exemplo, começou a mostrar interesse por veículos 100% elétricos por volta de 2012 (Requisito 1). A Better Place lançou o projeto simultaneamente em Israel e na Dinamarca e estava negociando acordos em vários outros mercados (Requisito 4). E, por último, a Better Place levantou US$ 900 milhões em capital (Requisito 5), graças, em grande medida, aos impressionantes dotes de vendedor de Agassi.

Mas os milagres pararam aí. A startup estabeleceu uma relação com a Renault-Nissan – que azedou com o tempo –, mas não conseguiu convencer outras montadoras (Requisito 3). A execução (Requisito 6) era errática: em Israel, o time sofreu uma série de dificuldades que, com um planejamento melhor, poderiam ter sido previstas, perdeu prazos e enfrentou um sério problema de controle de custos, agravado pela ausência de um CFO durante 2012. O maior problema, no entanto, era a inexistência de demanda de carros elétricos com bateria substituível (Requisito 2). Com o custo de pontos de recarga e estações de troca de bateria superando em muito as projeções originais, a Better Place simplesmente não podia baixar o preço dos carros o suficiente para que a opção fosse interessante. E, no final, a substituição da bateria não era a melhor solução para o problema da autonomia; a solução da Tesla – carros maiores com autonomia maior, em conjunção com o carregamento rápido ocasional – acabou prevalecendo. No fundo, a Better Place foi uma grande – e arriscada – aposta na superioridade da troca da bateria *versus* o carregamento rápido. Esse resultado, por sua vez, dependia do comportamento do consumidor: com que frequência rodaria por longas distâncias e quão importante seria poder carregar a bateria em cinco minutos e não entre 30 e 40.

A opção por baterias substituíveis pela direção da Better Place foi o que fadou o projeto ao fracasso? Provavelmente, não; uma startup normalmente pode pivotar de um modelo falho e havia gente de sobra, dentro e fora da startup, aconselhando a cúpula a considerar outras estratégias. A startup poderia, por exemplo, ter virado o fornecedor preferencial de pontos de recarga e estações de carregamento rápido para a GM e outras montadoras. Quando ficou claro que a demanda entre o público em geral e empresas em Israel seria fraca, e que as normativas locais aumentariam custos de construção da rede, daria para ter suspendido a operação israelense e voltado o foco a mercados mais promissores.

Um moonshot, uma vez lançado, pega muito embalo e pode ser difícil mudar seu curso. Se a startup já gastou centenas de milhões de dólares, por exemplo, esses "sunk costs", ou custos irrecuperáveis, pesam. E, quando um líder carismático vende uma visão há anos – sobretudo alguém como Agassi, com convicções monomaníacas –, a necessidade de defender o próprio ego pode levar àquilo que o sociólogo Barry Staw chama de "escalada do comprometimento"[43] com uma dada estratégia, apesar de crescentes evidências de que a estratégia é falha.

Moonshots como este são altamente suscetíveis ao padrão de fracasso dos milagres em série. Um moonshot envolve alguma inovação arrojada envolvendo tecnologias de ponta, modelos de negócios inéditos ou ambos. Uma inovação ousada, por sua vez, significa grande incerteza sobre demanda no mercado, além de uma fase arrastada de desenvolvimento do produto. Muitos modelos de negócios de moonshots repousam sobre fortes efeitos de rede, alto custo de migração para usuários e/ou fortes economias de escala – coisas que promovem a rápida expansão uma vez lançado o produto. Longos ciclos de desenvolvimento e rápida expansão exigem vastas somas de capital. Para coroar esses desafios, os moonshots normalmente buscam parcerias estratégicas com empresas estabelecidas cujas prioridades talvez não estejam totalmente alinhadas com as da startup. Além disso, podem precisar do apoio de governos para uma solução cuja situação legal é ambígua. Para produzir todos esses milagres, é bom contar com um fundador carismático capaz de andar sobre as águas: alguém com um foco monomaníaco em sua visão ousada.

O diagrama a seguir mostra como esses requisitos interagem e como se dá o fracasso com os milagres em série. A causa imediata é geralmente um golpe duplo: a demanda do produto se mostra fraca e os investidores – depois de ter aportado muito capital – se recusam a investir mais. Mas, em geral, a luta se arrasta por muitos rounds antes que sejam desferidos esses nocautes.

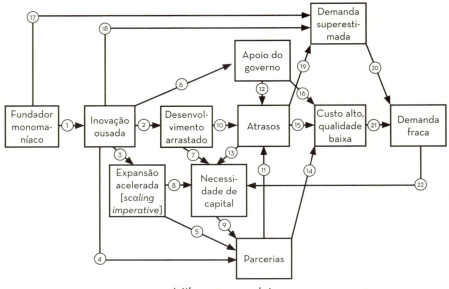

Milagres em série

A complexidade do diagrama ilustra a quantidade de coisas que precisam dar certo para que um moonshot triunfe e quanta coisa pode dar errado (e em geral dá). Partindo da esquerda, a visão ousada que serve de estopim para um moonshot geralmente vem de um fundador monomaníaco, como Agassi (traço 1 no diagrama). A magnitude da inovação requer um longo desenvolvimento (traço 2), e o modelo de negócios vislumbrado em geral tem aspectos estruturais – incluindo efeitos de rede e economias de escala fortes, como na rede de pontos de recarga da Better Place – que pedem uma expansão acelerada uma vez que o produto é lançado (traço 3).

A inovação pode exigir parcerias estratégicas (traço 4) para o acesso a tecnologias ou a componentes cruciais do sistema (por exemplo, o Fluence, da Renault). Parceiros também podem fornecer pontos de distribuição que facilitem a expansão (traço 5). Se a inovação for pisar em terreno jurídico e regulatório inexplorado, o projeto pode precisar de aprovação do governo ou saber percorrer a burocracia, como no caso da Better Place Israel (traço 6). Com um longo ciclo de desenvolvimento do produto e a necessidade de expansão rápida, é preciso levantar grandes somas de capital (traços 7 e 8). Com isso, há incentivo a delegar certas funções a parceiros, pois fazer tudo internamente exigiria ainda mais investimento (traço 9).

Vários fatores contribuem para a demora na estreia. Projetar um produto de ponta pode ser mais difícil que o esperado (traço 10). É possível que os parceiros demorem para honrar compromissos (traço 11) e que as negociações com autoridades públicas se arrastem (traço 12). Os atrasos resultantes exigem mais capital (traço 13). Os investidores, tanto atuais como potenciais, começam a duvidar das perspectivas do empreendimento.

Com a data da estreia se aproximando, vários fatores conspiram para aumentar o custo do produto e reduzir sua qualidade em relação aos planos originais. Parceiros podem decepcionar, como fez a Renault com o Fluence, que custava mais e tinha menos autonomia que o esperado (traço 14). Contratempos e surpresas no desenvolvimento do produto também resultam em custos mais elevados que o esperado para certos componentes, como no caso das estações de troca de bateria da Better Place. Da mesma forma, a pressão para cumprir prazos obriga a equipe a desistir de certos recursos que o produto teria, como os "parafusos inteligentes" para soltar a bateria do Fluence (traço 15). Decisões do governo também podem elevar custos; a Better Place, por exemplo, teria de obter licenças arqueológicas antes de iniciar escavações para construir estações de substituição de baterias em Israel (traço 16).

Paralelamente, é bem provável que a equipe tenha superestimado a demanda. O ardente entusiasmo do fundador pela visão talvez o tenha levado a acreditar exageradamente no interesse do público e cegado para obstáculos que o negócio poderia encontrar, como ocorreu com a convicção de Agassi de que a Better Place bateria metas agressivas de vendas e custos (traço 17). A magnitude da inovação também produz grande incerteza sobre a demanda no mercado; como ninguém nunca fez aquilo, não há como basear projeções na experiência de outros empreendimentos (traço 18). Atrasos no lançamento significam que essa demanda irá mudando, especialmente se as rivais estiverem trabalhando em soluções alternativas. O progresso de concorrentes aumentará as expectativas do mercado sobre o que uma solução deve oferecer, tornando mais difícil para a startup atingir estimativas originais de vendas (traço 19).

O resultado da combinação de expectativas irrealisticamente altas de demanda (traço 20) e de um produto que custa bem mais e tem desempenho pior que o previsto (traço 21) são vendas fracas quando o produto, por fim, é lançado. Com o dinheiro em caixa acabando, os investidores concluem que a causa está perdida e se recusam a injetar mais capital (traço 22).

Em capítulos anteriores, vimos alguns dos desafios enfrentados por empreendedores que vão atrás de moonshots. Projetos ousados e ambiciosos, por exemplo, geralmente exibem traços do modelo de negócios que impelem uma startup a escalar depressa (Capítulo 6) e, como tal, enfrentam os desafios descritos no Capítulo 7 ao trabalhar com uma estratégia de crescimento acelerado. Além disso, o risco do financiamento, discutido no Capítulo 8, é particularmente agudo com moonshots, em razão do longo tempo que levam para começar. Por conseguinte, ficam mais expostos a mudanças no humor de investidores que atingem todo um setor. Coroando todas as dificuldades que enfrentou, a Better Place, por exemplo, teve a infelicidade de coincidir com a forte queda do investimento em tecnologias limpas iniciada em 2010.

Na seção a seguir, examinarei três desafios adicionais no caminho dos milagres em série e mostrarei como enfrentá-los satisfatoriamente. Esses desafios incluem 1) calcular demanda, 2) lidar com atrasos no lançamento e 3) capitalizar um fundador monomaníaco.

Calcular demanda

Um grande risco que corre o empreendedor com uma ideia feita para mudar o mundo é que a mudança radical prometida acabe sendo vasta demais, afugentando o público. O desafio é descobrir em que ponto a inovação passa a ser excessiva. Nesse contexto, fazer pesquisa de mercado é complicado, por várias razões. Para começar, por conta do demorado processo de desenvolvimento de muitos moonshots, é impossível pedir o feedback de clientes sobre uma versão operacional do produto ainda no início do processo. Muitos empreendedores fazem pesquisa de mercado e depois se arrependem da decisão. Lembremos que, em 2008, a Better Place fez uma sondagem com mil proprietários de veículos em Israel e que 20% disseram que considerariam comprar um veículo da startup – sugerindo um mercado endereçável de 400 mil. Quantos veículos a Better Place tinha vendido quando fechou? Mil.

A Iridium é outro exemplo[44] de moonshot que sofreu um grande erro de cálculo da demanda. Fundado em 1998 com a missão de fornecer serviço de telefone por satélite em qualquer lugar do planeta, o empreendimento foi construído com base em anos de trabalho de P&D na Motorola, seu principal patrocinador. Antes da Iridium lançar 66 satélites no espaço, a Motorola contratou várias firmas de consultoria para estudar o mercado de serviços de telefonia por satélite. Suas pesquisas identificaram um mercado potencial de 42 milhões de profissionais em viagem "viciados em rede sem fio", muitos dos quais supostamente ansiosos para ter um telefone por satélite. Com base nesses dados, a inscrição rápida de um milhão de clientes necessários para atingir o ponto de equilíbrio deveria ser muito fácil. No entanto, quando a startup faliu em 1999, ela havia levantado US$ 6,4 bilhões em patrimônio e dívidas – na época, a maior parte do capital já levantado por uma startup –, mas atraiu apenas 20 mil clientes: longe dos milhões previstos. Profissionais de pesquisa de mercado sabem que os entrevistados tendem a exagerar ao declarar sua intenção de comprar um produto em uma pesquisa, por isso possuem mecanismos para compensar essa distorção e reduzir as projeções. Esses métodos, no entanto, são muito menos eficazes com inovações radicais, pois um entrevistado tem dificuldade para opinar sobre produtos com os quais nunca teve experiência direta. Uma frase atribuída a Henry Ford explicita esse risco: "Se eu tivesse perguntado às pessoas o que queriam, elas teriam dito um cavalo mais rápido".[45]

Logo, se simplesmente perguntar às pessoas se vão adotar uma inovação radical não produz resultados confiáveis, qual a saída? Uma possibilidade é usar táticas descritas no Capítulo 4, como um "smoke test" (no caso, pedir que o cliente pague para reservar um produto ainda não disponível só com base em uma descrição pormenorizada do artigo). A Tesla, por exemplo, mede o apetite do público ao exigir um depósito reembolsável para a reserva de um carro (US$ 1 mil no caso do Model 3). A Jibo fez a campanha na Indiegogo, embora o crowdsourcing, por sua natureza, revele mais sobre o interesse entre usuários iniciais do que entre consumidores típicos. Além disso, conforme vimos no Capítulo 4, é possível complementar essas sondagens com protótipo, como fez o time da Jibo ao usar um protótipo manipulado por uma pessoa de carne e osso (oculta) para ver como as pessoas interagiam com um robô social.

Outro empecilho para medir a demanda pode ser a paranoia do empreendedor. Alguns fazem questão de manter o projeto em segredo até o último instante para impedir que a ideia seja roubada por rivais. Steve Jobs era célebre por exigir sigilo absoluto – antes de lançar o produto com estardalhaço. Dean Kamen, inventor[46] do patinete Segway – o "transportador pessoal" de duas rodas lançado no final de 2001 – e fundador da startup, tinha medo de que a Honda ou a Sony copiassem a ideia; durante anos, Kamen proibiu o time de marketing de ouvir diretamente potenciais clientes. A Segway até contratou uma consultoria, a Arthur D. Little (ADL), para medir a demanda, mas os consultores da firma não podiam descrever a ideia do Segway a nenhum consumidor. A ADL calculou que, nos primeiros 10 a 15 anos, a Segway venderia 31 milhões de patinetes – principalmente fora dos EUA, já que, em muitas cidades da Europa e da Ásia, circular de carro em certas zonas era caro demais ou simplesmente proibido. No fim de 2000, quando o time de marketing finalmente foi autorizado a testar um protótipo do Segway com o público, o resultado foi desolador: menos de 25% disseram ter interesse em comprar o diciclo, um indicador bastante certeiro da fraca demanda que o produto teria no mercado; nos primeiros seis anos, a empresa vendeu apenas 30 mil[47] Segways – com grande prejuízo para os investidores iniciais, que tinham injetado US$ 90 milhões no projeto. Depois de atender os nichos de mercado[48] – entrega de correspondência, centros de distribuição, seguranças de shopping –, a empresa encerrou a produção do patinete em junho de 2020.

Uma última ressalva sobre pesquisas de mercado, citada no Capítulo 4: em geral, ela é usada para vender a ideia a investidores. Já que os moonshots exigem muito investimento de capital, a tentação de inflar estimativas pode ser irresistível para o empreendedor.

Lidar com atrasos

Em todas as startups mencionadas na seção anterior, houve atrasos consideráveis no desenvolvimento do produto. O mesmo ocorreu na GO Corp,[49] que em 1987 resolveu criar e fabricar um tablet com caneta – não só o aparelho, mas também o sistema operacional (OS). O problema começou quando os engenheiros da empresa descobriram que muitos componentes, tanto do hardware como do software, teriam de ser criados do zero. Telas planas, por exemplo – pois os modelos disponíveis no mercado não eram compatíveis com a caneta. Já os sistemas operacionais existentes demoravam demais para processar o "input" (a instrução dada pela caneta) e produzir o "output" (o resultado na tela).

Enquanto isso, com o interesse do setor de informática na chamada computação com caneta crescendo, Microsoft, Apple, IBM e AT&T rondavam o espaço. Logo, apesar de todo o tempo de engenharia que já tinham investido, os líderes da GO Corp a certa altura separaram a divisão de hardware, na tese de que o tablet viraria um produto comoditizado de baixa margem como o computador pessoal. Paralelamente, o time que desenvolvia o OS da GO, batizado de PenPoint, trocou o microprocessador por um chip compatível com tecnologia mobile e que consumia menos energia, corria para melhorar o software de reconhecimento de escrita à mão (que era ruinzinho) e penava para reduzir a necessidade de memória do PenPoint, a fim de conter custos. Resolver isso tudo atrasou o lançamento em mais de um ano. Quando a GO finalmente lançou o sistema operacional PenPoint em 1992, o mercado reagiu com indiferença. Depois de torrar US$ 75 milhões em venture capital, a GO foi vendida à AT&T, que encerrou o projeto em 1994.

As tribulações da GO remetem a um desafio recorrente enfrentado por inovações ambiciosas cujo desenvolvimento se arrasta por um longo tempo: o time de engenharia estará sempre mirando um alvo que se afasta. Quanto mais demora para lançar o produto, mais distante fica o alvo, atrasando ainda mais a estreia. Primeiro, porque é bem provável que surjam novas tecnologias durante o processo de desenvolvimento (chips de baixo consumo de energia no caso da GO, serviços na nuvem que permitiam o processamento fora do aparelho no caso do Jibo), obrigando o time a optar entre atrasar mais para incorporá-las ou renunciar a seus benefícios.

Segundo, porque rivais que estão trabalhando em soluções similares vão anunciar seus planos, obrigando a startup a decidir se investe mais tempo para alcançá-las ou se corre o risco de sair com menos recursos. O telefone por satélite da Iridium,[50] por exemplo, foi concebido originalmente no fim dos anos 1980, quando a telefonia celular terrestre era um serviço caro e com alcance geográfico limitado. Já quando a Iridium estreou, em 1998, o segmento já era muito mais difundido, e o usuário que a Iridium visava raramente estava fora do alcance do sinal das redes de celular. Outra desvantagem era que o serviço da Iridium só enviava e recebia o sinal quando a comunicação com um satélite em órbita estava desimpedida. Assim, ao contrário do celular, não funcionava em áreas fechadas e tampouco era confiável em áreas externas cercadas de altos edifícios, como grandes centros urbanos. Para contornar essa desvantagem, os aparelhos da Iridium migravam para a frequência do celular sempre que possível. Essa mudança tomou tempo e aumentou o custo do serviço, já caro.

Se um empreendedor perceber que sua inovação ambiciosa está demorando muito para sair do papel, o que fazer? Há quatro alternativas.

1. **Aceitar a demora e seguir firme.** Se a startup tiver uma sólida vantagem – como era o caso da Better Place e da Segway – e considerar que o risco de levar uma rasteira de rivais é baixo, essa estratégia faz sentido.
2. **Reforçar o time.** Ainda que a startup tenha dinheiro, contratar muito mais gente provavelmente não seja boa ideia. Segundo a lei de Brooks, colocar mais pessoal em um projeto de engenharia atrasado acaba postergando ainda mais as coisas. A razão? Será preciso explicar aos novos engenheiros o que foi feito até ali, demora mais coordenar uma equipe maior e muitas tarefas na engenharia não podem ser divididas. Para ilustrar esse último argumento,[51] Fred Brooks observa (no clássico da gestão projetos de software, *O Mítico Homem-Mês*) que nem com nove mulheres um bebê estaria pronto para nascer em um mês.
3. **Parar de acrescentar recursos.** Engenheiros adoram aprimorar um produto. Adoram, por exemplo, criar soluções para tudo quanto é situação imaginável, por mais improvável que seja sua ocorrência. Em uma empresa na qual a engenharia manda, pode ser difícil dizer ao time de desenvolvimento que pare de acrescentar funcionalidades. Mas, como disse Doug Field, líder de engenharia da Segway, "chega uma hora, em todo projeto, em que é preciso dar um basta nos engenheiros e partir para a produção".[52]
4. **Exigir menos e simplificar.** Se chegar logo ao mercado é prioridade – seja por causa da concorrência, seja porque o dinheiro está acabando –, eliminar certos recursos ou lançar o produto antes que toda falha tenha sido corrigida pode ser o certo. Foi o que fez o time da Jibo, que tinha de lidar com todo mundo que apoiou

o projeto na Indiegogo e, dois anos depois, ainda esperava pelo robô prometido; como admitiu Chambers, o CEO, o pacote de aplicativos incluído na estreia do robô era mínimo. Foi o mesmo com a Iridium, que lançou[53] o serviço antes de o software estar pronto. Nas primeiras semanas, seus usuários penaram com interferências no sinal, ligações que caíam, ausência de sinal.

Isso posto, ao pesar se vale a pena sacrificar o desempenho da versão inicial para chegar mais depressa ao mercado, o empreendedor precisa considerar o impacto de causar uma primeira impressão ruim nos primeiros a adotar a novidade. Projetos com a ambição de transformar o mundo costumam atrair muita atenção – e tanto a mídia quanto as redes sociais podem ser impiedosas quando algo que gerou muita expectativa decepciona. Foi o caso da Jibo, que segundo um crítico não passava de uma "brincadeirinha de US$ 900"; da Segway ("mais para Flintstones do que para Jetsons"); da Iridium ("um telefone maior do que um tijolo"); e da Better Place ("o preço é o mesmo de um carro a gasolina").

Capitalizar fundador monomaníaco

Um fundador monomaníaco – ou seja, que acredita fervorosamente na ideia arrojada que teve e trabalha incessantemente para tirá-la do papel – pode ser o maior trunfo de um moonshot na fase do lançamento. Já mais tarde, se os milagres não se materializam, esse fundador acaba virando o maior ônus da startup.

Quando a paixão obsessiva do fundador vem junto com carisma, a empresa pode ter uma grande vantagem na mobilização de recursos. Embora monomania e carisma não andem necessariamente de mãos dadas, um líder com ambos é capaz de mover montanhas.

O termo "campo de distorção da realidade" foi criado para um episódio da série *Jornada nas Estrelas* nos anos 1960, mas acabaria sendo aproveitado para descrever a incrível capacidade de Steve Jobs de motivar o time de engenheiros a cargo do Macintosh original, levando esse povo a trabalhar 80 horas por semana por meses a fio. Jobs dizia: "Estamos aqui para deixar uma marca no universo.[54] Se não por isso, para que estar aqui?". Sob o efeito de um campo de distorção da realidade, potenciais trabalhadores, investidores e parceiros estratégicos enxergam uma realidade na qual seu compromisso com o projeto pode – apesar de imensos obstáculos – ajudar a tornar realidade o sonho do fundador.

Shai Agassi era páreo para Jobs na capacidade de criar um campo de distorção da realidade. Dean Kamen, o carismático fundador da Segway, também. Assim como Agassi, Kamen achava que salvaria o planeta se o patinete elétrico Segway substituísse o automóvel ao redor do mundo. E, assim como Agassi ao vaticinar que sua empresa logo ultrapassaria a GM em valor de mercado, Kamen dizia que a Segway cresceria mais que qualquer outra empresa do mundo, pois "seria para o automóvel o que o PC foi para o mainframe".[55] Seu pitch de vendas, descrito como "interessante e irresistível", era certeiro: engenheiros talentosos não só embarcavam no projeto como aceitavam de bom grado ganhar menos que a média do mercado pela oportunidade de trabalhar com o profícuo inventor. O mesmo acontecia com investidores, atraídos como insetos à luz de Kamen: uma lenda como John Doerr, VC da Kleiner Perkins, junto com Credit Suisse First Boston e um bando de executivos-anjos, abraçaram com tudo a oportunidade de dar dinheiro a Kamen.

Só que o carisma que produz um campo de distorção da realidade é muitas vezes – embora nem sempre – uma das muitas manifestações do narcisismo. A primeira impressão que um narcisista deixa costuma ser bem positiva, pois em geral é gente envolvente, que tem lábia, que sabe não só ler o outro como também atraí-lo. Mas o narcisismo esconde um lado sombrio.

O narcisista tem uma noção inflada do próprio valor e precisa ver esse ponto de vista reforçado. É alguém que busca controle, poder e fama; possui um sentimento forte de "direito", que decorre da convicção de que suas ideias e sua capacidade são superiores; é hipersensível a críticas, em geral ignorando qualquer informação que vá contra o que pensa. Para defender seu ego, inflado porém frágil, o narcisista se recusa a admitir o erro e insiste em estratégias que não deram certo. Por isso tudo, o narcisista não só é visto como arrogante e presunçoso, mas também se mostra particularmente suscetível ao problema da "escalada do comprometimento", citado anteriormente neste capítulo.

Em casos extremos, o narcisista é desprovido de empatia e não sente qualquer remorso por assumir indevidamente o crédito por realizações alheias e/ou culpar os outros por seus próprios erros. Exige lealdade incondicional, mas manipula os outros para conseguir o que quer e, quando esses deixam de ser úteis, simplesmente os descarta.

O narcisismo é um traço de personalidade que todo mundo exibe em certa medida; cada um de nós cai em algum ponto de uma escala que vai de "menos" a "mais" narcisista. Por relatos que li sobre a Better Place e a Segway, e que me serviram de fonte neste capítulo, diria que Agassi e Kamen estão no alto dessa escala.

Se Agassi e Kamen são narcisistas, estão em boa companhia: em um artigo de referência na *Harvard Business Review*, "Narcissistic Leaders: The Incredible Pros, the Inevitable Cons"[56] ("Líderes narcisistas: os incríveis pontos positivos e os inevitáveis negativos", em tradução livre), o psicanalista Michael Maccoby coloca Bill Gates, Steve Jobs, Larry Ellison e Andy Grove no mesmo time. Segundo estudos, empreendedores exibem um grau maior de narcisismo do que a população em geral, na média. Contudo, Maccoby faz uma distinção entre o "narcisista produtivo" – o líder que usa a visão, a garra e o carisma para promover avanços importantes – e aqueles que tropeçam depois de calar vozes dissidentes e se cercar de gente que só diz sim e cumpre ordens sem questionar.

Embora todo tipo de startup[57] esteja sujeito às consequências positivas e negativas do narcisismo de um fundador, os moonshots potencializam esses efeitos. Por sua própria natureza, exigem aportes pesados de recursos em meio a muita incerteza. Um empreendedor com carisma e inabalável determinação é ideal para inspirar investidores, funcionários e parceiros estratégicos a dar um salto no escuro. No entanto, os moonshots também exigem milagres em série por um longo período. Muita coisa pode dar errado e, quando algo inevitavelmente dá, um fundador/CEO talvez precise reconsiderar a estratégia do negócio. Dificilmente haverá uma recalibração refletida se esse fundador/CEO for do tipo que não suporta críticas ou um egocêntrico que não costuma admitir os próprios erros e não aceita conselhos ou orientação de ninguém que não seu próprio reflexo no espelho.

Se uma startup moonshot estiver sendo liderada por um narcisista que já está na zona "improdutiva" de Maccoby – ou rumando para lá –, há duas providências a tomar. Primeiro, convencer o fundador a trabalhar com um coach executivo. Segundo, seguir melhores práticas para estruturar e gerenciar o conselho de administração da startup.

Coach executivo. Com a ajuda de um coach profissional, um fundador pode se tornar consciente de seu estilo de gestão e de suas disfunções e tomar medidas corretivas. O problema é que um líder narcisista geralmente não quer feedback. Convencido de que está no caminho certo, não vê necessidade de mudar. Logo, quando o líder não busca ajuda, outros devem tomar a iniciativa. Um empurrão de uma figura de confiança pode funcionar, mas narcisistas em geral não têm relacionamentos fortes com mentores. Um membro do conselho talvez consiga plantar a semente, porém o confronto provavelmente levará a uma atitude defensiva e de negação. Nesses casos, preservar o ego do fundador e alimentar sua ambição podem ajudar a amenizar a resistência.

Para maximizar o impacto, o coach deve trabalhar com quaisquer cofundadores ainda na empresa, bem como com outros executivos do negócio e membros do conselho para ajudá-los a entender o que desencadeia o comportamento disfuncional no fundador/CEO narcisista – e como reagir. Como bem sabe quem trabalha com terapia de casal, as pessoas muitas vezes não estão cientes de padrões destrutivos nas relações – padrões claramente evidentes para um profissional. Naturalmente, o coach precisa estabelecer um alto grau de confiança com o fundador antes de embarcar nessa missão.

Melhores práticas no conselho. Um conselho de administração bem-estruturado e bem-administrado pode ter grande impacto no desempenho de qualquer startup, mas seu papel é especialmente importante em uma startup moonshot liderada por um narcisista. Quando entra na zona improdutiva, um fundador/CEO tende a expulsar gente da cúpula da empresa que pensa de forma independente; por conseguinte, não sobra ninguém para ter discussões construtivas sobre opções estratégicas. Elizabeth Holmes é um exemplo:[58] na Theranos, frequentemente demitia executivos que a questionavam. Quando todo mundo em um time de gestão desfalcado pensa igual (o chamado "groupthink"), o conselho é a última linha de defesa.

Instalar gente certa no conselho é crucial. Uma vez que novos investidores à frente de uma rodada de captação de fundos pedirão um assento no conselho em troca do aporte de capital, não há muita margem de manobra nessa frente. A boa notícia é que os sócios de firmas de VC, em sua maioria, funcionam bem como conselheiros, pois esta é a principal via pela qual agregam valor a empresas do portfólio. É comum estarem em vários conselhos ao mesmo tempo (até dez, digamos) e terem atuado em muitos outros no passado; logo, provavelmente terão profunda experiência com as questões de estratégia enfrentadas por startups em expansão, estilos de liderança de distintos fundadores e melhores práticas de gestão do conselho da startup. A Segway tinha um sócio de VC no conselho; a Better Place, dois – um era investidor da startup, o outro era Andrey Zarur, amigo de Agassi e seu coconspirador em Davos, que não investiu na Better Place mas tinha experiência como VC e como cofundador, CEO e/ou membro do conselho de três startups de biotecnologia.

Critérios de seleção são mais relevantes no caso de conselheiros independentes como Zarur – ou seja, que não investiram na startup nem são membros fixos da cúpula executiva da empresa. É boa prática recrutar um conselheiro independente que já tenha sido

CEO de uma startup em expansão, de preferência alguém que também entenda como administrar um fundador/CEO narcisista – seja porque já lidou com um no passado ou porque já enveredou por esse caminho e aprendeu algo no processo. Zarur era um candidato plausível para exercer esse papel na Better Place: amigo de Agassi, conhecia em primeira mão os pontos fortes e as deficiências do fundador e, pelo menos no começo, tinha a confiança dele. A Segway, vejam só, não possuía nenhum conselheiro independente no conselho, que além de dois investidores profissionais incluía dois anjos que, como ex-CEOs de grandes empresas, não acumulavam extensa experiência com startups em expansão.

Seguir boas práticas na gestão do conselho pode ajudar a enfrentar os desafios diante de uma startup em expansão com ambições desmedidas – sobretudo uma startup liderada por um narcisista monomaníaco e carismático. Uma medida crucial é incluir sessões fechadas (só com conselheiros externos, sem a presença do CEO e de outros executivos da empresa que também pertençam ao conselho) na agenda regular do conselho. A reação de Agassi a uma sessão fechada dessas quase levou a sua demissão em junho de 2010. Se a Better Place tivesse instituído uma norma que tornasse essas sessões fechadas parte rotineira de toda reunião do conselho, a paranoia do fundador poderia ter sido contida.

Outras duas boas práticas de governança são importantes. Primeiro, a avaliação anual do desempenho do fundador/CEO pelo conselho é uma oportunidade crucial para um diálogo construtivo sobre a necessidade de mudança e como promovê-la. Segundo, o conselho deve ter um processo para avaliar sua própria eficácia como órgão deliberativo (talvez também anualmente). Os conselheiros precisam chegar a um acordo não só em relação a como orientar um fundador/CEO problemático, mas também sobre o volume de risco que a startup deve assumir. Dado o longo ciclo de desenvolvimento do produto de um moonshot e as repetidas rodadas de financiamento, alguns dos primeiros investidores deterão ações com um preço muito baixo em relação ao valor pago por investidores mais recentes. Por conseguinte, ao pesar riscos e potenciais retornos de decisões estratégicas, o perigo é que cada investidor pense estritamente nos interesses de sua própria firma de VC e não no dever fiduciário, como membro do conselho, de pesar interesses de todo e qualquer stakeholder. Se interesses estreitos prevalecem, talvez o conselho não seja capaz de chegar a um consenso sobre o rumo estratégico. Para enfrentar esse problema[59] sem rodeios, o fundador/CEO da Return Path, Matt Blumberg, deu a cada um dos conselheiros dois bonés – um preto e um branco – para representar seu duplo papel de investidor e fiduciário. Ao discutir opções estratégicas, Blumberg pedia aos diretores que trocassem de boné para expressar dúvidas do outro ponto de vista.

Este capítulo chamou atenção para os riscos envolvidos em escalar uma startup cuja ambição é estratosférica – um moonshot – e mostrou também estratégias para mitigá-los. No entanto, não quero deixar a impressão de que a probabilidade de fracasso de um negócio desses é tão alta que melhor seria simplesmente não apostar em inovações ousadas. É verdade que milagres em série não ocorrem a toda hora – o que significa que muitos moonshots caem de volta à terra. Exemplos de moonshots que deram errado vêm logo à mente. É que ficamos fascinados ao ver a ascensão de um projeto visionário desses – e estupefatos pela enorme cratera que deixam na paisagem ao se estatelar no chão.

Contudo, há moonshots que conseguem, sim, chegar a seu destino. A Federal Express foi uma;[60] quando Fred Smith fundou a empresa, no começo dos anos 1970, a aposta foi a maior do capital de risco até ali. Mais recentemente, temos a Tesla e a SpaceX, de Elon Musk, ambas com um valuation astronômico no momento em que escrevo.

Moonshots, portanto, continuarão aparecendo; aliás, precisamos deles para enfrentar grandes desafios da sociedade, como a mudança climática. Empreendedores visionários em todo o mundo estão trabalhando em hyperloops, veículos autônomos, edição genética e computação quântica. Um dia, certamente poderemos conversar com os netos do Jibo – e, quem sabe, até ter um carro voador.

PARTE III
Fracasso

10

Tanque vazio

> *O pior não é quebrar; o pior é dar murro em ponta de faca por anos sem uma saída à vista.*[1]
> Andrew Lee, cofundador da Esper

Quando lançaram a Quincy Apparel, as fundadoras prometeram não deixar que divergências sobre a gestão da empresa abalassem a forte amizade entre elas. É verdade que nem sempre estavam em sintonia em decisões ligadas à estratégia; aliás, era comum discordarem. Contudo, sempre conseguiam superar desavenças e preservar a amizade. Até o dia em que não chegaram a um acordo se deviam ou não pôr fim à startup. Depois dessa briga, deixaram de se falar.

Ao longo dos anos, dezenas de fundadores buscaram minha opinião sobre a mesma dúvida que atormentava Alexandra Nelson e Christina Wallace, da Quincy: Devo fechar minha startup? Embora pudesse ajudar a pesar prós e contras, jamais podia dizer com absoluta certeza se a resposta no final era sim ou não. Por que era tão difícil tomar a decisão? E como o fundador devia abordá-la?

Ao conversar com outros fundadores de startups que deram errado sobre como e por que decidiram encerrar as atividades, dois temas sempre vinham à tona. Um, a decisão era carregada de fortes sentimentos (como pude ver com as fundadoras da Quincy). Isso não causa surpresa: como a identidade do fundador costuma estar estreitamente ligada à do empreendimento, fechar a startup é dar as costas a parte de si mesmo – e admitir que um aspecto muito importante de sua vida tem falhas irremediáveis. Dois, muitos achavam que haviam esperado demais e que deviam ter enfrentado aquela difícil decisão antes.

Como veremos, essas duas respostas estão interligadas: o tempo que a pessoa passa confrontando (ou evitando) as intensas emoções geradas por uma startup que vai mal leva muitos empreendedores a esperarem mais do que deviam para pôr fim ao projeto. Na prática, o que estão fazendo é rodar com o *tanque vazio* – o que é ruim para todos os envolvidos. Quanto mais a situação se arrasta, mais tempo o pessoal perde com uma causa perdida – quando podia estar indo atrás de novas oportunidades. E, quanto mais tempo um fundador perde esperando (em vão) que novos investidores ou um comprador apareçam para salvar a situação, mais capital vai queimar – capital que poderia ser devolvido aos investidores.

Neste capítulo e no seguinte, a perspectiva do livro muda. Já não vamos buscar a razão do fracasso de uma startup – mas tentar entender os mecanismos por trás dele e suas consequências. Primeiro, vou tratar do fim em si: o caminho que o empreendedor percorre até decidir encerrar as atividades, que escolhas terá de fazer uma vez tomada essa decisão e como administrar a dissolução da empresa. No próximo capítulo, veremos como lidar com o rescaldo emocional que isso deixa.

Prelúdio da queda

É raro o fracasso chegar sem antes avisar; em geral, é precedido de uma série de decisões que não dão certo, lances desesperados que não surtem o efeito desejado. É uma espécie de prelúdio à queda. Nessa reta final, um fundador provavelmente tentará pelo menos uma das seguintes saídas:

- Pivotar para um novo modelo de negócios.
- Levantar uma nova rodada de financiamento junto a investidores.
- Vender a empresa.
- Tomar um empréstimo-ponte de investidores atuais.
- Cortar pessoal.

Às vezes, o fundador tem sucesso nessa última tentativa, pelo menos o suficiente para ganhar tempo para tentar reverter a situação. No entanto, na maioria das vezes, não. Pior ainda, quando uma dessas iniciativas não dá certo, é mais provável que a seguinte dê errado. Se, ao tentar vender a empresa, o fundador não receber nenhuma proposta aceitável, os investidores atuais naturalmente terão receio de aportar mais capital.

A possibilidade de tomar qualquer uma dessas medidas pressupõe, naturalmente, que o fundador ainda seja o CEO. Conforme observado anteriormente,[2] o conselho de uma startup em estágio avançado e em dificuldades – que, depois de rodadas de captação de recursos, é dominado por investidores – geralmente concluirá que o fundador não possui competência para tirar a empresa do atoleiro e colocará outra pessoa no comando. Porém, quem quer que assuma o cargo precisará considerar as alternativas mencionadas.

Pivotar. Se uma startup não está dando certo, seus líderes devem se perguntar se não seria melhor pivotar para um novo modelo de negócios. Pivotar, por si só, não é um prenúncio de fracasso. Aliás, muitas empresas de destaque no mercado foram fruto de uma pivotagem. O PayPal, por exemplo, partiu[3] como um meio de pagamentos entre PalmPilots. Quando viu que esse mercado seria pequeno demais, o time migrou para pagamentos por e-mail, justamente quando o eBay pegava embalo. O YouTube começou[4] como um serviço para que o usuário subisse seu perfil em vídeo para achar namorado ou namorada.

Pivotagens de sucesso como essa em geral têm uma coisa em comum: *são feitas logo no início da empreitada*. É verdade que várias das startups que fecharam, mencionadas neste livro, também pivotaram logo cedo. A Triangulate, por exemplo, foi criada a princípio para vender um mecanismo de matching a sites e aplicativos de namoro que já existiam; a Baroo foi pensada originalmente como uma creche para cães na sede de empresas; e a Fab.com era cria da Fabulis, uma rede social para homossexuais. Infelizmente, mesmo depois de pivotar, esses projetos não conseguiram evitar os erros que acabaram levando a seu fim.

Migrar para outro modelo de negócios em um estágio mais avançado do projeto – caso o plano original não esteja surtindo efeito – pode representar vantagens. Uma delas é que a equipe, depois de um tempo no mercado, já tem uma boa noção das necessidades não atendidas de clientes. Meses (ou anos) tocando o negócio significam, basicamente, que o time fez uma sondagem minuciosa do mercado e deveria estar menos suscetível a cair nos erros da falsa largada e de falsos positivos ao considerar novas soluções. Outra vantagem é que a startup normalmente conta com recursos de sobra para fazer a pivotagem, incluindo engenheiros e profissionais de marketing tarimbados – além, é claro, de capital. Em comparação, fundadores que pivotam logo cedo em geral ainda estão correndo para reunir recursos e, ao mesmo tempo, tentando encontrar o modelo de negócios certo.

Pivotar mais tarde apresenta, no entanto, duas possíveis desvantagens. A primeira é que imprimir um novo rumo a uma empresa mais estabelecida requer mais energia. A liderança precisa coordenar esforços de muito mais gente e explicar as mudanças a fornecedores e clientes atuais. Estes últimos, em particular, podem ficar confusos e descontentes com a mudança. Pivotar a essa altura do campeonato é como fazer um grande navio dar meia-volta: é preciso avançar por milhas para mudar o sentido.O site Fab.com viveu esse problema quando Jason Goldberg decidiu pivotar da ideia inicial de ofertas-relâmpago com entrega direta pelo fornecedor ("drop-shipping") para trabalhar com uma seleção maior de produtos e manter o próprio estoque. Do ponto de vista estratégico, fazia sentido; no ano seguinte, a rival Wayfair abriu com sucesso o capital com um modelo semelhante. Isso posto, a pivotagem da Fab consumiu meses: os engenheiros tiveram de refazer o site, o pessoal de operações precisou criar processos para embalar e despachar pedidos, a equipe de compras teve de renegociar contratos com fornecedores (novos e atuais). Podia até ter dado certo se Goldberg tivesse simultaneamente pisado no freio da expansão, dando à equipe mais tempo para ajustar o sortimento de produtos e as iniciativas de marketing. Em vez disso, Goldbert tentou manter o ritmo acelerado de crescimento durante e depois da pivotagem, gastando pesado na aquisição de clientes. Com isso, o LTV/CAC piorou e a empresa foi esgotando o capital.

O segundo porém[5] é que talvez não sobre runway suficiente para a startup concluir a pivotagem. Voltando à definição de Eric Ries, esse runway é o número de vezes que uma startup consegue pivotar antes de esgotar completamente o caixa – e pode ser zero se o caixa da startup der apenas para iniciar uma pivotagem, mas não para manter a empresa de pé sem uma injeção de capital até determinar se a guinada está funcionando.

Foi, basicamente, o que aconteceu com a Quincy Apparel: quando assumiu o comando, uma das fundadoras, Alexandra Nelson, reduziu o número de tamanhos disponíveis para diminuir a complexidade no lado operacional e o volume de estoques. Foi, provavelmente, o certo a fazer – mas nunca saberemos, pois a pivotagem veio tarde. Na Triangulate, foi parecido: com o dinheiro acabando, Nagaraj pivotou do Wings para o DateBuzz. Também fazia sentido: abrir a foto do perfil só depois que as pessoas fossem obrigadas a conferir e a interagir com outras informações no site redirecionava a atenção dos usuários e satisfazia uma necessidade não atendida do cliente. No entanto, a Triangulate estava sem dinheiro para difundir a inovação, e Nagaraj não conseguiu arrecadar mais capital.

Em suma, pivotar em um estágio avançado leva mais tempo. Com uma equipe maior, o negócio consome capital em ritmo mais acelerado. Isso significa que talvez seja preciso uma injeção de capital antes que fique claro se a guinada está dando certo. É provável que os investidores – especialmente novos – resolvam "esperar para ver" antes de liberar mais capital.

Buscar novos investidores. Todas as startups que deram errado e cujo fracasso contei neste livro tentaram, em vão, conseguir dinheiro de novos investidores. Jibo, Quincy, Triangulate, Baroo, Fab, Dot & Bo e Better Place estavam, todas, em um ponto de inflexão – a poucos meses de esgotar os recursos da rodada mais recente de financiamento – quando foram abordar investidores novos. Embora tivessem uma ou outra coisa boa a contar, seus fundadores não conseguiam mostrar de forma inequívoca que haviam achado um caminho claro para o lucro em longo prazo. Um investidor otimista podia até ter enxergado o copo meio cheio. No final, prevaleceram os céticos e os pessimistas que viram o copo meio vazio.

Não é raro que o empreendedor busque um novo investidor para liderar uma nova rodada de financiamento (em vez de recorrer a quem já está investindo na empresa). Um novo investidor traz experiência e contatos adicionais. Além disso, para prevalecer na disputa com outros VCs, esse investidor precisa pagar um valor por ação alto o bastante para ter o direito de liderar a rodada. Isso significa menos diluição para acionistas atuais, incluindo os fundadores. Uma vez que cada nova rodada tende a ser consideravelmente maior que a anterior, é capaz que os investidores existentes não reúnam condições de aportar todo o capital necessário, ainda que estejam dispostos a investir.

Quando o desempenho de uma startup fica aquém do esperado e o time está discutindo ações corretivas, é possível que os investidores atuais apresentem outras razões para incentivar o CEO a buscar capital de novos investidores. Já que o futuro da startup está rodeado de incertezas, talvez esses investidores questionem a decisão de ter bancado o empreendimento ou, tendo empenhado sua reputação profissional ao investir, seu juízo sobre as perspectivas da startup pode estar comprometido pelo instinto a preservar o próprio ego ("É claro que o projeto vai bem. Eu só invisto se for para ganhar"). Em qualquer das hipóteses, se o CEO conseguir persuadir um investidor novo e imparcial de que as perspectivas da startup são positivas, a validação será bem-recebida pelos investidores atuais.

Esse tiro, no entanto, pode sair pela culatra. Na due diligence feita antes de um aporte, os potenciais investidores vão querer saber se os atuais[6] farão sua alocação *pro rata* na nova rodada. Pelos termos de rodadas prévias, aqueles investidores em geral têm o direito (mas não a obrigação) de aportar capital nas rodadas subsequentes em volume suficiente para manter intacta a participação que detinham quando fizeram o investimento original. Se a startup estiver indo bem, pode ser vantajoso – e VCs costumam exercer esse direito (supondo que tenham capital suficiente no fundo atual). Para potenciais investidores é preocupante, portanto, se investidores atuais derem evasivas ("Ainda estamos pensando") quando questionados se farão o aporte *pro rata*. Lindsay Hyde viveu algo ainda pior com seu investidor-anjo, que estava furioso e espantou novos investidores ao criticar a liderança da Baroo durante o processo de due diligence.

Vender a empresa.[7] Se for impossível conseguir capital de novos investidores, o passo seguinte é tentar vender a startup. Os investidores no conselho da empresa, cientes de que a alternativa a vender a empresa seria eles próprios injetarem mais capital, podem desejar explorar opções de fusão e aquisição (M&A).

Tipicamente, quando o empreendedor coloca uma empresa à venda, não é difícil achar interessados – em geral rivais ou grandes empresas que atuam no mesmo espaço. Ainda que não tenham a intenção real de comprar a startup, esses players podem mostrar interesse como meio de descobrir mais sobre a estratégia do negócio, seus resultados financeiros, propriedade intelectual, remuneração de funcionários etc.

A maioria das startups descritas neste livro viveram esse processo. Na Dot & Bo, por exemplo, Anthony Soohoo contratou um banco de investimento para cuidar do processo de venda, mas ficou decepcionado com os contatos feitos no setor, bem aquém de suas metas. Além disso, estava ciente de que potenciais compradores, tendo descoberto no processo de due diligence que o caixa da Dot & Bo estava acabando, podiam usar essa informação para obter vantagem na negociação. "Eles enrolavam para nos cansar",[8] disse Soohoo. No final, a Dot & Bo recebeu algumas ofertas, incluindo uma de US$ 50 milhões – o que teria sido um bom desfecho, pois até ali só US$ 19,5 milhões haviam sido investidos na startup. Infelizmente, depois que a rival One Kings Lane foi vendida por um valor decepcionante, todas as ofertas de compra da Dot & Bo sumiram.

Lindsay Hyde também iniciou discussões para vender a Baroo. Recebeu duas ofertas, e o conselho aceitou uma delas; mas, ao final dos 30 dias do período de due diligence acertado, o interessado desistiu por motivos não divulgados. Quando Lindsay foi procurar a empresa que apresentara a outra oferta, o CEO respondeu simplesmente: "Não, obrigado. Foi uma luta fazer o conselho aprovar nossa oferta original; não vou comprar essa briga de novo".[9] Na esteira, uma terceira empresa ofereceu US$ 1 milhão pela Baroo – de novo, condicionando a compra a um período de auditoria de 30 dias. Se fechado, o negócio daria prejuízo para os investidores, que tinham colocado US$ 4,5 milhões na startup. Mas, ao menos, receberiam parte do dinheiro de volta. Só que essa oferta tampouco vingou.

O que Lindsay viveu revela um dos desafios de usar uma aquisição como possível tábua de salvação para startups em apuros: é um processo demorado buscar interessados, fazer a due diligence e, se tudo correr bem, consumar a venda. Lindsay calculou que o terceiro candidato poderia ter levado outros 90 dias (além dos 30 iniciais da due diligence pré-compra) para finalizar a parte legal e fechar o negócio.

Outro possível desafio[10] é a ambivalência do fundador sobre a vida após a venda. Vender a empresa pode retornar capital a investidores e dar uma segunda chance para o pessoal. Isso posto, uma aquisição normalmente é condicionada à permanência de certos membros do alto time de gestão na empresa, em geral por 18 a 24 meses (um período de lockup). Se a transação trouxer pouco ou nenhum ganho financeiro para o fundador – como teria sido com Lindsay –, a perspectiva de ficar subordinado a outra pessoa, em vez de criar um novo projeto, é ainda menos atraente. Isso vale especialmente para o tipo de pessoa que optou por abrir o próprio negócio – em vez de trabalhar para outros.

Mais um problema: simplesmente pode não haver comprador. Avni Patel Thompson, a fundadora da Poppy, o serviço de creche sob demanda citado no Capítulo 2, viveu isso. Ela lembra que, quando foi oferecer a Poppy a rivais, percebeu "que todo mundo também estava com problema de margens.[11] Ninguém tinha dinheiro sobrando para sair comprando. Nem as empresas que mostraram interesse conseguiriam agir depressa o bastante para fechar o negócio em menos de seis meses, e nesse tempo estaríamos sob imensa pressão para não deixar a atividade principal afundar".

Além disso, como diz o VC Fred Destin, se o processo de aquisição não der certo, a startup vira uma "mercadoria avariada". Destin dá um exemplo: "A venda caminha mais ou menos.[12] Você vai ver que as ofertas são baixas, talvez um pretendente te deixe plantado no altar. A gente ouve muita coisa do gênero 'é meio cedo para vender, primeiro vai arrumar X e Y' (o que você já sabia). Agora, seu 'ativo' está queimado no mercado e levará um ou dois anos para você sair vendendo a história de novo. Você se lembra de ter ouvido que 'negócio bom é comprado, não vendido' e agora faz mais sentido do que nunca".

Empréstimo-ponte.[13] Se o CEO não conseguir levantar mais capital de novos investidores e não achar um comprador, o passo seguinte é pedir um empréstimo-ponte dos investidores atuais. Às vezes, eles não podem ou não querem dar mais dinheiro. Quando as fundadoras da Quincy fizeram esse pedido, os investidores recusaram e, em vez disso, apresentaram as duas a anjos que poderiam estar interessados; as conversas não deram em nada.

As negociações sobre uma rodada "ponte" podem gerar briga, pois talvez exijam até uma recuperação judicial (*cram down*) que dilua consideravelmente a participação de investidores atuais que não entrem no esquema. Embora as condições variem, quem se dispõe a aportar mais capital a uma empresa em apuros basicamente terá de aceitar uma ação a um valor muito baixo. Quando isso ocorre, um grande número de novas ações será emitido na rodada ponte; isso feito, investidores cujas ações preferenciais foram adquiridas em rodadas anteriores passarão a controlar uma porcentagem muito menor da empresa. O mesmo vale para fundadores e funcionários com ações ordinárias. Para manter os gestores motivados após essa diluição da participação, uma alternativa é que o plano de reestruturação inclua provisões para que recebam novas ações ou opções. Como o conselho precisa aprovar qualquer nova rodada de financiamento, seus membros podem chegar a um impasse se algum investidor se recusar a aportar mais capital e tampouco aceitar o *cram down*.

Foi o que aconteceu com Lindsay depois de pedir ao conselho que considerasse um empréstimo-ponte de US$ 500 mil para ajudar a Baroo a seguir de pé até que a oferta de aquisição de US$ 1 milhão anteriormente citada fosse concluída. O pedido provocou uma discussão acalorada entre investidores. Um membro do conselho aceitou liberar o dinheiro desde que ele – e qualquer outro investidor disposto a se unir a ele – recebesse 100% dos recursos arrecadados na saída até que tivesse recebido de volta seis vezes o valor de sua nova injeção de capital. Na prática, isso significava que o US$ 1 milhão proveniente da compra seria distribuído inteiramente aos investidores-ponte – um belo retorno nos novos US$ 500 mil que estariam aportando. Os demais acionistas não aceitaram nem assumir esse risco, nem autorizar a operação.

Redução de pessoal.[14] Se os resultados da startup estão decepcionando, muitos empreendedores concluem que é preciso cortar pessoal para diminuir o burn rate e, com isso, ganhar tempo para novas tentativas de captação de fundos e M&As, ou para poder pivotar. Nesse processo, é preciso tomar quatro decisões ligadas à redução dos quadros.

Primeiro, *quão transparente ser sobre a situação da empresa com os funcionários?* Essa decisão logicamente precede as demais. No livro *Lost and Founder*, Rand Fishkin, fundador da Moz, startup que produz software para otimização em mecanismos de busca, lamentou não ter sido mais transparente com a equipe antes de uma grande rodada de demissões. A empresa havia investido pesado por vários anos para ampliar a linha de produtos, que passou a incluir uma cesta completa de ferramentas de marketing digital (por exemplo, monitoramento em redes sociais e monitoramento de conteúdo de blogs). Para conter a saída de caixa diante da baixa acolhida desses novos produtos, a Moz demitiu 59 dos 210 funcionários. Fishkin conta como foi:

> Houve choro e revolta, postaram coisas horríveis sobre a empresa em blogs, sites de avaliação e redes sociais, amizades foram desfeitas, a confiança perdida, a reputação abalada. O pior de tudo é que a notícia foi uma total surpresa para a maioria da equipe. De todos os erros e decisões ruins, o que mais lamento foi a falta de transparência do nosso time de liderança, incluindo eu, nos meses que antecederam esse episódio (...). Se nossa intenção era realmente investir em todos aqueles produtos sabendo que talvez tivéssemos de demitir uma parte considerável da equipe, devíamos ter dito isso desde o início (...). Quando se perde a confiança assim, é muito difícil conquistá-la de volta.[15]

Segundo, *até que ponto cortar?* Há um consenso de que o corte deve ser suficientemente profundo para não haver necessidade de uma segunda rodada de demissões, já que esta poderia abalar o ânimo e provocar a saída de gente talentosa (ou porque deixou de confiar nos chefes ou por acreditar que o negócio não vai sobreviver). Isso posto, realizar um corte gigantesco de uma só vez também tem suas desvantagens. No *post mortem* que fez da Fab, Jason Goldberg lamentou ter demitido em massa na Europa e rapidamente cortado o time da Fab nos EUA de 400 para 85. Ele diz:

> Verdade seja dita, foi o começo do fim. A única coisa que melhorou foi reduzir a queima do caixa, mas o negócio em si estava afundando e perdendo valor. Pisei fundo no freio de um foguete em alta velocidade, o que é muito difícil de fazer, e me saí pessimamente mal. Corri demais a cortar custos e reduzir o escopo em vez de parar um segundo e traçar um plano com o conselho para preservar o valor aos nossos acionistas. Todo mundo sempre diz: "Corte rápido e corte fundo". Hoje, discordo. Deveria ser: "Corte com sensatez, corte com um plano e corte com ajuda".[16]

Terceiro, *quem cortar?* Altos executivos podem ser alvos interessantes, pois ganham muito. Mas dispensar gente em altos cargos expõe de forma indesejada o fato de que a empresa passa por problemas. A decisão de Goldberg de demitir uma série de seus subordinados diretos, por exemplo, recebeu muita atenção na mídia de negócios. Ele recorda:

> A imprensa fez um escarcéu com a saída dos executivos. A tese era a de que estavam saindo por insatisfação com meu estilo de gestão. Mas a imprensa só viu um lado da história, pois na época eu havia decidido não culpar ninguém além de mim pelos problemas da Fab. Jamais me arrependi dessas demissões: tínhamos muita gente com altos salários e muitos não estavam dando resultado. Na maioria dos casos, demiti o chefe e coloquei no comando seu subordinado direto. Foi uma decisão pensada, tomada com o apoio do conselho. Esses subordinados já vinham fazendo o trabalho na prática e eram capazes de produzir um resultado melhor.[17]

Em vez de demitir, certos CEOs pedem a altos executivos que aceitem uma redução no salário, o que pode ajudar a startup a evitar cortes mais profundos na linha de frente. Foi o que Lindsay fez – e seu time executivo na Baroo aceitou ter parte do salário diferido. Mais tarde, no entanto, ela foi avisada por seu advogado que, no estado do Massachusetts, o CEO é pessoalmente responsável por qualquer remuneração não paga, cujo valor pela lei pode ser até triplicado – e a apólice de seguro de conselheiros e executivos da maioria das empresas não cobre essa responsabilidade. Logo, a companhia saldou imediatamente os US$ 250 mil devidos em honorários atrasados – exceto para Lindsay –, o que quase zerou a conta bancária da Baroo e acabou decretando seu fim.

Por último, quanto pagar pela rescisão ao pessoal demitido?* Quando a Moz estava planejando o último grande corte, Fishkin se desentendeu com outros membros do conselho sobre o valor dessa indenização. Seu argumento era que a lealdade e a disposição dos funcionários que ficavam melhorariam se a Moz pagasse pelo menos seis semanas de salário a colegas demitidos com mais de quatro anos de casa. Um VC, membro do conselho, disse que muitas empresas de tecnologia dão só duas semanas de salário e que seis era o máximo que já vira. A empresa realmente queria gastar 20% do dinheiro restante com indenizações? A posição de Fishkin prevaleceu, mas ele disse que o processo "gerou danos irreparáveis: relacionamentos com membros do conselho que tinha levado anos para construir".[18]

Hora de parar

Se nenhuma das estratégias descritas até aqui der certo, o empreendedor terá de tomar uma decisão difícil: jogar ou não a toalha? Em conversas com empreendedores e investidores, vi que várias razões levam fundadores a seguir em frente com o tanque vazio – mesmo quando a possibilidade de reerguer o projeto passa a ser infinitesimalmente pequena.

---

* Nota da Editora: Nos Estados Unidos esse valor não é determinado pela legislação trabalhista.

Se o projeto ainda estiver no estágio inicial, a decisão de seguir em frente ou fechar a startup cabe apenas ao fundador, pois nessa hora esse indivíduo ainda controla a maioria dos votos no conselho da startup (se é que há um). Obviamente, ainda que detenha a maioria dos votos, o fundador/CEO tem a obrigação de manter o conselho plenamente informado sobre a situação da empresa e buscar sua opinião sobre como proceder. Já em empreendimentos em estágio avançado, quando conselheiros externos são maioria, encerrar as atividades passa a ser uma decisão colegiada, de todo o conselho.

Com a finalidade de decidir se o potencial da startup é suficiente para justificar um empenho maior, o fundador vai precisar de tempo a fim de considerar todo o leque de opções de resgate listadas na seção anterior: pivotar, buscar novos investidores etc. Andrew Lee, cuja startup fracassou, disse o seguinte sobre esse impulso: "Vi paralelos impressionantes entre decisões de fim de vida de uma startup e decisões de fim de vida médicas. (...) Assim como na medicina, é possível tomar decisões para 'prolongar' a vida de uma startup".[19]

Além desse impulso[20] a esgotar alternativas de socorro, há várias outras razões para um empreendedor tentar adiar o fim, apesar da probabilidade cada vez menor de sucesso do negócio. Algumas delas:

- Em geral, o **fracasso se desenrola em câmera lenta**: primeiro o crescimento cai, depois potenciais investidores desconversam com um "precisamos de mais tempo para pensar". A ambiguidade dessa resposta dá ao fundador um grão de esperança (geralmente falsa). E, muitas vezes, é difícil determinar se a situação de fato já é irremediável.
- É possível sobreviver em um estado vegetativo, sobretudo se a startup estiver no estágio inicial. Para economizar, por exemplo, o time, que é pequeno, pode entregar o espaço no qual trabalhava e se instalar na casa do fundador. É possível que funcionários

leais, que compraram a visão desde cedo, aceitem um corte de salário "até captarem a próxima rodada".

- Fundadores ouvem a toda hora que um grande empreendedor tem raça. Isso cria a **ideia de que quem desiste não é um grande empreendedor**. Para manter a autoimagem, portanto, a pessoa segue na briga. Também é comum o fundador ouvir que quem persiste sempre vence – e vibrar com histórias de startups que viraram o jogo no último segundo. Depois de toda energia e emoção que colocou no projeto, o fundador tende a ver o que quer ver.

    Esse estado mental ficou evidente em uma série de desabafos comoventes postados no blog "My Startup has 30 Days to Live" por Mike Gozzo, que à época escrevia sem se identificar. Ao narrar os dias finais da startup que fundara, Gozzo admite: "Vi, sim, os números. Contei meus temores ao 'conselho' (seja lá o que isso for numa startup no estágio zero) e a nossos investidores. No entanto, quando lembro desses relatos, vejo que estava tão acostumado a criar uma narrativa positiva, animadora, que continuei fazendo isso mesmo quando devia ter sido sincero comigo mesmo. Eu estava sempre a ponto de bater as metas que não havia cumprido no mês anterior (faltava só fechar um acordo). Na tentativa desesperada de não sair dos trilhos, não percebi que o caminho estava me levando direto a um abismo".[21]

- **Muitos empreendedores não têm com quem desabafar;** nas palavras de Gozzo, enfrentam essa crise existencial "completamente sós".[22] Para manter a startup à tona, a pessoa precisa projetar uma confiança inabalável. Quando membros da equipe, parceiros ou clientes perguntam como vão as coisas, o fundador invariavelmente acentua o positivo, pois sabe que uma avaliação mais equilibrada e mais honesta pode provocar deserções no time e acelerar a derrocada da startup. Ao tentar levantar mais capital, o empreendedor pode esconder más notícias justamente de quem está mais equipado para orientá-lo: investidores atuais. Por conseguinte, poucos indivíduos estão suficientemente informados para dar ao fundador bons conselhos sobre se, e quando, fechar as portas.

Embora possa ser difícil resistir ao instinto de ocultar os problemas da empresa, quem procura ajuda normalmente descobre que sempre tem alguém pronto para ajudar. Andrew Lee, fundador da Esper, escreveu: "Todo mundo (não só investidores) está disposto a ajudar. Embora me sentisse constrangido e culpado, assim que pedi ajuda, percebi o comum que era minha situação e como os outros tinham empatia. Só lamento não ter buscado ajuda antes".[23]

- Mesmo que tenha aceitado a realidade, o **fundador pode sentir o dever moral de perseverar** em nome do pessoal que trabalha na empresa e precisa do emprego, de clientes que contam com seus produtos e de investidores que foram inspirados pela visão do fundador. É como disse a meus alunos Steve Carpenter, fundador da fintech Cake Financial, que não deu certo: "Quando você pega dinheiro dos outros, não dá para desistir".[24]

Nesse mesmo viés, Gozzo afirmou: "O que me atormentava no meio da noite era a responsabilidade que sentia pelas pessoas que tinham acreditado na minha visão e contribuído para torná-la clara e tirá-la do papel comigo. O que o fracasso significaria para elas? Sua carreira se recuperaria dos sacrifícios que haviam feito para ir atrás desse sonho? Assim como um testamento, quando revelado, pode destruir uma família, será que o fim da empresa destruiria amizades e relacionamentos?".[25]

Quando Gozzo finalmente contou ao time que o projeto estava em sérios apuros, a reação foi alentadora. "Marquei uma reunião e dei a todos um retrato detalhado da nossa situação financeira. Fui o único a falar com a voz embargada. Meu time aceitou o desafio, reafirmou o alinhamento com nossa visão e fez uma série de sacrifícios para garantir que poderíamos continuar a executá-la. É essa paixão que mostra que [um time] é de elite". Em visita a minha turma de MBA durante uma aula sobre fracasso de startups, o coach de startups Jerry Colonna alertou que, embora a lealdade para com o time seja algo admirável, manter um negócio de pé só pelo senso de dever "cria o risco de toxicidade".[26] Segundo ele, "líderes têm poder e é possível que façam mau uso dele se sentem rancor pelos outros ou ódio de si mesmos".

- **O ego de um fundador sofre um golpe duro** quando o negócio dá errado – e esse baque é agravado se o fracasso for estigmatizado nos meios nos quais circula. Se o fracasso parecer inevitável, o fundador deve decidir se encara o golpe agora ou se o posterga o máximo possível. A dor que um empreendedor sente quando sabe que sua startup está afundando é palpável.

É como desabafou Gozzo: "Sempre ouvi dizer que, nos momentos finais [antes da morte], nossa vida inteira passa diante dos olhos. Nos últimos 24 dias, sinto que vivi uma vida inteira de provações, fracassos, sucessos e emoções ao aceitar o destino da minha startup. O último mês foi uma torrente de emoções, uma série de derrotas, uma pior que a outra, eu me fechando em copas, descuidando da saúde, tendo de aceitar que a única oportunidade de uma 'acquihire' estratégica [ou seja, o comprador só queria mesmo o time da empresa] acabou sendo uma conversa inútil por Skype no qual disseram que simplesmente não éramos bons o suficiente para trabalhar com uma startup das boas (...) no nosso espaço".[27]

Contudo, apesar de todos os fatores que incentivam um fundador no estágio inicial a postergar o fechamento, também há forças atuando no sentido oposto. Investidores, em particular, podem fazer pressão pelo fim caso concluam que dificilmente a startup vai se recuperar. Eles preferem dissolver a sociedade antes que esta esgote todo o capital, para receber parte de seu dinheiro de volta. Se o investidor também atua no conselho da startup, o custo de oportunidade do tempo dedicado a essa atividade seria alto. Já que o conselho de uma startup em estágio inicial costuma se reunir pelo menos dez vezes ao ano e consome bastante tempo fora de reuniões incluídas na agenda regular, há uma limitação de caráter prático ao número de conselhos nos quais um VC pode atuar. Se um destes for em uma startup de futuro incerto e duvidoso, isso reduz a probabilidade de o VC vir a fisgar um peixe do tamanho de um unicórnio. Empreendedores experientes, que já fecharam um negócio, têm bons conselhos para fundadores de primeira viagem às voltas com essa decisão. Sugerem: 1) determinar metas a serem cumpridas e definir prazos para isso; 2) perguntar a gente de confiança (que conhece você, seu projeto e o que é preciso para um empreendedor vencer) se faz sentido persistir; e 3) fazer a si mesmo, regularmente, as seguintes perguntas:

- **Você está sem cartas na manga?** Especificamente falando, você esgotou todas as possibilidades listadas no início do capítulo: pivotar, buscar novos investidores, M&As etc.? Essa pergunta foi, em última instância, o que levou Gozzo a fechar a empresa: "Não foi uma pivotagem que deu errado. Não foi uma briga. Não foi uma mudança repentina na situação pessoal. Não foi um mau conselho seguido às cegas. Aliás, é difícil especificar o que me fez aceitar o prognóstico e parar de me iludir. *Sabia que tinha ficado sem cartas na manga.* Sabia que, ainda que tivesse um runway mais longo e que alguém oferecesse um tremendo empréstimo-ponte, não poderia aceitá-lo e seguir com a consciência limpa".[28]

- **Você está infeliz?** Você odeia o trabalho, odeia seu cofundador, seu time, os investidores? E a relação com a família, como está? Essa situação já dura semanas? Jasper Diamond Nathaniel, cofundador de uma startup de nutrição esportiva que afundou (a Revere), relembra assim o período que antecedeu o fim da empresa: "Estava tão exausto – física, mental e emocionalmente. Mal conseguia dormir. Meu humor estava completamente instável: cada reunião com investidores, cada alta e queda nas vendas era uma montanha-russa. Não sobrava tempo para os amigos, a família. Tinha acabado com um relacionamento. E estava só. Para manter uma fachada forte, havia me isolado, escondido meu turbilhão interno do pessoal e de investidores. Evitava falar sobre isso com gente de fora da empresa, pois tinha certeza de que ninguém iria entender. Vinha dizendo a mim mesmo que aquilo tudo era normal, que fazia parte da vida de empreendedor, mas de repente a coisa toda me pegou. Tentei buscar, dentro de mim, algo que me ajudasse a seguir lutando, mas não achei nada. De toda a paixão que eu tinha... não havia sobrado nada".[29]

- **Você ainda acredita na visão que o movia lá no começo?** Com o dinheiro da Baroo acabando, Lindsay Hyde preparava o pitch para captar fundos de outra firma de capital de risco quando foi avisada de que um gato diabético, já velhinho, tinha morrido sob os cuidados de um funcionário da Baroo – a primeira vez que isso acontecia. O resultado foi que chegou desnorteada à reunião com os investidores. Ainda que um veterinário tenha determinado que a culpa não fora do funcionário da Baroo, o episódio abalou a confiança de Lindsay – e a reunião com o VC foi um fiasco. Mais tarde, esse investidor diria a ela: "Conheço você e tenho fé em você. Mas não achei que *você* acreditava na sua própria história".[30] Lindsay refletiu: "Acho que, naquela hora, eu realmente não acreditava que poderíamos vencer. Quando o empreendedor perde a energia – aquela dose de loucura que faz com que confie que dali a 24 meses vai estar tudo bem –, não tem mais jeito".

- **A oportunidade de terminar "bem" as coisas está no fim?** Por "bem", aqui, quero dizer encerrar as atividades tendo honrado compromissos com clientes; quitado na íntegra todas as contas pendentes com fornecedores; pagado não só o salário devido ao pessoal, mas também a rescisão; e devolvido ao menos parte do dinheiro de investidores. Terminar bem as coisas ameniza o estrago porventura causado à reputação do fundador. Isso dito, manter o negócio de pé após passar o ponto no qual é possível terminar bem as coisas dá ao fundador mais tempo para buscar mais capital, um sócio ou comprador para a empresa.

Para saber exatamente quando essa oportunidade vai acabar, o fundador deve ter uma noção exata dos compromissos da companhia e do ritmo ao qual está consumindo o capital. Christina Wallace tinha essa data[31] em mente quando propôs ao conselho da Quincy fechar a empresa – e a outra fundadora, Alexandra Nelson, acabou encerrando as operações a tempo de dar ao pessoal uma pequena indenização, saldar todas as dívidas com credores e devolver a investidores uma pequena parcela do capital. Já Lindsay Hyde não agiu oportunamente para cumprir todas as obrigações financeiras da Baroo. Embora tenha pagado tudo o que devia aos funcionários,[32] a Baroo ficou com um saldo de cerca de US$ 100 mil em aberto com fornecedores.

Depois de tomar a decisão de fechar a empresa e comunicar o time, é comum o fundador ter uma espécie de catarse, uma grande liberação da pressão emocional. "Foi um alívio pôr fim à tensão envolvendo o empréstimo-ponte",[33] disse Lindsay. "Vivi um momento de grande clareza, pois, àquela altura, realmente sentia que tínhamos explorado todos os caminhos possíveis para os investidores. Fizemos das tripas coração para tentar recuperar o dinheiro deles".

Tendo decidido que a startup não vai sobreviver como empresa independente, o fundador enfrenta outras decisões a tomar.

Deveria sair e deixar outra pessoa liquidar a companhia? Deveria tentar fechar uma acquihire, ou seja, ir atrás de uma organização que queira contratar o time, mas não manter a operação?

Ir embora ou deixar o cargo. Em raras ocasiões, um fundador/CEO simplesmente anuncia ao conselho ou aos outros fundadores que está indo embora: "Não aguento mais. Terminem vocês". O impulso é compreensível, dada a pressão que o fundador está sofrendo e o fato de que, dali em diante, nada vai mudar, nem sequer há perspectiva de sair com algum capital. O fundador pode, ainda, decidir deixar o posto de CEO, mas seguir exercendo outra função na empresa, caso fatores já citados tenham abalado sua determinação a continuar no comando.

Há duas boas razões para não desistir. A primeira é que tocar o negócio até o fim pode render boas lições para o fundador. A segunda é que nenhum fundador quer ficar com a reputação do capitão que abandona o barco afundando. Aileen Lee, uma VC,[34] me contou de um fundador que simplesmente abandonou o negócio em dificuldades com a desculpa de não haver um retorno financeiro justificável para perder meses até colocar um fim corretamente às coisas. O conselho e os investidores ficaram furiosos: o fundador tinha convencido todos a bancar sua ideia e agora pulava fora, deixando a eles, investidores, a tarefa de limpar a sujeira. Prometeram nunca mais voltar a trabalhar com aquele empreendedor.

Acquihire. Uma acquihire é uma saída comum[35] para startups que afundam depois de ter recebido venture capital. A vantagem dessa solução é que os investidores em geral recebem um retorno sobre o investimento, ainda que módico, e parte do pessoal sai com emprego. Por outro lado, o fundador pode ter de lidar com a atitude com a qual Gozzo se deparou ao tentar negociar essa saída: "Estamos sendo cortejados por homens que aparentemente se esqueceram da luta e querem se divertir com a presa. Tanto aqueles que nos procuraram quanto aqueles que nós fomos buscar agirão do mesmo jeito, rondando nosso corpo ensanguentado na água, talvez para zombar de nós, em um gesto sádico. É bem provável que estejam só esperando as luzes se apagarem para começar a pilhagem".[36]

Para a empresa que está comprando, um acquihire é uma decisão entre "fazer ou comprar" (no que se refere a capital humano de engenharia e empreendedor). É bom lembrar que o comprador não vai querer ficar com todo mundo: vai realizar entrevistas para decidir quem lhe interessa. Basicamente, esse comprador está buscando descobrir se sai mais em conta adquirir um time que já se mostrou capaz de criar e de trabalhar junto ou montar e treinar do zero um outro igualmente capaz. Esse cálculo significa que uma acquihire raramente sai por um grande múltiplo do capital total levantado pela startup – pois o custo de adquirir talentos dessa forma seria muito maior que o de contratar e montar uma equipe do jeito convencional.

Em virtude de preferências de liquidação negociadas por VCs, em uma acquihire, os investidores ficam com todos os recursos provenientes da saída até conseguirem recuperar seu aporte de capital original. Dados os modestos valores de compra, uma vez que acionistas preferenciais (ou seja, os VCs) tiverem recebido seu quinhão, pode restar pouco (ou nada) para distribuir aos demais acionistas, ou seja, fundadores e funcionários que detenham ações ou opções.

O fato de que fundadores e integrantes do time sairão com pouco ou nada em termos de participação pode causar complicações, já que a compradora condicionará o acordo à retenção de profissionais cruciais do time. Para a compradora, a saída mais fácil é conceder a esses indivíduos algum incentivo paralelo, como um bônus de contratação ou um pacote de ações com vesting ao longo do tempo. Do ponto de vista da adquirente, essa solução é interessante – sempre que não aumentar muito o custo total da aquisição. Naturalmente, investidores da startup verão com desconfiança qualquer acordo paralelo firmado às suas custas. O fundador precisa ter muita habilidade para conduzir essa situação, pois será preciso simultaneamente manter o time intacto, encaminhar bem a transação e deixar o conselho de administração (que terá de aprovar a aquisição) satisfeito.

Um fundador que tenha um vínculo emocional com a empresa e com os colegas pode ficar angustiado ao ver a equipe que montou sendo friamente interrogada em um processo de avaliação e, em seguida, desmembrada e dispersa ("Vamos ficar com esses dois, mas não com aquele mané"). Por isso, Andrew Lee sugere que o fundador pergunte ao time o que ele realmente quer antes de abrir as negociações para a aquisição. Lee lembra que o processo de acquihire "dividiu a equipe para entrevistas – ou melhor, interrogatórios – e o lançou em uma montanha-russa de incertezas que rapidamente deixou em nós um gosto amargo".[37]

Fechamento da empresa

Você chegou ao fim da estrada sem ter achado um salvador disposto a investir no último instante ou a comprar a empresa. Como, então, encerrar as atividades de forma correta?

Assessoria profissional. A primeira providência, se é que já não foi tomada, é buscar um advogado e um contador para orientá-lo. Esses profissionais devem ter conhecimento de todas as obrigações legais e fiscais do processo e de práticas prudentes de gestão do encerramento: quem tem prioridade para receber se o produto da liquidação for inferior à soma dos valores devidos, por exemplo; como manter fundos sob custódia em contas bancárias especiais, à espera da liquidação final; e como despedir trabalhadores para que tenham acesso a benefícios ligados ao desemprego. Esses profissionais também poderão ajudar na burocracia exigida para fechar uma empresa, incluindo a baixa na inscrição estadual e a elaboração do distrato social.

O escritório de advocacia que você usou até aqui – para a abertura da empresa, contratos de trabalho e com fornecedores, questões regulatórias, pedidos de patente e por aí vai – pode ou não contar com alguém que entenda do fechamento de empresas. Se não contar, certamente poderá indicar um especialista na área. Em geral, esse profissional[38] pede um honorário fixo, cobrado antecipadamente. Se assim for, pague logo: ele estará, com toda razão, preocupado com sua capacidade de honrar o compromisso e é melhor não correr o risco de perdê-lo no meio do caminho. Se não puder pagar, sites como NOLO.com e Rocket Lawyer oferecem uma boa orientação, para quem está nos Estados Unidos.

Abordagem.* O passo seguinte é decidir,[39] com a assessoria dos profissionais citados, qual de três abordagens básicas você seguirá para liquidar ativos e pagar credores. Antes de iniciar o processo, é preciso fazer um levantamento de todos os ativos que possam ser vendidos e apurar todas as dívidas. Além disso, você ou seus assessores devem verificar os contratos associados a esses valores para determinar se algum deles concede à parte correspondente alguma preferência quanto ao recebimento de recursos provenientes da liquidação de ativos.

Independentemente da abordagem utilizada, a ordem pela qual as distintas partes serão pagas costuma ser ditada por leis e regulamentos estaduais. Na maioria das jurisdições, é preciso 1) pagar todos os impostos devidos, 2) pagar salários e direitos de trabalhadores e 3) ressarcir quaisquer valores adiantados por clientes antes de pagar dívidas garantidas, como um empréstimo bancário garantido por recebíveis ou estoques. Se não tiver como quitar o empréstimo, o banco cobrará as contas a receber, venderá o estoque e ficará com os valores obtidos até que o empréstimo seja quitado. É muito importante saber se algum de seus ativos foi dado como garantia para algum crédito. Se vender esse ativo sem a autorização do credor, você estará em apuros legais.

Créditos não garantidos são os próximos da fila. Aqui, o fundador pode ter certa autonomia para decidir quais pagar, dependendo da

---

* Nota da Editora: O trecho a seguir é específico ao contexto dos Estados Unidos, terra do autor. Para saber como funciona no Brasil, preparamos um texto disponível para download no site da Conecta, a plataforma de conteúdos digitais da Saraiva Educação, com o apoio do advogado Erik Fontenele Nybø. O material pode ser acessado através do link: https://somos.in/OEDS1.

abordagem de dissolução utilizada. Caso sobrem recursos depois de resolvida a situação de todos os credores, haverá uma distribuição a detentores de ações preferenciais. Últimos na fila: detentores de ações ordinárias como você, o fundador.

Estes são, em linhas gerais, os três caminhos para administrar o fechamento de uma startup:

- **Falência.** Ao pedir falência, todas as reivindicações do empreendimento são anuladas. Um administrador nomeado pelo tribunal liquida os ativos da empresa e resolve as reivindicações. Comparado a um acordo workout extrajudicial (descrito a seguir), dá muito menos trabalho para o fundador. No entanto, a falência tem desvantagens. É um processo público, pode demorar bastante e a liquidação tende a render um valor inferior comparado a outros processos – especialmente depois da comissão do administrador, sobre as vendas do ativo. Por fim, o fundador abre mão do arbítrio sobre quais reivindicações não asseguradas serão reembolsadas.
- **Processo ABC** (Assignment for the Benefit of Creditors, ou Cessão em Benefício dos Credores). Neste caso, a startup dá a terceiros a direito legal de liquidar os ativos e resolver reivindicações em troca de taxas. Um processo ABC tem várias vantagens. Em primeiro lugar, o fundador gasta menos tempo que em um acordo extrajudicial. Além do mais, o processo ABC costuma ser resolvido com mais rapidez que um pedido de falência. Em terceiro lugar, como muitas empresas de ABC têm expertise em liquidação de ativos e negociação de reinvindicações específicas à indústria de tecnologia, elas podem recuperar valores superiores àqueles que seriam recuperados em caso de falência ou acordo do tipo workout. Por fim, compradores de ativos caros tendem a preferir trabalhar com uma empresa ABC ou com os tribunais especializados em falência – e não com um indivíduo que está

administrando seu próprio ativo. Compradores querem evitar complicações legais que podem surgir se os ativos adquiridos estiverem assegurados por outra reinvidicação; empresas ABC e tribunais se esforçam para garantir que os ativos não estejam presos dessa forma.

O processo ABC, contudo, tem pontos negativos. Para começar, as empresas ABC preferem trabalhar com startups maiores, porque rendem taxas maiores. Em segundo lugar, suas prioridades podem não se alinhar com as do fundador ou dos acionistas. A Dot & Bo, por exemplo,[40] pagou uma taxa de US$ 250 mil para uma empresa ABC, contratada pelo banco, cujo empréstimo à Dot & Bo estava assegurado contra uma porção considerável dos ativos da startup. Anthony Soohoo ficou desapontado com os resultados. "A empresa responsável pelo processo ABC não queria mais saber de nada depois de recuperar o suficiente para quitar o empréstimo do banco. Não estavam focados em quitar todas as dívidas com os fornecedores nem em devolver algum capital aos acionistas".

- **Acordo workout**. Um workout é um acordo extrajudicial autogerido e costuma ser a abordagem escolhida por startups menores porque não tem as taxas e comissões associadas aos outros dois caminhos. Num workout, o próprio fundador administra as vendas dos ativos e negocia acordos com os credores, liberando a startup de outras responsabilidades legais. O processo pode ser demorado, mas dá ao fundador mais espaço de manobra para determinar quais credores serão pagos e quanto receberão. Segundo o NOLO,[41] um repositório on-line de recursos jurídicos, credores sabem que será difícil recuperar o dinheiro depois que o negócio fechou, então costumam aceitar acordos se você puder oferecer entre 30% e 70% da dívida vigente. Antes das negociações, é importante notificar os credores não assegurados (por meio de carta certificada) de que você está fechando o negócio e solicitando reivindicações num prazo que cumpre com os requisitos estaduais. As reinvidicações enviadas pelas partes notificadas além desse período não são válidas; no entanto, as partes que não são notificadas podem apresentar reinvidações com atraso. Depois de chegar a um acordo com um credor, certifique-se de que tem em mãos um documento assinado, liberando-o de reivindicações futuras.

Comunicação. Tendo decidido fechar, o fundador precisa resolver como dará a notícia a todos os atingidos pela decisão. No caso de credores, adotará um dos processos descritos anteriormente. Outras partes interessadas importantes incluem clientes, investidores que não estão no conselho e funcionários.

No caso de clientes, é aconselhável receber tudo o que for devido e ainda não foi pago antes de avisar que a empresa vai fechar, pois caso contrário pode ser difícil cobrar. O cliente vai querer saber exatamente quando o serviço será encerrado. Para terminar realmente bem a relação, uma startup pode facilitar a transição de usuários para outro provedor de serviços. No caso da Baroo,[42] Lindsay Hyde convenceu a rival Rover a acolher tanto os passeadores da Baroo quanto seus clientes, que receberam um vale de US$ 40 a fim de migrar para a adversária.

Certos empreendedores sabem se comunicar com investidores que não estão no conselho; outros, não. Seja como for, a frequência dessa comunicação tende a cair quando a startup começa a ter dificuldades, pois ninguém gosta de dar notícia ruim. Logo, o fim da empresa pode pegar de surpresa certos investidores. Gente que investe ou já investiu em outras startups tende a encarar o fracasso como parte da vida e, em geral, não fará um escarcéu. Isso posto, merece uma explicação detalhada da situação e um agradecimento pelo apoio.

Ao notificar os trabalhadores que a empresa vai encerrar as atividades, um fundador deve estar atento a várias coisas. Primeiro, quanto cada pessoa receberá de rescisão? Em segundo lugar, como orientá-los a dar entrada no seguro-desemprego? Terceiro, eles têm a opção de manter o plano de saúde? Quarto, o fundador deve garantir aos funcionários que tomará certas medidas para ajudar todos a encontrarem outro emprego, servindo, inclusive, como referência e comunicando outras empresas para informá-las de que há gente talentosa disponível no mercado. Para encerrar, o fundador e seu time de liderança devem agradecer o trabalho feito por todos, deixar claro que não é deles a responsabilidade pelo fracasso da empresa e que todos devem se orgulhar do trabalho que fizeram juntos.

Neste capítulo, vimos os desafios logísticos de fechar uma empresa. Nessa jornada, no entanto, o fundador também passará por provações psicológicas. Na primeira fase – o prelúdio da queda –, seu humor vai oscilar radicalmente, pois estará tentando salvar o negócio. Vai ganhar e perder esperança ao ver que uma pivotagem aparentemente promissora não dá certo, ao ver que investidores acenam com socorro para depois mudar de ideia e que potenciais interessados em uma fusão enviam sinais ambíguos.

No meio desse caminho, o fundador enfrentará – talvez sozinho – uma questão existencial: é hora de jogar a toalha? Essa pergunta provocará emoções fortes: culpa por ter decepcionado o time e os investidores; raiva daqueles que prometeram, em vão, vir em socorro da empresa; dúvida sobre sua própria capacidade de liderar o negócio, para começo de conversa, e tristeza ao ver que o sonho de "mudar o mundo" está acabando.

O começo do fim é um momento de catarse para o fundador, que finalmente anuncia aos outros que tudo terminou. Nas semanas seguintes, esse fundador provavelmente estará ocupado demais com a burocracia de fechar o negócio para ter tempo de pensar. Depois dessa correria, quando o pessoal já tiver ido embora, a negociação com credores tiver sido concluída e a papelada toda preenchida, o empreendedor terá tempo de sobra para processar a dor, refletir sobre tudo o que aconteceu, se podia ter feito as coisas de outra maneira – e começar a pensar no que fará em seguida. No próximo capítulo, veremos estratégias para lidar com essa fase final.

11

Volta por cima

Christina Wallace ficou arrasada[1] quando teve de deixar a Quincy já na reta final da startup. Passou três semanas enfurnada no apartamento, pedindo comida pela internet e assistindo a uma temporada atrás da outra da série *The West Wing*. Christina tinha pavor de precisar explicar aos amigos o que estava acontecendo, pois, embora houvesse cortado relações com Alexandra Nelson, sua melhor amiga e cofundadora da Quincy, ainda se sentia responsável pela startup que as duas criaram. Alexandra evitava conhecidos do círculo de empreendedores em Nova York para não ter de responder se alguém perguntasse se estava "tudo bem". Se a notícia de que a Quincy estava mal se espalhasse, seria mais difícil para Alexandra tirar um coelho da cartola e conseguir mais dinheiro. Christina só saiu de casa uma vez enquanto a Quincy agonizava, para ir a um baile beneficente; não falou com ninguém no evento, mas postou selfies no Instagram para fazer de conta que estava tudo bem.

Christina precisou deixar a tristeza de lado por necessidade, pois viu a crise financeira pessoal que se avizinhava. Havia investido todas as economias na Quincy e acumulara uma dívida considerável no cartão de crédito para pagar as contas do dia a dia; agora, necessitava quitar também um crédito estudantil. Não tinha seguro-desemprego, nem uma cara-metade que segurasse as pontas, e sua família não possuía dinheiro para sair emprestando. Precisava achar um emprego – e rápido. Depois que a Quincy fechou, ao longo de 30 dias, Christina sentou para um café com 70 pessoas, entre amigos e contatos profissionais. A cada um, perguntou: "Você acha que sou boa para quê?". Com base nessas conversas, concluiu que era ótima para contar histórias e vender a missão de uma organização. Também gostava do desafio de criar algo do nada. Isso a levou ao trabalho seguinte: inaugurar um campus do Startup Institute em Nova York para dar treinamento imersivo a gente em transição de carreira.

O caminho trilhado por Christina foi a versão acelerada de um percurso em três etapas que a maioria dos fundadores percorre na tentativa de se reerguer após o fim de um negócio. A primeira é a **recuperação** após o baque emocional causado por esse fim. O fundador precisa enfrentar a dor, a tristeza, a revolta e a culpa que costumam acompanhar qualquer grande revés pessoal – e muitas vezes, como ocorreu com Christina, ao mesmo tempo em que confronta a dura realidade de ter perdido a renda ou as economias. Na segunda etapa, a **reflexão**, o fundador idealmente deixa de culpar os outros ou circunstâncias externas incontroláveis pelo fracasso. Com esse exercício de introspecção, passa a entender melhor o que deu errado, que papel desempenhou para a derrocada do negócio e o que poderia ter feito de forma distinta. No processo, também descobre mais sobre aquilo que o motiva, bem como seus pontos fortes e deficiências como empreendedor, gestor e líder. Na última fase, a do **retorno**, o fundador usa todas as lições aprendidas para decidir se vai tentar criar uma nova startup ou dar um outro rumo à carreira.

Este capítulo vai examinar essas três etapas e dar sugestões para que o empreendedor possa superar a dor do fracasso de uma startup, aprender com o tombo e, por fim, se reerguer.

Recuperação

O fracasso de uma startup pode tirar o empreendedor do prumo. Primeiro, porque pode deixar a pessoa em uma situação econômica difícil. Muitos, como Christina Wallace, investem todas as economias no projeto. Outros abusam do limite do cartão de crédito para manter o negócio de pé. Para estender o runway da empresa, a maioria recebe pouca coisa a título de salário ou, como fez Lindsay Hyde, da Baroo, opta por diferir essa renda.

No plano pessoal, a vida do empreendedor também pode estar em frangalhos. Depois de meses trabalhando 80 horas por semana, essa pessoa provavelmente deixou amigos, a família e até a cara-metade em segundo plano; achar um ombro amigo para chorar as mágoas talvez seja difícil. O medo da rejeição e a vergonha da situação algumas vezes levam o fundador a nem tentar reiniciar ou reparar relacionamentos. Especialmente no início, é comum essa pessoa se isolar.

Josh Carter, fundador da hoje extinta empresa de desenvolvimento de aplicativos BrightWork, descreveu esse doloroso período: "Reflexões sobre o que poderíamos ter feito melhor abafavam as vozes distantes do noticiário matinal. Fico em casa tentando achar um caminho de volta desse sentimento profundo de fracasso que me corrói como um vírus. É uma sensação paralisante. Com o olhar perdido diante da tela do computador, sigo buscando algum senso de propósito. Decepcionei aqueles que contaram comigo e preciso tentar mostrar, para a família e os amigos, que está tudo bem. Hoje, é quase impossível".[2]

Por último, o fracasso do empreendimento pode trazer um profundo sofrimento psíquico ao fundador, que precisa lidar com uma mistura tóxica de culpa, vergonha, arrependimento e decepção. Infelizmente, culpa e vergonha, quando aliadas ao instinto de sumir ou se retrair, podem ser uma combinação perigosa. Se o empreendedor se isolar socialmente, esses sentimentos tomam conta da situação e podem jogar a pessoa em uma viciosa espiral descendente. "Minha primeira reação foi pedir desculpas – à [cofundadora] Marcin, ao time, aos investidores, à fiel comunidade que criamos",[3] lembra Nikki Durkin, que fechou sua startup, a 99dresses, em 2014. "Sentia vergonha, culpa, constrangimento – como um pastor que conduziu as ovelhas a um precipício quando era [sua] responsabilidade mantê-las a salvo. Logicamente, eu sabia que não devia sentir nada disso, mas sentimentos nem sempre são lógicos. Aliás, eu nem sabia o que devia estar sentindo. Como eu vinha trabalhando naquela empresa desde o fim do ensino médio, não conhecia nada mais além da 99dresses. Era uma parte imensa da minha identidade: eu era 'a garota da 99dresses'. Quem era eu sem a startup? Não tinha ideia".

As "cinco fases do luto", de Elisabeth Kübler-Ross,[4] são um modelo bastante útil para entender o que um fundador pode estar sentindo durante esse período – e como isso vai evoluindo com o passar do tempo. Kübler-Ross observou que, ao sofrer uma perda significativa, o indivíduo em geral alterna cinco reações – embora a sequência possa variar e algumas delas possam simplesmente não se manifestar.

- **Negação.** Nessa fase inicial de choque, uma reação típica é não querer acreditar que aquilo está acontecendo. A reação inicial de Anthony Soohoo ao fim da Dot & Bo, por exemplo, foi: "Simplesmente não parecia real".[5]
- **Raiva.** Nessa fase, a pessoa sente que aquilo "não é justo" e questiona de quem é a culpa. O empreendedor pode atacar cofundadores pelos erros cometidos, investidores que fizeram pressão demais para a empresa crescer ou parceiros que não cumpriram o prometido. Na terapia, o paciente é incentivado a expressar plenamente essa raiva – uma reação natural que ajuda a pessoa a se reconectar com a realidade; a técnica também pode ser útil para fundadores.
- **Barganha.** Para lidar com o sentimento de impotência e vulnerabilidade, a pessoa nessa fase busca reaver o controle, tecendo para tal uma narrativa que explique a perda. No caso

de uma startup, o fundador fica ruminando alternativas: "E se tivéssemos pivotado antes? E se tivéssemos desacelerado o crescimento? E se não tivéssemos entrado na Europa?".
- **Depressão.** A certa altura, a pessoa que vive uma perda pode ser tomada por uma sensação de impotência e vazio e fugir ao convívio com os outros. Nesse estágio, quando a autoestima do indivíduo talvez esteja lá embaixo, o fundador acaba pensando: "Qual o sentido de criar outro negócio? Obviamente eu não tenho o que é preciso para vencer".
- **Aceitação.** Essa é a meta para o final da fase de recuperação: um fundador que fez as pazes com o que aconteceu e acredita que vai dar a "volta por cima".

A recuperação tende a ocorrer de forma paulatina; o tempo cura, mas às vezes de forma lenta. Alguns terapeutas sugerem que o paciente em luto reconheça a própria dor – escrever um diário pode ajudar – e aceite que o progresso, ao lidar com a perda, vai ser irregular, com retrocessos. Estabelecer uma rotina diária ajuda a pessoa a retomar um certo senso de controle.

A atividade física também causa efeito terapêutico. Anthony Soohoo, por exemplo,[6] passou as duas primeiras semanas após o fim da Dot & Bo na casa de um amigo, basicamente meditando e mexendo o corpo. E, é claro, falar sobre o que está sentindo auxilia o empreendedor a seguir em frente. Esse interlocutor pode ser um psicólogo – embora, tendo falido, a pessoa talvez esteja sem plano de saúde nem condições de pagar pelo atendimento de um profissional.

Retomar velhos hobbies ou atividades – ou encontrar novos – talvez seja uma salutar distração e ajude o fundador a parar de ruminar a situação e ir readquirindo confiança. Ensaiar uma volta no plano profissional – começar a procurar um emprego, assumir um projeto de consultoria ou colocar no papel as primeiras ideias para um novo negócio – talvez traga motivação e esperança. Dean Shepherd, professor da Notre Dame[7] que estudou a psicologia de empreendedores que fracassaram, observa que alternar entre distrações dessa natureza e ruminar sobre o revés recente acaba sendo reparador.

A experiência de Avni Patel Thompson, fundadora do serviço de creche Poppy, que não deu certo, corrobora isso: "Falar sobre o fracasso da Poppy com outros fundadores e com meu marido ajudou imensamente",[8] lembra ela. "A sensação era como se eu tivesse desaparecido. Mas, olhando hoje, vejo que muita coisa aconteceu. Minha família foi morar em Vancouver, usei as férias de verão para aprender a programar em tempo integral e passei muito tempo conversando com pais, dezenas deles. Continuava interessada no desafio que é fazer uma casa funcionar e no 'trabalho invisível' que recai desproporcionalmente sobre o ombro da mulher. A chama empreendedora começava a acender de novo".

O sábio conselho de Adi Hillel, fundador da startup Hubitus, um hub virtual para profissionais autônomos que também deu errado, resume esse momento: "Espernear não adianta nada. Deixe estar. Aceite o fracasso, sem julgar. Fique à toa. Vá ao cinema – você provavelmente não vê um filme decente há seis meses. Veja os amigos. Se perguntarem quais seus planos para o futuro, diga 'não sei'. Seja gentil consigo mesmo. Lembre que tudo é passageiro e que você está momentaneamente deprimido. Muitas vezes, o que nos atrapalha é nossa predisposição negativa com relação a sentimentos negativos – e não esses sentimentos em si. Pare e processe a perda. Aceite a perda. E saiba que logo, logo, você se sentirá forte novamente".[9]

Reflexão

Depois de percorrer[10] o turbilhão de emoções deflagrado pela perda, o fundador estará pronto para passar à fase seguinte da jornada pós-fracasso: refletir sobre o que aconteceu e aprender com a derrocada da startup. Assimilar lições desse fracasso não é fácil, por dois motivos.

Primeiro porque, quando algo dá errado, nosso instinto de defender o próprio ego em geral nos leva a atribuir a culpa a um outro ou a circunstâncias externas – e não a nossas próprias falhas. Segundo porque, em meio à dor da perda, pode ser difícil aprender – e as fortes emoções vividas pelo fundador ao fracassar podem representar um obstáculo.

É por isso que alguns simplesmente pulam a fase da reflexão ou aprendem pouco com ela. Esses fundadores tendem a se situar em uma das duas extremidades de um espectro que chamo de "quem é o culpado?". Em uma dessas pontas, o indivíduo conclui ter cometido uma série de grandes erros que fadaram a startup ao fracasso por sua total inépcia – em suma, que era, e sempre será, absolutamente incapaz de comandar uma startup. Para alguém que está se sentindo desanimado e desconsolado com o fim de um projeto, essa leitura é uma extensão natural da autoestima abalada que muitas vezes acompanha um estado depressivo.

No outro extremo[11] do espectro estão fundadores – sobretudo os narcisistas – convencidos de que fizeram tudo como deveria ter sido feito: uma interpretação que certamente aliviará um ego ferido. Por essa lógica, o empreendimento deu errado em decorrência de atos irresponsáveis ou malévolos de terceiros – e que o empreendedor não poderia ter previsto ou evitado – ou infortúnios além de seu controle, como uma mudança súbita na legislação ou uma crise no mercado de capitais que secou a fonte de recursos para startups saudáveis.

De fato, certos empreendedores realmente não servem para liderar uma startup e deviam buscar outro rumo profissional. Por outro lado, como vimos, o fracasso de uma startup às vezes se deve exclusivamente ao azar, e não a falhas do empreendedor, ou a uma mistura de má sorte e erros. Logo, alguns fundadores legitimamente deviam estar em uma das extremidades do *continuum* "Quem é o culpado?". Muitos outros, no entanto, se colocam ali por um erro de autoanálise. Quando isso acontece, tanto eles como a sociedade perdem. Quando um indivíduo que poderia ser um empreendedor competente ou até talentoso tira o time de campo por estar convencido de que não "serve" para isso, o mundo será privado de todo negócio que essa pessoa poderia ter criado. Já quando o presunçoso na outra ponta volta à ação, correndo o risco de repetir os mesmos erros que o fizeram cair do cavalo da vez anterior, essa pessoa, juntamente com uma nova equipe e novos investidores, provavelmente vai voltar a se estatelar feio no chão.

Como evitar esses extremos e aprender as lições certas sobre o fim de um empreendimento? Primeiro, é preciso esperar que o tempo feche as feridas. Quando a perda já estiver um pouco mais distante, o sofrimento psíquico diminuirá e ficará mais fácil ver o que deu errado, quais erros você cometeu e o que podia ter feito de forma diferente. Um segundo conselho é fazer sua análise *post-mortem*; isso pode ajudar a entender o que aconteceu, pois o ato de escrever obriga a pessoa a apresentar argumentos, o que expõe quaisquer lacunas ou incoerências lógicas. Por último, seria bom submeter suas conclusões a alguém que conheça bem não só você, mas a história do negócio que deu errado, para saber se as lições tiradas soam corretas.

Todos os empreendedores cujo fracasso foi descrito em capítulos anteriores passaram por um processo como esse – e todos aprenderam muito com ele. Naturalmente, as conclusões desse profundo autoexame variam muito de uma pessoa para outra. Mas o *post mortem* que Jason Goldberg[12] fez de seu papel na derrocada da Fab é muito útil para fundadores que viveram um fracasso. Em seu blog, Goldberg escreveu:

Todo fundador deve fazer um exercício de introspecção após um fracasso. Deve fazer a si mesmo uma série de perguntas pelo seguinte viés:

- Havia como evitar o fracasso? Poderíamos/deveríamos ter feito mais ou algo de forma distinta para criar ou preservar valor? (É uma pergunta que você se fará repetidamente durante anos, revisitando mentalmente tudo o que ocorreu e em conversas com outras pessoas).
- Empreender é realmente para mim?
- Se tivesse de fazer tudo de novo, eu faria?

- O que aprendi com a experiência?
- O que a experiência me ensinou sobre meus pontos fortes, pessoalmente falando, e sobre aspectos que preciso melhorar?
- Se eu criasse outro negócio, alguém aceitaria trabalhar comigo? E deveria?
- Se eu criasse outro negócio, alguém aceitaria investir em mim? E deveria?

Assim como Christina Wallace, que foi perguntar a 70 amigos e contatos profissionais em que, na opinião deles, ela realmente se destacava, Goldberg também compartilhou os resultados desse autoexame com cofundadores, membros do conselho, membros da equipe, seu coach executivo, investidores, seu marido – para garantir que não tinha deixado nada de fora. "[Descobri que] tinha, sim, capacidade para ser CEO/fundador de startups, mas que, para evitar outro fracasso no futuro, teria de aprender a escalar uma operação de modo mais profissional ou dar poder a outros para que fizessem isso por mim".

Goldberg – que deu a volta por cima e ajudou a fundar a Moxie, plataforma que conecta o público a personal trainers e professores de ioga – dá o seguinte conselho a quem está tentando se recuperar de um tombo: "Pegue uma coisa na qual você realmente se destaca e comece do zero fazendo isso. Prove para si mesmo e para os outros que você ainda é muito bom naquilo e pode ter um impacto positivo, seja em uma empresa estabelecida, em outra startup, escrevendo um livro, ensinando, em ações de voluntariado, o que for. Encontre alguma coisa que faça você lembrar que ainda é muito bom em algo que tem valor".

Retorno

Depois desse período de reflexão, um empreendedor estará mais preparado para definir o que fazer em seguida. Uma parcela incrivelmente grande de fundadores que fracassaram volta a subir nesse palco depois do insucesso da empreitada. Quando analisei a trajetória profissional[13] de uma amostra aleatória de 50 empreendedores que fecharam as portas de uma startup bancada por capital de risco em 2015, descobri que 52% dos empreendedores em série (quem tinha fundado pelo menos uma startup antes daquela que fechou em 2015) acabaram criando outro negócio e que 48% dos marinheiros de primeira viagem abriram um novo empreendimento nos cinco anos seguintes ao fracasso nesse ano.

Para quem quer tentar a sorte de novo, mas teme que o fracasso seja um estigma indelével, há boas notícias: para a maioria dos fundadores – sobretudo aqueles que encerraram as coisas do jeito certo e, com isso, conseguiram preservar o relacionamento com membros da equipe e investidores – o problema não parece ser tão sério quanto muitos temiam. Todos os fundadores entrevistados[14] pelo finado Jason Cope, da Lancaster University, encontraram oportunidades interessantes depois que seu negócio afundou e não sofreram nenhuma estigmatização ou rejeição importante, como alguns esperavam. O mesmo vale para empreendedores cujo exemplo foi usado aqui neste livro (veja o quadro "O que é deles?").

A melhor maneira de evitar qualquer estigma é assumir a responsabilidade pelo fracasso da empresa e explicar claramente o que você aprendeu e que efeito essas lições terão em seu estilo de gestão e liderança no futuro. Lindsay Hyde, da Baroo, acha importante ter admitido que a startup foi um fracasso, em vez de tentar dourar a pílula: "Já que, no final, acabamos vendendo nossos ativos, podíamos ter dito que foi um 'exit' e chamado isso de vitória. Muitos fundadores de startups que dão errado fazem isso. Mas não. Eu queria assumir publicamente a responsabilidade e controlar a narrativa".

Ao apresentar seu plano de retorno à ativa, o fundador terá uma recepção melhor se puder dizer como o tombo anterior influenciou aquele plano. Por exemplo, Rand Fishkin, da Moz (a startup de software de marketing cuja derrapada na expansão da linha de produtos quase afundou o negócio e levou a um grande corte de pessoal), deixou claro que não gostava da pressão que VCs fazem para o empreendedor crescer a qualquer custo. É por isso, diz, que quando lançar outra startup: "Não [vou] buscar venture capital. A meu ver, é restritivo demais. Esse investidor conduz a um resultado binário: ou sucesso espetacular (uma raridade) ou colapso (bem mais comum). É, absolutamente, a escolha certa para quem quer ser realmente grande, mas prefiro a liberdade de optar pelo caminho do crescimento lento e rentável, quem sabe nunca chegando a vender [a empresa], mas simplesmente erguendo um negócio que traga ganhos para o pessoal e um produto confiável e de alta qualidade para os clientes".[15]

Lindsay Hyde foi pela via oposta. Ao refletir sobre o fracasso da Baroo, disse que estava "100% pronta" para voltar a fundar uma empresa no futuro: "O que aprendi sobre mim mesma é que gosto de ver um crescimento acelerado. Gosto do desafio de criar algo com escala". Lindsay reconheceu que, diante dessa meta, seria necessário buscar venture capital para "jogar lenha na fogueira".[16]

Se, depois de um período de introspecção, você respondeu às perguntas que Jason Goldberg sugeriu na seção "Reflexão", é possível que você já possa dizer se criar outra startup é o certo a fazer. Agora você tem uma visão mais completa das habilidades e atitudes necessárias para alcançar sucesso como empreendedor – e se conta com isso. Com base na experiência em sua última startup, você adquiriu uma série de conhecimentos táticos – como buscar ou não venture capital. Por último, analisou atentamente suas motivações. Em particular, quanto risco está disposto a correr? Qual a importância da independência – de ser o próprio chefe? De ganhar dinheiro? De liderar um grande time? De contribuir para um mundo melhor?

Nesse ponto em que você já sabe muito mais sobre o que é preciso para vencer como empreendedor e entende muito mais a fundo quem você mesmo é e aonde deseja chegar, você estará pronto para decidir se quer ou não embarcar de novo na montanha-russa do empreendedorismo.

O que é deles?

Todos os empreendedores cujo caso foi descrito ao longo do livro se ergueram depois do tombo.

- Depois da Jibo, **Steve Chambers** foi diretor de marketing da Sense Labs, uma startup de tecnologia verde. Fez um mestrado em psicologia aplicada na University of Southern California e em tecnologia educacional na Harvard Graduate School of Education (HGSE). Hoje, faz um doutorado na HGSE.

- Quando a Quincy Apparel acabou, **Christina Wallace** abriu o campus do Startup Institute em Nova York. Depois disso, fundou a BridgeUp, uma startup de tecnologia educacional filiada ao Museu Americano de História Natural e que incentiva mulheres e minorias a fazer cursos e buscar trabalho na área de exatas. Posteriormente, Christina foi VP de crescimento da Bionic, consultoria que ajuda empresas do ranking *Fortune 100* a empreender. Em 2020, entrou para o corpo docente da Harvard Business School, onde é professora de empreendedorismo.

- Cofundadora da Quincy, **Alexandra Nelson** se tornou gerente de produto no Google. Dois anos depois, foi para a Anheuser-Busch InBev, onde é líder de novos negócios.

- Depois de fechar a Triangulate, **Sunil Nagaraj** passou seis anos como VC na Bessemer Venture Partners. Na sequência, criou o próprio fundo de capital semente, a Ubiquity Ventures.

- Depois de fechar a Baroo, **Lindsay Hyde** foi sócia na Moderne Ventures por dois anos. Na sequência, foi para a Wildflower Foundation, onde lidera iniciativas para criar uma rede de "microescolas" Montessori dirigidas por empreendedores.

- Depois da venda da Fab e da Hem, **Jason Goldberg** ajudou a fundar quatro startups com sede em Berlim – a mais recente foi a Moxie, uma plataforma que conecta o público com personal trainers e professores de ioga online.

- Quando a Dot & Bo fechou, **Anthony Soohoo** foi para o Walmart como vice-presidente executivo da Home Division, uma divisão com bilhões de dólares em faturamento.

- **Shai Agassi** fundou[17] outra startup de tecnologia limpa depois do fim da Better Place: a Newrgy, que ainda não foi devidamente lançada, mas, especula-se, é voltada a soluções de transporte público.

Carta a um(a) fundador(a) de primeira viagem

Caro fundador, Cara fundadora,

Parabéns por ter dado o salto, por ter decidido se dedicar integralmente a esse projeto de startup que você vinha explorando. Você quis saber que conselho eu daria com base no trabalho que fiz sobre o fracasso nessa arena. Espero que tudo o que você leu nos capítulos anteriores tenha sido útil. Aqui, quero falar um pouquinho mais sobre os desafios que você enfrentará no comando de um empreendimento em estágio inicial. Nem vamos falar de um estágio mais avançado, pois liderar uma startup que não está mais começando traz toda uma série de novos desafios, igualmente duros. Mas, antes de enfrentá-los, é preciso transpor a barreira do estágio inicial. Se conseguir, e chegar lá, pode esperar outra carta minha.

Como é a sua estreia como fundador, você provavelmente já ouviu tudo o que se diz por aí sobre o que é preciso para ser um bom empreendedor. Mas, embora esses conselhos sejam basicamente válidos, se forem seguidos cegamente, o risco de fracassar pode, na verdade, aumentar. Em livros e blogs voltados a fundadores de primeira viagem como você, seis ideias são incessantemente marteladas:

1. **Faça acontecer.** Um bom empreendedor tem o viés da ação; é gente que faz as coisas acontecerem e age com celeridade para agarrar uma oportunidade. Confia no próprio instinto e não perde muito tempo analisando a situação. Até faz sentido. Sem os recursos de uma rival grandalhona de olho na mesma oportunidade, ser decidido e ágil é uma das poucas vantagens que o empreendedor tem – e é uma grande vantagem.

    Isso posto, a tendência a correr a fazer pode truncar a exploração (a busca de uma solução contundente para um problema importante) e levá-lo a apostar cedo demais na expansão (criar e vender o produto). A fase da exploração é crucial: é quando se faz a apuração necessária para detectar necessidades não atendidas do cliente e se considera possíveis soluções para satisfazê-las. Se estiver impaciente para produzir e vender e decidir pular essa etapa, você pode acabar atado antes da hora a uma solução falha – a uma falsa largada.

2. **Seja persistente.** Um empreendedor precisa superar um obstáculo atrás do outro: é o produto que apresenta falha ou sofre atrasos, é a surpresinha indesejada trazida por rivais e reguladores, é o potencial cliente, investidor e trabalhador que não cansa de dizer "não!". Um empreendedor de verdade sacode a poeira e volta à batalha; precisa ser persistente e resiliente.

    No entanto, se a persistência virar teimosia, pode ser difícil reconhecer uma *falsa largada* quando se está diante dela. Além disso, você pode relutar em pivotar mesmo quando é patente que sua solução não está dando certo. Demorar para pivotar consome capital à toa, reduzindo o *runway* do negócio.

3. **Tenha paixão.** Assim como a persistência, a paixão – o desejo ardente de fazer algo que transforme o mundo – pode sustentar o empreendedor durante o mais duro dos desafios. A paixão pode motivar funcionários, investidores e parceiros a ajudar a tornar seu sonho realidade.

Mas, na pior das hipóteses, a paixão pode gerar excesso de confiança, a convicção de que você já chegou à solução certa para um problema importante e que, portanto, não precisa mais investigar. Isso aumenta o risco de uma *falsa largada*. Essa mesma paixão pode cegá-lo para o fato de que seu produto não está satisfazendo as necessidades do cliente, retardando assim uma necessária pivotagem. Por último, clientes de primeira hora talvez se identifiquem com seu desejo ardente de encontrar uma solução para o problema, o que pode levar ao fracasso do tipo falso positivo: quando se cria uma solução que agrada esses fiéis e solidários *early adopters* – mas não o cliente do público em geral, mais convencional.

4. **Cresça.** Paul Graham, da Y Combinator,[1] diz: "Uma startup é uma empresa feita para crescer depressa (...). Quando há crescimento, tudo o mais tende a se ajeitar, o que significa que o crescimento pode ser usado como uma bússola na hora de tomar quase toda decisão exigida", como quanto gastar em marketing e que pessoal contratar. Crescimento acelerado atrai investidores e talentos, além de dar um grande empurrão no ânimo da equipe.

Por outro lado, a pressão constante para crescer pode tentar o empreendedor a abreviar a fase de pesquisa de mercado e lançar prematuramente o produto, levando a uma *falsa largada*. Vale lembrar, ainda, que o crescimento acelerado exige muito dos membros do time e de parceiros. Se tiver companheiros ruins, o crescimento pode exacerbar problemas de qualidade e derrubar a margem de lucro.

5. **Tenha foco.** Uma startup em estágio inicial tem recursos limitados – e você, como empreendedor, tampouco pode fazer de tudo. Logo, é preciso se concentrar no que é mais importante. Defina quem é o público-alvo e crie um produto que fascine esse cliente. Qualquer coisa que o desvie dessa prioridade é um problema. Nada de projetos paralelos. Nada de ficar dando palestras em congressos.

No entanto, um excesso de foco traz riscos. Se concentrar todo o esforço em um único segmento do público, seu alvo lógico serão os *early adopters*. Contudo, focar apenas neles e ignorar as necessidades do público como um todo pode criar um *falso positivo*. Além disso, se não tentou vender o produto a nenhum outro segmento do mercado, ou se utilizou um único método de marketing, talvez seja difícil identificar alternativas se e quando for preciso pivotar.

6. Seja criativo. Como os recursos são limitados, para preservá-los, o empreendedor precisa ser frugal e achar maneiras inteligentes de se virar com menos.

É fato. Mas, se sua startup for reiteradamente incapaz de honrar sua proposta de valor porque o time carece de habilidades cruciais, você terá de decidir se contrata ou não gente que possui essas habilidades. Se esses indivíduos exigirem uma remuneração elevada, o fundador frugal pode simplesmente dizer que a empresa vai ter de se virar sem eles – e correr o risco de ficar preso a *companheiros ruins*.

É certo, então, ir pela sabedoria popular – na maioria das vezes. É certo ser criativo, ter paixão e ser persistente – na maioria das vezes. É certo agir com determinação e fechar o foco naquilo que é mais prioritário, incluindo o crescimento – na maioria das vezes.

Em outras palavras, é preciso encarar esses princípios menos como mandamentos rígidos e mais como ferramentas para tomar decisões quando há pouco em jogo, ou nas raras ocasiões em que é preciso tomar uma decisão muito importante no calor do momento e simplesmente não há tempo para refletir seriamente sobre prós e contras.

Decisões complexas que, se equivocadas, podem aumentar a probabilidade de fracasso – por exemplo, passar da exploração à expansão, equilibrar necessidades de *early adopters* e de clientes convencionais, pivotar ou contratar profissionais especializados – não deveriam ser tomadas seguindo regras simples. Em vez disso, é preciso pesar alternativas e trade-offs de forma deliberada. É preciso, em particular, ter cuidado com a noção muito disseminada de que o empreendedor deve confiar na própria intuição – e segui-la. Sob a pressão de decisões de vida ou morte, seu instinto será refém de fortes emoções, o que pode embaçar sua visão. Nesses casos, converse com seu travesseiro antes de decidir. Isso feito, ponha em palavras sua análise de opções e trade-offs e vá falar com membros do time e investidores. Quando uma decisão é crucial, acredito piamente[2] que aquilo que o Nobel de economia Daniel Kahneman chama de "pensamento lento" aumenta as chances de sobrevivência da startup.

O fato de que você já tomou o rumo do empreendedorismo, sabendo muito bem que a probabilidade de fracasso é alta, me leva a crer que você já computou essa possibilidade. Você provavelmente sabe que, embora o fracasso possa ser doloroso, empreender é, para muitos, algo irresistível – uma verdadeira vocação. É bem possível que você seja um desses indivíduos.

Anos atrás, quando houve uma disparada no valuation de startups, temi que meus alunos na época – que ainda eram adolescentes quando a bolha da internet de fins da década de 1990 estourou – estivessem criando startups sem entender as implicações de outra implosão do setor. Temia que estivessem acelerando, como uma manada, rumo a um desfecho nada feliz. Resolvi, então, procurar vários[3] de meus ex-alunos que tinham criado um negócio em 1999 e 2000 – quase todos quebrados quando o inverno nuclear começou. A todos, perguntei: você se arrepende de ter fundado a startup?

Para minha grande surpresa, todos – salvo um – responderam que não se arrependiam de nada. Em vez disso, falaram do orgulho de ter criado um produto, montado uma equipe, fundado uma empresa. Falaram de tudo o que tinham aprendido e da incrível experiência de ter gerenciado todos os aspectos do negócio, com um grau de responsabilidade que jamais teriam tido se estivessem trabalhando para outro. Alguns deles acrescentaram: "Fico feliz de saber que não vou ter de dizer a meus netos que, quando a internet decolou, fiquei vendo da arquibancada, trabalhando em um banco de investimento".

Portanto, caro fundador, espero que, depois de ler este livro, você esteja pronto para sair da arquibancada. Vai ser uma jornada incrível, a de criar algo do nada. Para tanto, pense rápido e pense devagar. E nunca esqueça o que o levou a entrar na dança. O mundo precisa de empreendedores como você para criar empregos e produzir inovações que ajudem a resolver os problemas da sociedade. Entre nessa e crie algo espetacular!

Tom Eisenmann

Agradecimentos

Para abrir um negócio, é preciso uma equipe. Para escrever um livro, também. E uma equipe espetacular contribuiu para este livro. Sou imensamente grato às centenas de pessoas que compartilharam ideias e ajudaram em minha pesquisa.

Primeiro, gostaria de reconhecer uma dívida intelectual com todos aqueles que atuam na área e cujas ideias pioneiras sobre a gestão de startups tiveram profunda influência em meu pensar. Aqui, devo destacar Steve Blank, Paul Graham, Reid Hoffman, Ben Horowitz, Geoffrey Moore, Eric Ries, Peter Thiel e Fred Wilson.

Sou igualmente grato aos fundadores que compartilharam as histórias que são o alicerce deste livro: Steve Chambers, Jason Goldberg, Lindsay Hyde, Sunil Nagaraj, Alexandra Nelson, Anthony Soohoo e Christina Wallace. Esses fundadores também tiveram a generosidade e a franqueza de relatar sua experiência a meus alunos do MBA, assim como o fizeram Katia Beauchamp, Steve Carpenter, Jerry Colonna, Rand Fishkin, Mike Gozzo, Justin Joffe, Chet Kanojia, Avni Patel Thompson e Ted Wiley. É fácil encarar uma turma de estudantes para narrar o próprio sucesso; já para falar aberta e refletidamente sobre um tombo, é preciso mais coragem. Ao fazê-lo, todos deram um grande contribuição à próxima geração de empreendedores. Por isso, pela confiança que demonstraram em mim e por tudo que aprendi com eles, meu profundo agradecimento.

Entrevistei vários outros empreendedores e investidores durante a pesquisa para este livro. Gostaria de agradecer, em particular, a James Currier, Abby Falik, Adam Kanner, Samir Kaul, Aileen Lee, Mike Maples e Dipish Rai por sua opinião sobre o fracasso de startups. E Paul Baier, Ellen Chisa e Cathy Han pelo valioso feedback sobre uma versão preliminar do livro. Sou grato às centenas de fundadores que responderam à minha pesquisa sobre fatores por trás do desempenho de startups no estágio inicial, além dos quatro empreendedores que me ajudaram a depurar o questionário da pesquisa: Cathy Han, Lindsay Hyde, Michael Schrader e Avni Patel Thompson.

Meu lar profissional nos últimos 27 anos tem sido a Harvard Business School (HBS) e tenho uma enorme dívida de gratidão com muitos membros dessa comunidade por suas ideias e pelo incentivo – e com a Divisão de Pesquisa da HBS pelo generoso apoio financeiro dado a esse projeto, que levou vários anos.

Acima de tudo, tem sido instigante e gratificante lecionar a milhares de alunos espetaculares na HBS e manter o contato com muitos deles depois de formados. Estou sempre aprendendo com meus estudantes – os de hoje e os de ontem. Gostaria, especialmente, de agradecer àqueles que decidiram apostar e se matricular na versão 1.0 de "Fracasso empresarial", minha disciplina eletiva no MBA. Nossas discussões puseram à prova e aprimoraram muito as ideias que ganharam corpo neste livro.

Muitos colegas de docência, de ontem e de hoje, colaboraram comigo na elaboração de currículos e na redação de casos sobre startups; aprendi muito – e me diverti muito – trabalhando com todos. Esses colegas também foram parceiros no desenvolvimento e no aprimoramento de frameworks conceituais usados neste livro, incluindo o modelo do losango e quadrado, o Seis S e o teste RAWI. Por todas as suas ideias e seu valioso feedback, gostaria de agradecer a Julia Austin, Joe Fuller, Shikhar Ghosh, Felda Hardymon, Scott Kominers, Josh Krieger, Joe Lassiter, Stig Leschly, Alan MacCormack, Jim Matheson, Ramana Nanda, Jeffrey Rayport, Mark Roberge, Toby Stuart, Noam Wasserman e Russ Wilcox. Um especial obrigado a Jeff Bussgang, Frank Cespedes e Mitch Weiss, não só pela oportunidade de colaborar ao longo dos anos, como também pelos comentários sobre uma versão preliminar deste livro e pela orientação sobre o processo de publicação.

Sou imensamente grato a dois colegas, veteranos meus e que, como mentores, tiveram grande influência em minha pesquisa e ensino: Bill Sahlman e Howard Stevenson, que juntos ergueram a área de empreendedorismo da HBS, a Entrepreneurial Management Unit. Bill foi responsável pela "Finanças empresariais", uma disciplina eletiva do MBA, por mais de 30 anos, e também criou "O gerente empreendedor", disciplina obrigatória de empreendedorismo do primeiro ano do MBA da HBS. Tenho a imensa honra de ser titular da cátedra batizada em homenagem a Howard, que proferiu a definição de empreendedorismo que usamos há décadas na HBS: a exploração de oportunidades que extrapolam os recursos controlados pelo empreendedor. Bill e Howard inspiraram inúmeros alunos a criar novos negócios e recrutaram e formaram dezenas de acadêmicos e educadores na arena do empreendedorismo.

Nos últimos anos, tive o apoio de muita gente espetacular da HBS – pesquisadores que ajudaram a compilar e analisar dados sobre startups que fracassaram e foram coautores de cases que utilizo neste livro e em sala de aula. Entre eles estão Halah AlQahtani, Sarah Dillard, Alex Godden, Olivia Graham, David Kiron, Ann Leamon, Susie Ma, Lisa Mazzanti, Chris Payton, Jasper Rollmann, Stephan Rollmann, Jacey Taft e Michael Zarian. Colegas de ontem e hoje no California Research Center da HBS também colaboraram na redação de cases e na organização de entrevistas para este livro, entre eles Lauren Barley, Allison Ciechanover, George Gonzalez, Jeff Huizinga, Nicole Keller, Liz Kind e Alison Wagonfeld. Miltos Stefanidis merece meu especial obrigado por orquestrar a pesquisa de startups no estágio inicial que fundamenta este livro e por me ajudar a analisar os dados da pesquisa.

Gostaria de agradecer a meu agente literário, Rafe Sagalyn, por seu contagiante entusiasmo com a proposta do livro e por seus sábios conselhos a cada passo do caminho.

Feliz é o autor que tem um bom editor. Eu tive três! Meu especial agradecimento à minha extraordinária consultora editorial, Phyllis Strong, que contribuiu com ideias, perguntas incisivas e o dom de narrar histórias. Sou profundamente grato a minha editora na Crown, Talia Krohn, por sua atenta e completa orientação. Talia tem olho clínico. É mestre em enxugar e reestruturar um manuscrito e em detectar falhas na lógica e lacunas em evidências. É capaz de melhorar um livro e, ao mesmo tempo, aumentar a confiança do autor – além de ser alguém com quem dá gosto trabalhar. Por fim, quero agradecer a Roger Scholl, meu editor na Crown até sua aposentadoria, pela confiança em minha visão lá atrás e por sua condução inicial do projeto. Roger sugeriu o título do livro, me incentivou a fazer uma pesquisa com fundadores, discutiu os temas dos capítulos e me ajudou a escolher os casos a abordar.

Ainda não conheço o time da Crown a cargo do marketing e da publicidade do livro. Segundo a Talia, é uma equipe incrível. Não vejo a hora de trabalhar com eles.

Por último, o melhor: meu obrigado a minha família! A meu filho, Jack, engenheiro de software em uma startup em estágio avançado que me ajudou a burilar os cases do livro enquanto passeávamos com Stan, nosso cachorro. A minha filha, Caroline, minha arma secreta: agente literária, foi dessa posição que ela me orientou sobre decisões importantes ao longo do processo de publicação. Por último, sou profundamente grato a minha esposa, Jill, pela paciência e por me incentivar a finalmente consumar esse projeto. Comecei a esboçar o livro em 2014; durante muito tempo, o título provisório era *False Start* [A falsa largada]. Jill apontou o irônico que era iniciar a largar repetidamente o trabalho em um livro com esse título. Em 2018, ela disse: "Basta: termina isso!". Esse empurrão, e ficar em casa por seis meses sem qualquer distração, foi o que faltava. Jack, Caroline e Jill: com todo meu amor, dedico o livro a vocês.

Apêndice

Pesquisa de startups em fase inicial

Para explorar fatores que contribuem para o fracasso e o sucesso de startups, fiz uma pesquisa com fundadores/CEOs no primeiro semestre de 2020. Com base em dados do PitchBook, fechei o foco em startups nos Estados Unidos que tinham sido fundadas em 2013 ou posteriormente e levantado entre US$ 500 mil e US$ 3 milhões em uma primeira grande rodada de captação entre 1º de janeiro de 2015 e 30 de abril de 2018 (e não mais de US$ 250 mil antes dessa rodada inicial). Esse intervalo dava às startups pelo menos dois anos após a primeira rodada de investimento para desenvolver o negócio, permitindo uma variação e o cotejo de resultados. Ficaram de fora da amostra startups de biotecnologia, energia e ciência de materiais, cujo desempenho é ditado por fatores bem peculiares. A triagem inicial rendeu 3.263 candidatas. De 2.822 delas, o PitchBook tinha dados atualizados de contato do indivíduo que era CEO quando a startup fez a primeira grande rodada de captação. A todos, mandei o questionário, que foi respondido por 470 pessoas. A taxa de resposta, de 17%, é considerada bastante boa.

Das 470 que responderam, 89% encabeçavam uma startup que continuava *operando e independente* quando responderam ao questionário, 8% tinham *vendido* o negócio e 3% tinham *fechado* a empresa (no caso das 2.822 originalmente convidadas a participar, essas últimas cifras eram 8% e 7%, respectivamente). Assim, startups fechadas estão, em certa medida, sub-representadas na amostra, mas não o suficiente para impedir que se façam inferências estatisticamente válidas sobre diferenças entre negócios de menor e maior sucesso.

Avaliação do desempenho

Adotei, como indicador de desempenho, a variação no valor do capital ("equity") levantado na primeira grande rodada de investimento: o valor desse equity subiu, permaneceu inalterado ou caiu (no pior dos casos, para zero)? Perguntei a fundadores/CEOs de startups que seguiam operando: "Em 31 de dezembro de 2019, antes que a notícia da pandemia de coronavírus tivesse ampla circulação, quanto alguém teria pagado por equity/'convertible notes' da primeira rodada de sua startup?". As alternativas de resposta eram: 1) mais de 150% do valor originalmente investido; 2) de 50% a 150%; ou 3) menos de 50%. Outra pergunta, mas de livre resposta, foi: "Sabemos que equity/'convertible notes' da primeira rodada normalmente não podem ser vendidas, mas digamos que pudessem. Nesse caso, quanto um investidor experiente e com uma carteira diversificada poderia ter pagado ao maior investidor da primeira rodada da startup para adquirir sua posição em 31 de dezembro de 2019 (partindo do princípio de que equity/'convertible notes' seriam transferidas com condições inalteradas (por exemplo, preferência na liquidação, descontos, caps etc.)".

No caso de startups que haviam sido vendidas ou fechadas, a pergunta foi a mesma, mas sobre o valor (se fosse o caso) dos recursos distribuídos aos primeiros investidores: "Em relação ao valor que originalmente aportaram, esses investidores receberam mais de 150%; de 50% a 150%; ou menos de 50%?

Na minha análise a seguir, o resultado menor que 150% é classificado como "valuation alto", ao passo que menor que 50% é considerado "valuation baixo". Dos pesquisados, 63% relataram um valuation alto. Os casos de valuation baixo representaram 10% do total de respostas e abrangiam 64% das startups que foram fechadas, mas apenas 7% das que ainda seguiam operando.

Para explorar fatores que concorrem para o fracasso de startups, decidi comparar valuations altos e baixos, em vez de analisar startups que foram fechadas; isso feito, fiz a comparação com aquelas que seguiam de pé. Fiz isso por dois motivos. Primeiro porque, para reunir um número de startups fechadas suficiente para uma análise estatística, a amostra teria de incluir anos anteriores. Isso teria causado problemas ligados à confiabilidade da memória dos participantes.

Segundo, e ainda mais importante, é a definição de fracasso usada neste livro: *um empreendimento fracassou se seus primeiros investidores não receberam de volta – ou nunca vão receber – mais dinheiro do que investiram*. Por essa definição, o fracasso constitui, sim, uma possibilidade para uma startup que, embora ainda esteja em operação, tenha no momento um valuation (equity) inferior à metade do valor original do capital semente que levantou. Alguns desses negócios de baixo valuation podem dar uma guinada e acabar triunfando, e muitos dos negócios de alto valuation acabarão quebrando. No entanto, já que não há como prever com boa margem de acerto esses resultados, a meta aqui é comparar grupos de startups no estágio inicial que, com base na definição do livro, estão exibindo *tendência ao fracasso* e aquelas que estão exibindo *tendência ao sucesso*.

Uma vez que os valuations foram informados pelos próprios sujeitos, é possível que parte das respostas tenha sido inflada, embora eu tivesse me comprometido a manter a identidade de todos em sigilo ao apresentar os resultados da pesquisa. Isso posto, ainda que houvesse tal inflação, creio que os resultados a seguir seguiriam inalterados. Explico: se certos indivíduos exageraram sua performance, as respostas de alto valuation que recebi seriam uma combinação de dados de startups que realmente têm um valuation alto e de startups que inflaram seu valuation. Se um fator realmente tem um impacto forte e positivo no valuation de uma startup, essa combinação reduziria o impacto relatado desse fator. Por conseguinte, se a pesquisa mostra que um fator tem forte impacto, podemos presumir que esse seria ainda mais acentuado se valuations inflados pudessem ser corrigidos.

Análise dos dados da pesquisa

Mais adiante, vou explorar a relação entre valuations e distintos fatores usando tanto a *análise bivariada* como a *análise multivariada*.

- A *análise bivariada* busca estabelecer se há uma relação estatisticamente relevante entre duas variáveis (A e B, digamos), sem atentar para a possível influência de outras.
- No entanto, se *outras* variáveis (uma ou mais) tiverem correlação com A e B, é preciso cautela antes de usar A a fim de prever resultados para B.
- A análise bivariada a seguir mostra, por exemplo, que a *idade do fundador* e seu *tempo de experiência prévia no setor da startup* têm, cada um, relação positiva e estatisticamente relevante com o valuation registrado: fundadores mais velhos e mais experientes possuem mais probabilidade de comandar startups com valuation alto. Contudo, idade e experiência também mostram correlação positiva entre si: indivíduos com mais tempo de experiência tendem a ser mais velhos. Por conseguinte, não é possível prever com segurança o impacto da idade ou da experiência no valuation usando só a análise bivariada. Para determinar seu impacto *conjunto*, precisamos da *análise multivariada*.
- A análise multivariada busca estabelecer qual variável "independente" (se houver) pode prever de forma confiável uma variável "dependente" (um resultado, ou "outcome"). Ao examinar a

influência coletiva de múltiplas variáveis independentes (também chamadas de "preditores"), a análise multivariada pode mostrar até que ponto a relação entre um determinado preditor e o resultado é única – ou seja, independente da influência de outros preditores.

Na seção a seguir, examinarei primeiro a relação entre tempo de vida, localização e setor da startup e o valuation. Em seguida, para fatores ligados aos distintos elementos do modelo do losango e quadrado apresentado no Capítulo 2 (por exemplo, proposta de valor, marketing, fundadores, investidores etc.), darei 1) resultados da análise bivariada, 2) resultados para quaisquer preditores estatisticamente relevantes com base na análise multivariada e, por último, 3) respostas relevantes de fundadores à pergunta: "Se pudesse voltar no tempo, qual a coisa mais importante que você faria diferente no que se refere à gestão e à condução de sua startup?".

Nas tabelas a seguir, com os resultados da análise bivariada, darei a porcentagem de fundadores/CEOs no comando de startups de baixo valuation que assinalaram uma das alternativas em questões de múltipla escolha da pesquisa e, em seguida, irei comparar esse resultado à resposta de fundadores/CEOs de startups com alto valuation. Para facilitar a interpretação, omitirei valuations intermediários (50% a 150%). Valuations e a maioria dos fatores são *variáveis categóricas*, ou seja, seus valores caem em categorias distintas (por exemplo, baixo, intermediário e alto no caso do valuation). Logo, uso um *teste de independência do qui-quadrado* para medir a força da relação entre um determinado fator e o resultado do valuation. Nas tabelas, números em negrito são estatisticamente relevantes, com intervalo de confiança de ao menos 95%.

Na análise multivariada, uso a *regressão logística multinomial*.[1] Para uma variável dependente categórica, a regressão multinomial calcula separadamente, para cada categoria de resultado, a influência coletiva de um conjunto de variáveis independentes na probabilidade de ocorrência do resultado. No texto que se segue, para variáveis em meu modelo de regressão que são preditores estatisticamente relevantes de um valuation baixo, com intervalo de confiança de pelo menos 90%, mostrarei (em negrito) a probabilidade prevista de ocorrência de um valuation baixo à medida que a variável em questão é ajustada do menor ao maior valor possível (segundo opções de resposta do questionário), ao mesmo tempo mantendo constante, em suas respectivas médias amostrais, o nível de todas as demais variáveis independentes. Ao medir o impacto dessas variáveis, observe que a probabilidade de base prevista de um valuation baixo (com todas as variáveis em sua média amostral) é de 10%.

Ao interpretar resultados, é preciso lembrar que **correlação não implica necessariamente causalidade**. Se um determinado fator (uma cultura forte, digamos) é associado com mais frequência a startups de valuation alto do que às de baixo, pode ser que uma cultura forte produza resultados bons. Pode, também, ocorrer o inverso. As técnicas estatísticas que utilizo aqui não estabelecem causalidade.

Tempo de vida, localização e setor

Na amostra, startups com valuation baixo e alto tinham, em média, 5,1 e 4,9 anos de vida, respectivamente. Não é uma diferença estatisticamente relevante. Na comparação com startups sediadas em outro lugar, as localizadas na Califórnia (32% da amostra) exibiam probabilidade ligeiramente maior a ter tanto um valuation baixo (13% na Califórnia *versus* 9% em outros lugares) como um valuation alto (65% *versus* 62%). Embora não sejam diferenças grandes ou estatisticamente relevantes, o padrão sugere que empreendedores na Califórnia (talvez por influência de aspectos culturais do Vale do Silício) tenham mais propensão ao tudo ou nada – a "swing for the fences", para usar a expressão cara ao mundo do investimento, o que significa administrar de um jeito que aumenta tanto a probabilidade de fracasso como a de sucesso.

Com base na análise multivariada, a probabilidade prevista de um valuation baixo para startups de tecnologia da informação (53% da amostra) era de 8%, em comparação com 12% para startups de outros setores – diferença modesta, porém estatisticamente relevante.

Proposta de valor

Fundadores/CEOs de startups com valuation baixo fizeram um volume significativamente menor de pesquisa de mercado antes de lançar o produto do que os de startups de valuation alto. Era menor, também, a probabilidade de que fizessem testes rigorosos de MVP e de que entendessem a fundo as necessidades de clientes e as concorrentes. Em comparação com os de startups de alto valuation, mais fundadores/CEOs de startups de baixo valuation admitiram ter pivotado um número insuficiente ou excessivo de vezes. Na análise multivariada, pivotar em geral teve grande impacto, elevando a probabilidade prevista de um valuation baixo para 19% (*versus* 6% para a frequência ideal de pivotagem). Não pivotar com frequência suficiente aumentava a probabilidade de um valuation baixo para 22%.

Esses temas se repetiram nas respostas de fundadores à pergunta: "Qual a coisa mais importante que você faria diferente?". Um total de 14% dos participantes citou a necessidade de entender mais a fundo as necessidades do cliente e de validar a demanda da solução com mais pesquisas logo no começo e testes de MVP. Muitos dos respondentes também disseram que buscariam enxugar os recursos do produto, a extensão da linha de produtos e os segmentos de clientes atendidos. Para diversos fundadores, a lista revista de prioridades incluiria acelerar a estreia para receber um feedback inicial de clientes e pivotar mais cedo.

Os resultados da pesquisa condizem com o padrão da falsa largada, descrito no Capítulo 4: fundadores que pulam a etapa de pesquisa de mercado têm mais probabilidade de precisar pivotar de uma solução inicialmente falha. Ademais, a falsa largada consome capital, reduzindo o número de pivotagens que a startup pode realizar.

Além disso, fundadores/CEOs de startups de baixo valuation indicaram uma diferença maior entre necessidades de usuários iniciais e do público em geral do que seus colegas em startups de valuation alto. Esse vão aumentaria sua vulnerabilidade ao padrão do falso positivo, descrito no Capítulo 5.

No tocante a outros fatores de desempenho ligados à proposta de valor de um empreendimento, startups com valuation alto exibiam probabilidade maior de investir em novas categorias de produtos e de ter menos rivais diretas, e seus fundadores/CEOs tendiam mais a dizer que seus produtos tinham grande vantagem sobre os das rivais mais importantes, no que tange a recursos exclusivos e vantagens de desempenho. Isso posto, o impacto desses fatores não era nem forte, nem estatisticamente relevante na análise bivariada. Isso sugere que é preciso mais do que simplesmente um produto excelente para criar uma grande empresa.

Fatores da proposta de valor

Fatores	Critérios	Valuation baixo	Valuation alto
Pesquisa de mercado antes do lançamento do produto	Seis ou mais pessoas/mês realizados	38%	53%
Uso de MVPs	Um ou mais MVPs rigorosos concluídos	29%	47%
Pivotagens	Número insuficiente/excessivo	40% / 13%	15% / 4%
Necessidades de usuários iniciais *vs.* necessidades do público em geral	Necessidades diferentes/quase idênticas	33% / 2%	25% / 16%
Compreensão de necessidades do cliente antes do lançamento do produto	Profunda	15%	29%
Maturidade da categoria de produto	Categoria com menos de dois anos de existência	44%	53%

Fatores	Critérios	Valuation baixo	Valuation alto
Número de concorrentes diretos	Dez ou mais	35%	25%
Compreensão da concorrência no lançamento do produto	Profunda	21%	32%
Produto com recursos singulares e desempenho superior	Nós/rivais com grande vantagem	31% / 23%	38% / 9%

Tecnologia e operações

Os fatores relacionados a tecnologia e operações não tiveram impacto estatisticamente relevante em valuations, e foram citados por apenas 3% dos participantes como a coisa mais importante que fariam de forma diferente. Startups com valuation baixo exibiam probabilidade ligeiramente menor de adotar uma abordagem altamente estruturada à gestão da área de engenharia, dependiam menos de propriedade intelectual exclusiva ("proprietary") e, consoante com o padrão de fracasso de companheiros ruins descrito no Capítulo 3, exibiam maior tendência a relatar que dependiam de modo excessivo ou insuficiente de terceiros para tecnologia e capacidade operacional.

Fatores de tecnologia e operações

Fatores	Critérios	Valuation baixo	Valuation alto
Gestão da engenharia	Adoção de abordagem altamente estruturada	17%	21%
Propriedade intelectual exclusiva	Extremamente importante	8%	28%
Dependência de terceiros para tecnologia e operações	Excessiva/insuficiente	23% / 25%	20% / 16%

Marketing

Fundadores/CEOs de startups com valuation baixo tinham muito mais probabilidade de dizer que gastaram demais para gerar demanda. Com base na análise multivariada, a probabilidade estimada de um valuation baixo entre startups que gastaram somas excessivas na geração de demanda era de **26%**, ante apenas **6%** para aquelas cujo gasto se manteve em níveis ideais.

Não houve diferença importante entre startups de baixo e alto valuation no que tange à dependência de parceiros de canal para aquisição de clientes. Quando dependiam desses parceiros, startups de baixo e alto valuation tinham a mesma probabilidade de apontar insatisfação com o desempenho de parceiros.

Somente 4% dos participantes da pesquisa citaram fatores ligados ao marketing como o principal a mudar se pudessem recomeçar do zero. A maioria destes liderava startups de alto valuation e disse que deveria ter gastado mais – e antes – em marketing.

Fatores de marketing

Fatores	Critérios	Valuation baixo	Valuation alto
Gasto para gerar demanda	Gastou muito mais ou pouco mais que o ideal	47%	21%
Dependência de parceiros de canal para adquirir clientes	Nenhuma	61%	65%
Satisfação com parceiros de canal (se pertinente)	Baixa ou muito baixa	41%	41%

Fórmula do lucro

Com relação à fórmula do lucro, os fundadores/CEOs de startups de baixo e alto valuation exibiram igual probabilidade de relatar alto grau de confiança na estimativa do mercado endereçável total (TAM) da startup. A confiança nessa projeção é importante: em nosso modelo de regressão multivariada, a probabilidade estimada de valuation baixo caía de **15%** para **10%** quando o grau de confiança em estimativas do TAM passava de baixo para alto.

Os fundadores/CEOs no comando de startups com baixo valuation exibiam muito menos confiança que seus semelhantes em startups de alto valuation em estimativas de "unit economics", LTV/CAC e projeções de fluxo de caixa para seis meses. A confiança em estimativas de LTV/CAC era um indicador particularmente forte da performance do valuation. Na análise multivariada, ir de baixa a alta confiança em estimativas de LTV/CAC reduzia a probabilidade estimada de um valuation baixo de 18% para apenas 2%.

Também era maior a probabilidade de que fundadores/CEOs no comando de startups de baixo valuation relatassem um "burn rate" de caixa excessivo e menos confiança de que o negócio possuía uma rota clara para o lucro em longo prazo. Na análise multivariada, a probabilidade estimada de baixo valuation de startups que classificaram seu burn rate como "excessivamente alto" era de 32%. Entre as que relatavam confiança muito baixa em que o negócio tinha uma rota clara para o lucro em longo prazo, a probabilidade de baixo valuation era de 36% – ante apenas 2% para startups que indicaram grau de confiança muito alto.

Curiosamente, a probabilidade de reportar um fluxo de caixa operacional positivo no presente era consideravelmente maior entre startups com baixo valuation que seguem operando do que entre similares de alto valuation. É possível que algumas dessas startups de baixo valuation sejam o que certos VCs chamam de "zumbis": geram caixa suficiente para sobreviver, mas dificilmente darão um retorno positivo a investidores.

Dos participantes da pesquisa, 10% indicaram que melhorar a gestão financeira seria a grande prioridade se pudessem recomeçar; seus comentários se concentraram basicamente no burn rate. Os fundadores que disseram que gostariam de ter reduzido essa taxa no início (ou buscado mais receita logo cedo, o que é equivalente) superaram por uma margem de sete para um os que disseram que deveriam ter gastado mais agressivamente.

Fatores da fórmula do lucro

Fatores	Critérios	Valuation baixo	Valuation alto
Confiança no mercado total endereçável	Alta	48%	50%
Confiança em estimativas de "unit economics"	Alta	21%	40%
Confiança em estimativas de LTV/CAC	Alta	2%	23%
Confiança em projeções de fluxo de caixa seis meses	Alta	21%	39%
Confiança em rota clara para o lucro em longo prazo	Alta ou muito alta	13%	53%
"Burn rate"	Excessivamente alto	23%	4%
Fluxo de caixa operacional (para startups ainda em operação e independentes)	Positivo no momento	35%	20%

Fundadores

Startups com valuation baixo tinham probabilidade ligeiramente menor que as de valuation alto de ser lideradas por um único fundador e maior de ter um CEO jovem e/ou que somava menos de dois anos de trabalho em tempo integral antes de fundar a empresa.

Consoante com o padrão de fracasso de companheiros ruins, os fundadores/CEOs de startups de valuation baixo tinham consideravelmente menos experiência profissional prévia no setor da startup.

Também era bem maior a probabilidade de que apontassem falta de clareza sobre o papel de cada cofundador, além de frequentes conflitos entre esses e outros membros do time gestor.

Na comparação com similares no comando de startups com valuation alto, os fundadores que lideravam startups com valuation baixo tinham probabilidade ligeiramente menor de serem fundadores em série; igual de terem um doutorado; maior de terem um MBA; e maior, também, de terem um diploma de uma das 50 melhores universidades do mundo (segundo ranking da *US News & World Report*). Isso posto, a relação entre esses fatores e a evolução do valuation da empresa não eram estatisticamente relevantes.

Por conta do viés em taxas de resposta da pesquisa, não analiso a relação entre gênero e valuations. Do conjunto total de 2.822 startups convidadas a participar do estudo, 12% das startups que tinham sido fechadas eram lideradas por fundadoras/CEOs mulheres. Em comparação, na amostra de 470 pessoas que responderam o questionário, as fundadoras/CEOs mulheres lideravam 29% de todas as startups que haviam fechado. Dito de outra forma, as fundadoras que fracassaram se mostraram muito mais dispostas a aceitar meu convite a participar da pesquisa do que os homens que tinham fracassado. Em virtude da super-representação dessas mulheres na amostra, inferências sobre relações entre gênero e evolução do valuation não seriam válidas.

Fatores de fundadores

Fatores	Critérios	Valuation baixo	Valuation alto
Número de fundadores	Um	15%	21%
Fundador em série	Criou uma empresa antes desta	48%	52%
Diploma de uma das 50 melhores universidades do mundo	50 melhores segundo ranking da *US News & World Report*	54%	37%

Fatores	Critérios	Valuation baixo	Valuation alto
MBA ou título similar de pós-graduação em gestão		44%	33%
Doutorado		8%	8%
Idade do CEO	Menos de 30 anos	21%	16%
Tempo de trabalho em período integral do CEO antes da fundação	Menos de dois anos	13%	4%
Experiência do CEO no setor da startup	Quatro anos ou mais	52%	63%
Clareza de papéis do time de gestão	Pouca ou nenhuma clareza	17%	6%
Frequência de conflito entre membros do time de gestão	Frequente ou quase diário	33%	18%

Em comparação com indivíduos que lideravam startups com valuation alto, era menor a probabilidade, entre fundadores/CEOs de negócios com valuation baixo, de ter como cofundador um ex--colega de trabalho e maior de que fosse um ex-colega de faculdade, alguém da família e – como no caso da Quincy Apparel – amigos. Contudo, esses resultados não eram estatisticamente relevantes.

Relação do CEO com cofundadores antes de criar a startup

Fatores	Valuation baixo	Valuation alto
Colega de trabalho	27%	43%
Colega de faculdade	17%	12%
Família	10%	7%
Amigo	46%	38%

Os fundadores/CEOs de startups com baixo valuation deram razões semelhantes às de líderes de startups de valuation alto para se lançar ao empreendedorismo, embora, para cada razão apontada, fosse menor a probabilidade entre fundadores/CEOs de startups de baixo valuation de classificar a razão de "crucial".

Razões que levaram CEO a virar empreendedor: "motivo crucial"

Fatores	Valuation baixo	Valuation alto
Independência/ser o próprio chefe	33%	40%
Criar algo novo, duradouro, importante	81%	90%
Ganhar dinheiro	17%	27%

De modo geral, fundadores/CEOs de baixo e alto valuation relataram traços de personalidade similares (autoavaliação). Ambos os grupos indicaram "resiliente", "visionário" e "carismático" como os três principais adjetivos que, diriam outros, "me descreve bem" ou "me descreve muito bem". Houve algumas diferenças interessantes, embora não estatisticamente relevantes. Os fundadores de valuation baixo (em comparação com os semelhantes de valuation alto) exibiam probabilidade levemente maior de se dizer *carismáticos* e *excessivamente confiantes*. São traços de personalidade do fundador monomaníaco que, com frequência, contribuem para o padrão de fracasso de milagres em série descrito no Capítulo 9.

Traços de personalidade em autoavaliação do CEO: "Me descreve bem/muito bem"

Fatores	Valuation baixo	Valuation alto
Carismático	73%	68%
Conciliador	44%	52%
Controlador	19%	18%
Obstinado	46%	48%
Introvertido	17%	16%
Crítico	25%	22%
Metódico	33%	51%

Fatores	Valuation baixo	Valuation alto
Excessivamente confiante	31%	21%
Perfeccionista	25%	37%
Resiliente	88%	96%
Avesso a riscos	15%	9%
Visionário	73%	81%

Embora a análise bivariada tenha revelado uma relação estatisticamente relevante entre alguns dos predicados de fundadores listados acima e a evolução do valuation, nenhum deles foi um preditor estatisticamente expressivo na regressão multivariada. Assim sendo, fundadores com distintos atributos podem ter sucesso. Embora escolher um "jóquei" talentoso possa ser importante para o sucesso do negócio, não é fácil escolher o líder certo com base apenas em características fáceis de determinar, como idade ou personalidade.

Se pudessem recomeçar, 20% dos participantes dariam prioridade a questões envolvendo o fundador – atrás apenas de questões ligadas ao time. Em cerca de metade dos casos, o problema era o conflito entre cofundadores. Uma combinação ruim de fundadores – tanto em termos de habilidades como de atitude – foi muito citada e, com frequência, levava a um complicado "divórcio". Muitos outros lamentaram não ter feito um esforço maior para entender a qualificação, a motivação e o estilo de liderança do cofundador antes de decidir trabalhar juntos. A falta de clareza sobre papéis e de consenso quanto a metas eram problemas recorrentes.

Outros comentários enveredavam pela autocrítica, com o indivíduo sugerindo como melhorar seu próprio estilo de liderança. Aqui, as sugestões eram variadas e apenas algumas foram mencionadas mais de uma vez; por exemplo, 1) mostrar mais confiança, 2) priorizar melhor as coisas, 3) delegar mais, 4) apostar mais na própria intuição e depender menos da ajuda de investidores ou do consenso da equipe, 5) focar mais na estratégia, 6) focar menos na estratégia e mais na execução,

7) aprender com a experiência de outros fundadores, 8) saber mais sobre a tecnologia, 9) saber mais sobre aspectos financeiros, 10) saber administrar o estresse pessoal que a vida de fundador traz, 11) ser menos tímido na hora de gastar, 12) ir mais rápido, 13) ir mais devagar, sem pressa, 14) ser realista sobre o tempo que levará para o negócio se estabelecer e 15) saber quando jogar a toalha.

Essa lista inclui certas recomendações contraditórias – o que, suponho, revela algo não só sobre o problema do "mentor whiplash", mas sobre os difíceis desafios que um fundador enfrenta. Com esses desafios em mente, um comentário reuniu muita sabedoria:

> Curta cada momento e celebre cada vitória! Ser empreendedor significa embarcar em uma das montanhas-russas mais absurdas que se pode imaginar, com subidas formidáveis e descidas abismais. Cada desafio pode parecer, naquele instante, intransponível. Cada vitória pode parecer uma mina de ouro. Jamais esquecerei o dia em que conseguimos nossa primeira linha de crédito de US$ 25 mil de um banco regional e achamos que todos os problemas da empresa estavam solucionados! Mas o sinal que indica "Sucesso!" sempre parece estar um pouco mais adiante. Guarde com carinho as memórias do que foi vivido e não desperdice um instante sequer da vida!

Time

Em fatores envolvendo a equipe, os fundadores/CEOs de startups com baixo valuation mostravam mais probabilidade de dizer que sua empresa não possuía um sistema formal para gerenciar recursos humanos (por exemplo, processos de seleção, treinamento, promoção etc.). Era bem menor, também, a probabilidade de que dissessem que sua startup tinha uma cultura forte. Na análise multivariada, ir de "muito mais fraca" a "muito mais forte" ao avaliar a força da cultura de uma empresa na comparação com a de outras startups reduzia drasticamente a probabilidade de um valuation baixo: de 23% para 6%. Conforme dito anteriormente, no entanto, correlação não implica necessariamente causalidade. Uma cultura fraca pode ser consequência – e não a causa – dos problemas da startup.

Na hora de contratar, as startups com baixo valuation exibiam probabilidade um pouco maior de dar excessiva ênfase a habilidades e atitudes. Na análise multivariada, a tendência a enfatizar demais essas habilidades teve impacto pequeno, mas estatisticamente relevante. Quando a ênfase em habilidades passou de "quase ideal" a "excessiva", a probabilidade estimada de valuation baixo subia de 9% para 14%.

Fatores do time

Fatores	Critérios	Valuation baixo	Valuation alto
Gestão de recursos humanos	Ausência quase total de estrutura de RH	35%	16%
Cultura da empresa	Mais forte que a de outras startup	42%	64%
Equilíbrio entre habilidade *vs.* atitude ao contratar	Ênfase pesada ou mesmo exagerada em habilidade/atitude	31% / 23%	21% / 21%

Quando indagados sobre o *desempenho* dos chefes de distintas áreas da startup em relação à *expectativa* original, os fundadores/CEOs tanto de startups de baixo como os de alto valuation relataram taxas similares de insatisfação. Em média, cerca de 25% dos diretores de áreas específicas decepcionavam. Uma porcentagem menor dos que tinham decepcionado fora demitida ou rebaixada. A taxa de demissão era menor em startups com valuation baixo (em todas as funções); a diferença era especialmente acentuada no caso do diretor de vendas. Na análise multivariada, a probabilidade estimada de um valuation baixo era de 13% para startups que nunca trocaram o diretor de vendas e só de 5% para as que trocaram.

Desempenho de diretores:
"Abaixo da expectativa/demitido ou rebaixado"

Departamento	Valuation baixo	Valuation alto
Engenharia	19% / 17%	17% / 21%
Gestão de produtos	29% / 13%	21% / 19%
Operações	19% / 13%	17% / 16%
Marketing	35% / 19%	33% / 22%
Vendas	29% / 15%	33% / 31%
Financeiro	25% / 6%	12% / 8%

Das respostas à pergunta "Se pudesse voltar no tempo, qual a coisa mais importante que você faria diferente na gestão e na condução de sua startup?", 28% tinham a ver com a montagem e gestão da equipe. Nenhum outro tópico recebeu mais comentários. "Contratar com calma e demitir depressa" foi citado por 5% dos fundadores. Parcela similar recomendou contratar gente de nível "A" e não "B" e aconselhou mais cuidado e esforço na seleção, o que incluía verificar bem as referências, fazer um período de "teste" antes de efetivar a pessoa no cargo e não contratar amigos dos fundadores, por exemplo.

Curiosamente, poucos fundadores apontaram a necessidade de mais gente com experiência relevante no setor; em vez disso, 7% dos participantes citaram a falta de talentos em áreas específicas, incluindo, em números bastante similares, vendas, marketing, gestão de produtos, engenharia e financeiro. Montar logo cedo uma equipe de gestão mais forte foi mencionado por outros 4% dos fundadores.

Muitas outras prioridades ligadas ao time foram citadas por um ou alguns poucos fundadores, incluindo 1) dedicar mais esforços à cultura da empresa, 2) contratar antes um chefe de RH, 3) colocar um fundador inicialmente a cargo de uma área (em particular, vendas) para entender melhor o que o cargo exige, 4) adotar mais cedo OKRs (Objectives and Key Results) ou outros processos de definição de metas para poder cobrar resultados do pessoal, 5) equilibrar melhor a taxa de contratação em distintas áreas (engenharia *versus* operações, por exemplo, ou marketing *versus* vendas) e 6) dar mais ênfase à diversidade na hora de contratar.

Investidores

Em comparação com startups de alto valuation, era um pouco maior a probabilidade de que a primeira grande rodada de investimento nas de baixo valuation fosse liderada por anjos e não por firmas de venture capital. Além disso, era ligeiramente menor a chance de que sua primeira rodada tivesse um investidor dos "top 100" (segundo número de investimentos em primeiras rodadas por investidores das 2.822 startups convidadas a participar do estudo). Mas essa relação entre tipo de investidor e valuation não era estatisticamente relevante.

Consoante com o padrão de fracasso de companheiros ruins, startups com valuation baixo mostravam maior probabilidade de ter levantado menos capital do que esperavam na primeira rodada de captação de recursos. Na análise multivariada, captar menos de 75% da meta inicial resultou em uma probabilidade estimada de baixo valuation de 18%, *versus* 7% para as que levantaram mais de 125% da meta inicial de captação. Esta, no entanto, é outra variável na qual correlação pode não significar causalidade. Talvez a startup não receba todo o investimento que buscava porque é evidente para investidores que o time é fraco ou que a ideia é ruim – ou ambos. Ainda que venha a fechar por falta de capital, essa startup não terá dado certo em razão de um problema com o "jóquei" e/ou o "cavalo".

Fundadores/CEOs de startups com valuation baixo apresentavam mais probabilidade de decepção com a qualidade do conselho recebido de investidores e de relatar conflitos frequentes, sérios e divisores com investidores sobre prioridades estratégicas.

Fatores de investidores

Fatores	Critérios	Valuation baixo	Valuation alto
Tipo de investidor da primeira rodada	Liderada por anjo	19%	12%
Investidor "top 100" na primeira rodada		25%	29%
Capital levantado na primeira rodada *vs.* meta	Menos de 75% da meta	25%	11%
Qualidade da assessoria de investidores	Muito inferior ao esperado	35%	22%
Conflito com investidores sobre prioridades	Frequente, sério e divisor	10%	4%

Um total de 17% das respostas sobre o que a pessoa faria diferente se pudesse recomeçar envolvia a captação de fundos – destas, mais de metade se concentrava no total de capital semente levantado; fundadores que disseram que deveriam ter levantado mais capital superavam por margem de cinco para um aqueles que desejavam ter levantado menos capital. Vários também disseram que deveriam ter tocado o negócio com recursos próprios e evitado VCs. Um total de 5% manifestaram insatisfação com investidores, frequentemente citando maus conselhos ou conflitos sobre prioridades estratégicas.

Em suma, os resultados da pesquisa dão um forte respaldo aos padrões de fracasso no estágio inicial apresentados na Parte I do livro. Além disso, mostram claramente que o fracasso nessa arena se deve a um conjunto diverso de fatores, e não a uma única causa.

Notas e bibliografia

Introdução

1. Minha estimativa da taxa de fracasso de startups é baseada em uma diversidade de fontes e nas diferentes taxas de mortalidade que propõem. Robert Hall e Susan Woodward, em "The Burden of the Non-Diversifiable Risk of Entrepreneurship", *American Economic Review* 100, n. 3 (2010): pp. 1163-1194, constatam que 75% das empresas bancadas por venture capital nunca dão qualquer retorno em forma de equity a seus empreendedores. Deborah Gage, em "The Venture Capital Secret: 3 Out of 4 Startups Fail", *Wall Street Journal*, 20 set. 2012, resume estudos inéditos de Shikhar Ghosh que corroboram as conclusões de Hall e Woodward. Ghosh analisou investimentos em mais de 2.000 startups que receberam pelo menos US$ 1 milhão em venture capital de 2004 a 2010. Segundo ele, em 75% delas o capital de investidores não foi recuperado. Usando metodologia similar à de Ghosh e analisando retornos de todas as startups que receberam uma primeira rodada de venture capital entre 1985 e 2009, uma taxa de fracasso de 55% foi relatada por William Kerr, Ramana Nanda e Matthew Rhodes-Kropf em "Entrepreneurship as Experimentation", *Journal of Economic Perspectives* 28, n. 3 (2014): pp. 25-48. Essa estimativa é inferior à de Ghosh, em parte, porque Kerr et al. pressupõem que toda startup adquirida que não divulgou o valor levantado na saída – preponderância de aquisições – foi vendida com lucro, por 1,5 vez o capital total que tinha levantado. Na verdade, muitas aquisições dão prejuízo a investidores. A maioria das

outras estimativas de taxas de fracasso de startups fica entre 50% e 90%. Diferenças em estimativas da taxa de fracasso de startups dependem em grande medida da definição de "startup" e de "fracasso". Taxas relatadas tendem a ser menores quando o fracasso é definido como o encerramento total das atividades em razão de dificuldades financeiras. Contudo, essa definição exclui startups "zumbis", que seguem vivas mas jamais darão retorno positivo para investidores, e exclui também aquisições por valor inferior ao capital total levantado. Taxas de mortalidade tendem a ser mais elevadas se, por startup, entendermos qualquer entidade que visa explorar uma oportunidade empreendedora, não só aquelas que levantam um certo valor em capital externo. Ver Grace Walsh e James Cunningham, "Business Failure and Entrepreneurship: Emergence, Evolution and Future Research", *Foundations and Trends in Entrepreneurship* 12, n. 3 (2016): pp. 163-285, para uma síntese de estimativas de fracasso de diversos estudos acadêmicos. Discutimos definições de "startup" e "fracasso" no Capítulo 1 do livro.

2. PitchBook Data, Inc., "PitchBook Universities: 2019", site da PitchBook. A PitchBook também é fonte da lista de "unicórnios" da HBS neste mesmo parágrafo.

3. Há uma vasta literatura sobre o fracasso em áreas outras além do empreendedorismo. Obras de caráter geral incluem Megan McArdle, *The Up Side of Down: Why Failing Well Is the Key to Success* (Nova York: Viking, 2014); e Sarah Lewis, *The Rise: Creativity, the Gift of Failure, and the Search for Mastery* (Nova York: Simon & Schuster, 2014). Scott Sandage, *Born Losers: A History of Failure in America* (Cambridge, MA: Harvard University Press, 2005), traz uma perspectiva histórica sobre a visão do fracasso pela sociedade. Charles Perrow, *Normal Accidents: Living with High-Risk Technologies* (Nova York: Basic Books, 1984), analisa o fracasso de sistemas complexos como usinas nucleares. Eliot Cohen e John Gooch, *Military Misfortunes: The Anatomy of Failure in War* (Nova York: Free Press, 1990), examina o fracasso em conflitos armados. Richard Neustadt e Ernest May, *Thinking in Time: The Uses of History for Decision Makers* (Nova York: Free Press, 1989), compara sucessos e fracassos em políticas internas e externas. Atul Gawande, *The Checklist Manifesto: How to Get Things Right* (Nova York: Metropolitan Books, 2009), explora o fracasso na área médica e como evitá-lo.

4. Eric Ries, *The Lean Startup: How Today's Entrepreneurs Use Radical Innovation to Create Successful Businesses* (Nova York: Currency, 2011), p. 56. O papel da falsificabilidade no desenvolvimento e teste de teorias é discutido em Karl Popper, *The Logic of Scientific Discovery* (Londres: Hutchison, 1959). Sim Sitkin, "Learning through Failure: The Strategy of Small Losses", *Research in Organizational Behavior* 14 (1992): pp. 231-266, também argumenta que "o fracasso é essencial como pré-requisito para a aprendizagem", pois estimula a experimentação. Sitkin explora fatores que promovem o aprendizado no ambiente organizacional.

5. A. Bandura, *Social Learning Theory* (Englewood Cliffs, NJ: Prentice Hall, 1977), descreve o processo de aprendizagem indireta e o compara com a aprendizagem por experiência direta. Jerker Denrell, em "Vicarious Learning, Undersampling of Failure, and the Myths of Management", *Organization Science* 14, n. 3 (2003): pp. 227-243, sustenta que, quando indivíduos em organizações aprendem indiretamente, é mais provável que se concentrem em iniciativas que deram certo em vez de errado. Segundo Denrell, se estratégias de risco tiverem maior probabilidade de resultar tanto em mais sucessos como mais fracassos, em comparação com estratégias menos arriscadas, a subamostragem de fracassos pode levar à inferência de que estratégias arriscadas são melhores do que realmente o são.

6. Hans Hansen, em "Fallacies", *The Stanford Encyclopedia of Philosophy* (online; ed. Summer 2020), discute a análise de John Stuart Mill da falácia de causa única, que Mill categoriza como uma falácia de generalização do tipo *post hoc ergo propter hoc*.

7. Lee Ross, em "The Intuitive Psychologist and His Shortcomings: Distortions in the Attribution Process", *Advances in Experimental Social Psychology* 10 (1977): pp. 173-220, cunha o termo "erro fundamental de atribuição". Exemplo da BMW é de Patrick Enright, "Road Rage Can Churn the Calmest of Hearts", NBCNews.com, 15 maio 2007.

8. Dean Shepherd e Randall Tobias, eds., *Entrepreneurial Failure* (Northampton, MA: Edward Elgar, 2013), é uma compilação de 36 artigos acadêmicos sobre causas e consequências do fracasso empresarial.

9. Paul Gompers, Will Gornall, Steven Kaplan e Ilya Strebulaev, em "How Do Venture Capital Investors Make Decisions?", *Journal of*

Financial Economics 135, n. 1 (2020): pp. 169-190, consultam 885 profissionais de venture capital sobre fatores que determinam suas decisões de investimento. O mais importante seria a qualidade do time de gestão, colocado em primeiro lugar por 47% dos entrevistados; no total, 37% classificaram um dos quatro fatores do "cavalo" (modelo de negócios, produto, mercado ou setor) como o mais importante. Uma visão típica do investidor é expressa por Roger Ehrenberg, sócio da firma de capital de risco IA Ventures, em 26 de outubro de 2010; em resposta à pergunta no Quora "Why do so many startups fail?" ["Por que tantas startups dão errado?"], Ehrenberg responde: "THE WRONG PEOPLE, hands down. All other problems are derivative." ["AS PESSOAS ERRADAS, sem sombra de dúvida. Todos os demais problemas derivam disso."]. No post "Is It the Jockey or the Horse?", no website Seraf, o fundador/CEO do Seraf, Christopher Mirabile, faz breves entrevistas com nove famosos investidores-anjo. Seis dizem que o jóquei é mais importante; três dizem que jóquei e cavalo são importantes.

10. CB Insights, "The Top 20 Reasons Startups Fail", Research Briefs, site CB Insights, 6 nov. 2019.
11. Ries, *The Lean Startup*, parte da base de Steve Blank em *Four Steps to the Epiphany: Successful Strategies for Products That Win* (Louisville, KY: Cafepress, 2005), que lança o crucial conceito de "customer discovery". Ver também Steve Blank, "Why the Lean Start-Up Changes Everything", *Harvard Business Review*, maio 2013.
12. Hans Swildens e Eric Yee, "The Venture Capital Risk and Return Matrix", blog Industry Ventures, 7 fev. 2017, traz análise de dados da PitchBook para todo investimento de VC em negócios em estágio avançado de 2006 a 2016, mostrando que em 29% deles o retorno foi de 0x a 1x e em 28% de 1x a 2x. Já que este livro define fracasso como não dar retorno superior a 1x, parte dos 28% com retorno de 1x a 2x seriam considerados fracasso.
13. Alan Patricof, "VC: Too Many Entrepreneurs' Business Models Rely on a 'Cascade of Miracles'", site Business Insider, 10 mar. 2015. Patricof explica o conceito de "cascading miracles" ["milagres em série"] e atribui a frase a Monty Shapiro, que foi presidente da General Instruments, fabricante de decodificadores de TV a cabo. A primeira pessoa que ouvi

falar de milagres em série foi o CEO da Liberty Media, John Malone, que tinha trabalhado com Shapiro.

14. Roger Frock, *Changing How the World Does Business: FedEx's Incredible Journey to Success–The Inside Story* (San Francisco: Berrett-Koehler, 2006).

Capítulo 1: O que é o fracasso?

1. Jeffrey Van Camp, "My Jibo Is Dying and It's Breaking My Heart", *Wired*, 8 mar. 2019.
2. Informações nos próximos parágrafos sobre o robô e a história da startup até fevereiro de 2015 vêm de Jeffrey Bussgang e Christine Snively, "Jibo: A Social Robot for the Home", HBS case 816003, dez. 2015 (rev. maio 2016).
3. Entrevista do autor com ex-CEO da Jibo, Steve Chambers, 11 jul. 2019.
4. Detalhes e declarações do executivo nas próximas páginas sobre captação de fundos, desenvolvimento do produto, reação inicial do mercado e fechamento da Jibo vêm de entrevista do autor com Chambers.
5. Resultado da campanha aparece em Bussgang e Snively, "Jibo: A Social Robot".
6. Chris Welch, "Amazon Just Surprised Everyone with a Crazy Speaker That Talks to You", site The Verge, 6 nov. 2014.
7. Dados sobre capital levantado vêm da Crunchbase.
8. Seção é adaptada de Thomas Eisenmann, "Entrepreneurship: A Working Definition", blog Harvard Business Review, 10 jan. 2013.
9. Na definição original de Howard Stevenson, professor da HBS, em "A Perspective on Entrepreneurship", HBS working paper 384-131, 1983, empreendedorismo é "explorar oportunidades que extrapolam os recursos atualmente a seu dispor".
10. Ver Walsh e Cunningham, "Business Failure and Entrepreneurship", para discussão sobre diferentes maneiras de definir fracasso empresarial.
11. Tom Nicholas, *VC: An American History* (Cambridge, MA: Harvard University Press, 2019), cap. 1.
12. Noam Wasserman, *The Founder's Dilemmas: Anticipating and Avoiding the Pitfalls That Can Sink a Startup* (Princeton, NJ: Princeton University Press, 2012), p. 299.

13. Jeffrey Van Camp, "Review: Jibo, Social Robot", *Wired*, 7 nov. 2017; declaração a seguir é de Van Camp, "My Jibo Is Dying".
14. Barry Sardis, "How Can Social Robots Benefit Seniors Aging in Place?", website TechForAging, 1 dez. 2019, descreve diversos robôs sociais voltados à terceira idade.
15. Jerry Kaplan, *Startup: A Silicon Valley Adventure* (Boston: Houghton Mifflin, 1994), conta história da GO Corp.; Kaplan foi CEO da startup.
16. Correspondência por e-mail do autor com Jeff Bussgang, jul. 2019.
17. Welch, "Amazon Just Surprised".
18. Detalhes sobre decisões ligadas ao produto neste parágrafo e sobre busca de CTO no seguinte vêm de entrevista do autor com Chambers.
19. J. P. Eggers e Lin Song, "Dealing with Failure: Serial Entrepreneurs and the Cost of Changing Industries Between Ventures", *Academy of Management Journal* 58, n. 6 (2015): pp. 1785-1803.
20. Peter Thiel, *Zero to One: Notes on Startups, or How to Build the Future* (Nova York: Currency, 2014), p. 34. Para estudos acadêmicos que corroboram a tese de que a culpa é do "cavalo", ver Steven Kaplan, Berk Sensoy e Per Stromberg, "Should Investors Bet on the Jockey or the Horse? Evidence from the Evolution of Firms from Early Business Plans to Public Companies", *Journal of Finance* 64, n. 1 (2009): pp. 75-115.
21. Paul Graham, "The 18 Mistakes That Kill Startups", blog Paul Graham, out. 2016.
22. Michael Gorman e William Sahlman, "What Do Venture Capitalists Do?" *Journal of Business Venturing* 4, n. 4 (1989): pp. 231-248.
23. Ian Macmillan, Lauriann Zemann e P. N. Subbanarasimha, "Criteria Distinguishing Successful from Unsuccessful Ventures in the Venture Screening Process", *Journal of Business Venturing* 2, n. 2 (1987): pp. 123-137.
24. Paul Gompers, Anna Kovner, Josh Lerner e David Scharfstein, "Performance Persistence in Entrepreneurship", *Journal of Financial Economics* 96, n. 1 (2010): pp. 18-32.
25. Robert Baron e Gideon Markman, em "Beyond Social Capital: The Role of Entrepreneurs' Social Competence in Their Financial Success", *Journal of Business Venturing* 18 (2003): pp. 41-60, mostram que a projeção de renda é maior quanto mais elevada a pontuação do empreendedor em

critérios de competência social (por exemplo, capacidade de adaptação e de persuasão). Sabrina Artinger e Thomas Powell, em "Entrepreneurial Failure: Statistical and Psychological Explanations", *Strategic Management Journal* 37, n. 6 (2016): pp. 1047-1064, mostram que, em experimentos em laboratório, a probabilidade de entrar em mercados congestionados era maior entre empreendedores excessivamente confiantes. Hao Zhao, Scott Seibert e G. T. Lumpkin, em "The Relationship of Personality to Entrepreneurial Intentions and Performance: A Meta-Analytical Review", *Journal of Management* 36, n. 2 (2010): pp. 381-404, mostram que quatro dos cinco grandes traços de personalidade ("Big Five") – conscienciosidade, abertura a experiências, extroversão e estabilidade emocional – tinham correlação positiva com desempenho de um negócio empreendedor. Já M. Ciavarella, A. Bucholtz, C. Riordan, R. Gatewood e G. Stokes, em "The Big Five and Venture Survival", *Journal of Business Venturing* 19 (2004): pp. 465-483, sustentam que o único dos Big Five estatisticamente relevante para prever sobrevivência de um empreendimento é a relação positiva com conscienciosidade.

26. Para investigações acadêmicas sobre impacto no desempenho da experiência do empreendedor no setor, ver Rajshree Agarwal, Raj Echambadi, April Franco e M. B. Sarkar, "Knowledge Transfer through Inheritance: Spin-out Generation, Development, and Survival", *Academy of Management Journal* 47, n. 4 (2004): pp. 501-522; Aaron Chatterji, "Spawned with a Silver Spoon? Entrepreneurial Performance and Innovation in the Medical Device Industry", *Strategic Management Journal* 30, n. 2 (2009): pp. 185-206; e Charles Eesley e Edward Roberts, "Are You Experienced or Are You Talented? When Does Innate Talent Versus Experience Explain Entrepreneurial Performance?" *Strategic Entrepreneurship Journal* 6 (2012): pp. 207-219. Eggers e Song, em "Dealing with Failure", mostram que fundadores seriais cujo empreendimento anterior deu errado são mais inclinados a culpar o ambiente externo (em vez de falhas próprias) e, portanto, mais propensos a trocar de setor ao criar um novo negócio (em comparação com aqueles cujo empreendimento anterior deu certo). Além disso, Eggers e Song mostram que a troca de setor prejudica o desempenho do negócio subsequente de um empreendedor serial, independentemente do resultado (sucesso ou fracasso) do negócio anterior. É um forte respaldo à tese de que a probabilidade de sucesso depende da experiência no setor.

Capítulo 2: Uma posição paradoxal

1. Eisenmann, "Entrepreneurship: A Working Definition", apresenta as quatro táticas para romper impasses (o Catch-22).
2. Richard Hamermesh e Thomas Eisenmann, em "The Entrepreneurial Manager, Course Overview: 2013 Winter Term", HBS course note 813155, jan. 2013, resumem framework que criei em 2013 para a disciplina de empreendedorismo obrigatória do MBA da HBS e aprimorei com a ajuda de colegas do corpo docente. Elementos do losango são analisados em maior detalhe em Thomas Eisenmann, "Business Model Analysis for Entrepreneurs", HBS course note 812096, dez. 2011 (rev. out. 2014).
3. Thiel, *Zero to One*, enfatiza importância da vantagem competitiva exclusiva e discute maneiras de obtê-la.
4. Fiona Southey, "Rouqette 'Significantly Increases' Pea Protein Supply Deal with Beyond Meat", website Food Navigator, 16 jan. 2020.
5. Para informações sobre como efeitos de rede influenciam percepção do cliente sobre valor do produto, ver Thomas Eisenmann, Geoffrey Parker e Marshall Van Alstyne, "Strategies for Two-Sided Markets", *Harvard Business Review*, out. 2006; Thomas Eisenmann, "Platform-Mediated Networks: Definitions and Core Concepts", HBS course note 807049, set. 2006 (rev. out. 2007); Geoffrey Parker, Marshall Van Alstyne e Sangeet Choudary, *Platform Revolution: How Networked Markets Are Transforming the Economy and How to Make Them Work for You* (Nova York: W. W. Norton, 2017); James Currier, "The Network Effects Manual: 13 Different Network Effects (and Counting)", blog NfX; e Anu Hariharan, "All about Network Effects", blog Andreessen Horowitz, 7 mar. 2016.
6. Thomas Eisenmann e Jeff Huizinga, "Poppy: A Modern Village for Childcare", HBS case 820715, nov. 2017; e Thomas Eisenmann, Scott Kominers, Jeff Huizinga e Allison Ciechanover, "Poppy (B)", HBS case 820715, mar. 2020.
7. Blake Masters, "Peter Thiel's CS183: Startup–Class 10 Notes Essay", blog Blake Masters, 8 maio 2012.
8. Thomas Eisenmann, Michael Pao e Lauren Barley, "Dropbox: It Just Works", HBS case 811065, jan. 2011 (rev. out. 2014).

9. Startup Genome Project, "A Deep Dive into the Anatomy of Premature Scaling", website Startup Genome, 2 set. 2011.
10. Para detalhes sobre cálculo de LTV e CAC, ver Tom Eisenmann, "Business Model Analysis, Part 6: LTV and CAC", blog Platforms & Networks, 27 jul. 2011; David Skok, "What's Your TRUE Customer Lifetime Value (LTV)–DCF Provides the Answer", em blog Entrepreneurs, 23 fev. 2016; e Eric Jorgenson, "The Simple Math Behind Every Profitable Business– Customer Lifetime Value", *Medium*, 16 mar. 2015.
11. Ver Wasserman, *Founder's Dilemmas*, para análise em profundidade de fundadores e escolhas que fazem.
12. Ver fontes no Cap. 1 para estudos acadêmicos sobre elo entre desempenho e experiência do empreendedor no setor.
13. Ver, especialmente, Arnold Cooper, Carolyn Woo e William Dunkelberg, "Entrepreneurs' Perceived Chances for Success", *Journal of Business Venturing* 3, n. 2 (1988): pp. 97-108; L. W. Busenitz e Jay Barney, "Differences between Entrepreneurs and Managers in Large Organizations: Biases and Heuristics in Strategic Decision-Making", *Journal of Business Venturing* 12, n. 1 (1997): pp. 9-30; e Antonio Bernardo e Ivo Welch, "On the Evolution of Overconfidence and Entrepreneurs", *Journal of Economics & Management Strategy* 10, n. 3 (2001): pp. 301-330. Colin Camerer e Dan Lovallo, em "Overconfidence and Excess Entry: An Experimental Approach", *American Economic Review* 89, n. 1 (1999): pp. 306-318, apresentam resultados de experimentos nos quais indivíduos excessivamente confiantes mostraram, em uma simulação, maior probabilidade de abrir negócios em um mercado com perspectivas incertas, resultando em excesso de iniciativas e perdas financeiras. Mathew Hayward, Dean Shepherd e Dale Griffin, em "A Hubris Theory of Entrepreneurship", *Management Science* 52, n. 2 (2006): pp. 160-172, analisam aspectos de empreendimentos que tendem a elevar excesso de confiança do fundador e dão razões pelas quais fundadores excessivamente confiantes têm maior probabilidade de fracassar.
14. Seção baseada parcialmente em Tom Eisenmann, "Head Games: Ego and Entrepreneurial Failure", website O'Reilly Radar, 9 jul. 2013. Para estudos acadêmicos sobre impacto no desempenho de excesso de confiança do empreendedor, ver Artinger e Powell, "Entrepreneurial

Failure"; e Robin Hogarth e Natalia Karelaia, "Entrepreneurial Success and Failure: Confidence and Fallible Judgment", *Organization Science* 23, n. 6 (2012): pp. 1733-1747.

15. Para opinião de um VC em respaldo à priorização da atitude ao contratar, ver Mark Suster, "Whom Should You Hire at a Startup (Attitude over Aptitude)?", *TechCrunch*, 17 mar. 2011. Wasserman, em *Founder's Dilemmas*, cap. 8, também aborda essa decisão.

16. Para análise de decisões de captação de fundos no early-stage, ver Brad Feld e Jason Mendelson, *Venture Deals: Be Smarter Than Your Lawyer and Venture Capitalist* (Hoboken, NJ: Wiley, 2011); Jeffrey Bussgang, *Mastering the VC Game: A Venture Capital Insider Reveals How to Get from Start-up to IPO on YOUR Terms* (Nova York: Portfolio, 2011); Jason Calacanis, *Angel: How to Invest in Technology Startups* (Nova York: Harper Business, 2017); e Scott Kupor, *Secrets of Sand Hill Road: Venture Capital and How to Get It* (Nova York: Portfolio, 2019).

17. Wasserman, *Founder's Dilemmas*, p. 291.

18. Marc Andreessen, "Part 6: How Much Funding Is Too Little? Too Much?" website The Pmarca Guide to Startups, 3 jul. 2007.

19. Marc Andreessen, "Part 5: The Moby Dick Theory of Big Companies", website The Pmarca Guide to Startups, 27 jun. 2007. Dharmesh Shah, "Advice for Partnering with the Big and Powerful: Don't", blog OnStartups, 7 out. 2008, trata da mesma questão.

20. Eisenmann et al., "Dropbox: It Just Works".

Capítulo 3: Ideia boa, companheiros ruins

1. Todos os fatos sobre Quincy Apparel e declarações de suas fundadoras neste capítulo vêm de Thomas Eisenmann e Lisa Mazzanti, "Quincy Apparel (A)", HBS case 815067, fev. 2015 (rev. abr. 2016); e Eisenmann e Mazzanti, "Quincy Apparel (B)", HBS case 815095, fev. 2015 (rev. abr. 2016).

2. Para orientação adicional sobre contratação de funcionários para startups no early-stage, ver Julia Austin, "Hard to Do, and Easy to Screw Up: A Primer on Hiring for Startups", blog Being FA and Other Ponderings, 25 out. 2015; Dan Portillo, "Debugging Recruiting", website Greylock Partners, 23 maio 2016; David Skok, "Recruiting–the 3rd Crucial Startup Skill", para blog Entrepreneurs; Sam Altman, "How to Hire",

blog Sam Altman, 23 set. 2013; e Fred Wilson, "MBA Mondays: Best Hiring Practices", blog AVC, 11 jun. 2012.

3. Wasserman, *Founder's Dilemmas*, cap. 4.
4. Wasserman, *Founder's Dilemmas*, p. 131.
5. Para orientação adicional sobre como escolher um cofundador e como administrar conflitos com cofundador, ver Naval Ravikant, "How to Pick a CoFounder", blog Venture Hacks, 12 nov. 2009; Simeon Simeonov, "When to Fire Your Co-Founders", blog Venture Hacks, 28 jan. 2010; Jessica Alter, "Three Biggest Mistakes When Choosing a Cofounder", website OnStartups, 18 abr. 2013; e a seguinte entrevista com Steve Blank: "Looking for Love in All the Wrong Places–How to Find a Co-Founder", website First Round Review.
6. Além das fontes citadas para a discussão do capítulo anterior sobre desafios de financiamento, para orientação sobre a escolha de investidores no early stage, ver Geoff Ralston, "A Guide to Seed Fundraising", blog Y Combinator, 7 jan. 2016; Chris Dixon, "What's the Right Amount of Seed Money to Raise?" blog cdixon, 28 jan. 2009; Rob Go, "How a Seed VC Makes Investment Decisions", blog NextView, 8 abr. 2015; Mark Suster, "How to Develop Your Fundraising Strategy", blog Both Sides, 17 jan. 2012; e Roger Ehrenberg, "Thoughts on Taking VC Money", blog informationarbitrage, 5 dez. 2009.
7. Para discussão de estratégias de negociação com parceiro com maior poder, ver Peter Johnston, *Negotiating with Giants: Get What You Want Against the Odds* (Cambridge, MA: Negotiation Press, 2012).

Capítulo 4: Falsa largada

1. Todas as informações sobre a Triangulate e declarações de Nagaraj vêm de Thomas Eisenmann e Lauren Barley, "Triangulate", HBS case 811055, jan. 2011; Eisenmann e Barley, "Triangulate (B): pp. Post Mortem", HBS case 819080, nov. 2018; e Eisenmann, Shikhar Ghosh e Christopher Payton, "Triangulate: Stay, Pivot or Exit?", HBS case 817059, out. 2016.
2. Ries, *The Lean Startup*, p. 160.
3. Para análise adicional dos desafios enfrentados por startups de relacionamento, ver Andrew Chen, "Why Investors Don't Fund Dating", blog @andrewchen.

4. Design Council, "What Is the Framework for Innovation? Design Council's Evolved Double Diamond", website Design Council.
5. A distribuição de tarefas pelos estágios do modelo Double Diamond vem de um material pedagógico não publicado, Tom Eisenmann, "Design Workshop", nov. 2018. Além das fontes listadas abaixo para técnicas de pesquisa específicas, ver também Bella Martin e Bruce Hanington, *Universal Methods of Design: 100 Ways to Research Complex Problems, Develop Innovative Ideas, and Design Effective Solutions* (Beverley, MA: Rockport, 2012); Jeanne Liedtka e Tim Ogilvie, *Designing for Growth: A Design Thinking Toolkit for Managers* (Nova York: Columbia Business School Publishing, 2011); Tom Kelley, *The Art of Innovation: Lessons in Creativity from IDEO, America's Leading Design Firm* (Nova York: Currency, 2001); Jake Knapp, *Sprint: How to Solve Big Problems and Test New Ideas in Just Five Days* (Nova York: Simon & Schuster, 2016); e Laura Klein, *UX for Lean Startups: Faster, Smarter User Experience Research and Design* (Beverley, MA: O'Reilly, 2013).
6. Declaração de posicionamento adaptada de uma versão em Geoffrey Moore, *Crossing the Chasm: Marketing and Selling Disruptive Products to Mainstream Customers* (Nova York: Harper, 1991; 3a. ed., 2014), p. 186.
7. Boas práticas de entrevistas com clientes apresentadas em Frank Cespedes, "Customer Visits for Entrepreneurs", HBS course note 812098, nov. 2011 (rev. ago. 2012); Elizabeth Goodman, Mike Kuniavsky e Andrea Moed, *Observing the User Experience: A Practitioner's Guide to User Research* (Waltham, MA: Morgan Kaufmann, 2012), cap. 6; Rob Fitzpatrick, *The Mom Test: How to Talk to Customers* (Scotts Valley, CA: CreateSpace, 2013); e Cindy Alvarez, *Lean Product Development: Building Products Your Customers Will Buy* (Boston: O'Reilly, 2014).
8. Blank, *Four Steps*, cap. 3.
9. Ver Moore, *Crossing the Chasm*, cap. 2, para análise de diferenças entre *early adopters* e público em geral.
10. Para boas práticas de testes com usuários, ver Goodman et al., *Observing the User Experience*, cap. 11; e Steve Krug, *Rocket Surgery Made Easy: The Do-It-Yourself Guide to Finding and Fixing Usability Problems* (Berkeley, CA: New Riders, 2010).
11. Para boas práticas, ver Goodman et al., *Observing the User Experience*, cap. 7 para grupos de discussão ("focus groups") e cap. 9 para pesquisa etnográfica.

Ver também Ellen Isaacs, "The Power of Observation: How Companies Can Have More 'Aha' Moments", website GigaOm, 15 set. 2012.

12. Para saber como e por que usar mapas de jornada, ver Sarah Gibbons, "Journey Mapping 101", website Nielsen Norman Group, 9 dez. 2018.

13. Para boas práticas na análise da concorrência, ver Goodman et al., *Observing the User Experience*, cap. 5.

14. Para boas práticas na realização de pesquisas de mercado, ver Goodman et al., *Observing the User Experience*, cap. 12; e SurveyMonkey, "Surveys 101", website SurveyMonkey.

15. Para boas práticas no desenvolvimento de *personas*, ver Goodman et al., *Observing the User Experience*, cap. 17; e Alan Cooper, *The Inmates Are Running the Asylum: Why High-Tech Products Drive Us Crazy and How to Restore the Sanity* (Carmel, IN: Sams-Pearson Education, 2004).

16. Para boas práticas de brainstorming, ver Scott Berkun, "How to Run a Brainstorming Session", blog Scott Berkun; e Tina Seelig, "Brainstorming–Why It Doesn't (Always) Work", *Medium*, 8 jan. 2017.

17. Alberto Savoia, "The Palm Pilot Story", *Medium*, 2 mar. 2019.

18. Distinção entre protótipos "works like" e "looks like" é um conceito consagrado no design. Para uma boa explicação dessa diferença – e por que usar ambas as modalidades – ver Ben Einstein, "The Illustrated Guide to Product Development (Part 2: Design)", website Bolt, 20 out. 2015.

19. Para uma discussão adicional de prós e contras de usar protótipos com distintos graus de fidelidade, ver John Willshire, "Want to Improve Your Design Process? Question Your Fidelity", website Mind the Product, 17 mar. 2015; e Lyndon Cerejo, "Design Better and Faster with Rapid Prototyping", website Smashing Magazine, 16 jun. 2010.

20. Perguntas seguintes foram adaptadas de apresentação, em janeiro de 2017, à turma do "MBA Startup Bootcamp" por Keith Hopper, fundador/CEO da Danger Point Labs.

21. Além de Ries, *The Lean Startup*, para uma discussão adicional da lógica de testes e boas práticas de MVP, ver Thomas Eisenmann, Eric Ries e Sarah Dillard, "Hypothesis-Driven Entrepreneurship: The Lean Startup", HBS course note 812095, dez. 2011 (rev. jul. 2013); e Steve Blank, "An MVP Is Not a Cheaper Product; It's about Smart Learning", blog Steve Blank, 22 jul. 2013.

22. Ries, *The Lean Startup*, p. 8.
23. Eisenmann et al., "Hypothesis-Driven Entrepreneurship", pp. 7-8. Ver também Tristan Kromer, "Concierge versus Wizard of Oz Prototyping", website Kromatic.

Capítulo 5: Falso positivo

1. Todas as informações sobre a Baroo e declarações de Lindsay Hyde neste capítulo vêm de Thomas Eisenmann e Susie Ma, "Baroo: Pet Concierge", HBS case 820011, ago. 2019; e Eisenmann e Ma, "Baroo (B)", HBS case 820026, ago. 2019.
2. Moore, em *Crossing the Chasm*, faz um relato detalhado de como e por que dirigentes de empresas de tecnologia podem não perceber diferenças entre primeiros usuários (*early adopters*) e público em geral, e de estratégias que deveriam empregar ao entender essas diferenças.
3. Abordagem da Lit Motors à validação da demanda descrita em Thomas Eisenmann e Alex Godden, "Lit Motors", HBS case 813079, dez. 2012 (rev. nov. 2014).
4. Moore, em *Crossing the Chasm*, pressupõe que o público em geral tende (mais do que *early adopters*) a exigir "solução completa": ou seja, um produto que minimize o esforço exigido do cliente para usá-lo e garanta acesso fácil a quaisquer complementos necessários para tal. Isso também pressupõe que, para clientes convencionais, a opinião de *early adopters* não é útil, posto que as exigências dos dois grupos são muito distintas. Daí Moore recomendar uma "D-Day invasion" para a incursão no mercado geral: uma solução completa, reformulada, disponibilizada por aliados capazes de fornecer todo complemento necessário e um marketing intenso para compensar a falta de referências confiáveis de outros usuários.
5. Eisenmann et al., "Dropbox: It Just Works".

Capítulo 6: De mal a pior

1. Swildens e Yee, "The Venture Capital Risk and Return Matrix".
2. Magdelena Petrova, "This Green Cement Company Says Its Product Can Cut Carbon Dioxide Emissions by Up to 70%", website CNBC, 28 set. 2019.

3. Criei o modelo "Six S" com Jeffrey Rayport em 2017 para uma disciplina eletiva no MBA da HBS, "Scaling Technology Ventures". O framework adapta elementos do "7-S" da McKinsey, descrito em Tom Peters e Robert Waterman, *In Search of Excellence: Lessons from America's Best-Run Companies* (Nova York: Harper & Row, 1982).
4. Além das fontes citadas na discussão de efeitos de rede no Cap. 2, para a análise de fatores que incentivam startups a acelerar a aquisição de clientes, ver Reid Hoffman e Chris Yeh, *Blitzscaling: The Lightning-Fast Path to Building Massively Valuable Companies* (Nova York: Currency, 2018); Albert Wenger, "Hard Choices: Growth vs. Profitability", blog Continuations, 12 out. 2015; Michael Skok, "Scaling Your Startup: The Deliberator's Dozen", blog LinkedIn, 16 jul. 2013; Thomas Eisenmann, "Scaling a Startup: Pacing Issues", HBS course note 812099, nov. 2011 (rev. nov. 2014); e Eisenmann, "Internet Companies' Growth Strategies: Determinants of Investment Intensity and Long-Term Performance", *Strategic Management Journal* 27, n. 12 (2006): pp. 1183-1204.
5. John Gramlich, "10 Facts About Americans and Facebook", website Pew Research Center, 16 maio 2019.
6. Para uma análise adicional de como e por que se dá a expansão geográfica de startups, ver John O'Farrell, "Building the Global Startup", blog Andreessen Horowitz, 17 jun. 2011 (primeiro de cinco capítulos); e Steve Carpenter, "A Startup's Guide to International Expansion", *TechCrunch*, 23 dez. 2015.
7. Olivia Solon, "How Uber Conquers a City in Seven Steps", website The Guardian, 12 abr. 2017.
8. Thomas Eisenmann, Allison Ciechanover e Jeff Huizinga, "thredUP: Think Secondhand First", HBS case 817083, dez. 2016; estratégia de incursão da thredUP na Europa foi descrita por cofundador/CEO James Reinhart during palestra a alunos da HBS em fevereiro de 2017.
9. J. Stewart Black e Tanya Spyridakis, "EuroDisneyland", Thunderbird case TB0195, 15 jun. 1999.
10. Arco da evolução do produto é discutido em Steve Sinofsky, "Everyone Starts with Simplicity; No-One Ends There (and That's Okay)", blog Learning by Shipping, 13 maio 2014.

11. Para análise do retorno financeiro de empresas que fazem aquisições, ver Jay Barney, "Returns to Bidding Firms in Mergers and Acquisitions: Reconsidering the Relatedness Hypothesis", *Strategic Management Journal* 9, n. S1 (1988): pp. 71-78; e Sara Moeller, Frederik Schlingemann e Rene Stulz, "Wealth Destruction on a Massive Scale? A Study of Acquiring--Firm Returns in the Recent Merger Wave", *Journal of Finance* 60, n. 2 (2005): pp. 757-782.
12. Para uma descrição da maldição do vencedor, ver Richard Thaler, *The Winner's Curse: Paradoxes and Anomalies of Economic Life* (Princeton, NJ: Princeton University Press, 1994), cap. 5.
13. Fred Wilson, "Why Early Stage Venture Investments Fail", blog Union Square Ventures, 30 nov. 2007.
14. Fred Wilson, "The Finance to Value Framework", blog AVC, 20 maio 2018.
15. Para uma exposição sobre o risco do financiamento e seu impacto na inovação empreendedora, ver Ramana Nanda e Matthew Rhodes-Kropf, "Investment Cycles and Startup Innovation", *Journal of Financial Economics* 110 (2013): pp. 403-418; e Nanda e Rhodes-Kropf, "Financing Risk and Innovation", *Management Science* 63, n. 4 (2017): pp. 901-918.
16. Wasserman, *Founder's Dilemmas*, cap. 10, descreve a incidência, antecedentes e consequências da sucessão do CEO de startups. Ver também Steve Blank, "I've Seen the Promised Land. And I Might Not Get There with You", blog Steve Blank, 21 jan. 2010.
17. Para mais informações sobre questões de governança enfrentadas por conselhos de startups, ver Brad Feld e Mahendra Ramsinghani, *Startup Boards: Getting the Most Out of Your Board of Directors* (Hoboken, NJ: Wiley, 2013); Matt Blumberg, *Startup CEO: A Field Guide to Scaling Up Your Business* (Hoboken, NJ: Wiley, 2013), Part 4; série de posts no blog AVC por Fred Wilson em mar. e abr. 2012; série de posts no blog VCAdventure por Seth Levine, sob o título "Designing the Ideal Board Meeting", out. e nov. 2018; e Jeff Bussgang, "Board Meetings vs. Bored Meetings", *Business Insider*, 5 abr. 2011.
18. Partes das seções "Staff" e "Structure", a seguir, foram adaptadas de Thomas Eisenmann e Alison Wagonfeld, "Scaling a Startup: People and Organizational Issues", HBS course note 812100, jan. 2012 (rev.

fev. 2012). Outras ideias sobre desafios de gestão do capital humano em startups em expansão em Ben Horowitz, *The Hard Thing about Hard Things* (Nova York: HarperCollins, 2014); Hoffman e Yeh, *Blitzscaling*, parte IV; Blumberg, *Startup CEO*, parte 2; Sam Altman, "Later Stage Advice for Startups", blog Y Combinator, 6 jul. 2016; Brian Halligan, "Scale-Up Leadership Lessons I've Learned over 9 Years as HubSpot's CEO", *Medium*, 10 jan. 2016; Mark Suster, "This Is How Companies 'Level Up' after Raising Money", blog Both Sides, 10 abr. 2014; e Wasserman, *Founder's Dilemmas*, caps. 8 e 10, que tratam de desafios de contratação e sucessão do CEO, respectivamente.

19. Horowitz, *The Hard Thing*, p. 193.
20. Fred Wilson, "MBA Mondays: Turning Your Team", blog AVC, 12 ago. 2013.
21. Steve Blank, "The Peter Pan Syndrome: The Startup to Company Transition", blog Steve Blank, 20 set. 2010. Termo foi aplicado originalmente a homens que sentem dificuldade para amadurecer por Dan Kiley, *The Peter Pan Syndrome: Men Who Have Never Grown Up* (Nova York: Dodd, Mead, 1983).
22. John Hamm, "Why Entrepreneurs Don't Scale", *Harvard Business Review*, dez. 2002.
23. Wasserman, *Founder's Dilemmas*, p. 299.
24. Eisenmann e Wagonfeld, "Scaling a Startup: People and Organizational Issues".
25. Para uma síntese do papel de gerentes de produto, ver Jeffrey Bussgang, Thomas Eisenmann e Rob Go, "The Product Manager", HBS course note 812105, dez. 2011 (rev. jan. 2015).
26. Para uma visão discordante, ver Mark Suster, "Why Your Startup Doesn't Need a COO", blog Both Sides, 13 set. 2013.
27. Para estudos sobre padrões de adoção de sistemas por startups, ver Anthony Davila, George Foster e Ning Ja, "Building Sustainable High-Growth Startup Companies: Management Systems as an Accelerator", *California Management Review*, Spring 2010. Metodologia OKR (Objectives and Key Results) para gestão do desempenho,

empregada em muitas empresas de tecnologia, é descrita em John Doerr, *Measure What Matters: How Google, Bono, and the Gates Foundation Rock the World with OKRs* (Nova York: Portfolio, 2018); e First Round Review, "AltSchool's CEO Rebuilt Google's Performance Management System to Work for Startups–Here It Is", website First Round Review, que entrevista Max Ventilla, que discute adaptação de OKRs para startups.

28. Ben Horowitz, *What You Do Is Who You Are: How to Create Your Business Culture* (Nova York: HarperCollins, 2019). Para outras perspectivas sobre gestão da cultura de startup em expansão, ver Horowitz, *The Hard Thing*; Blumberg, *Startup CEO*, cap. 9; Hoffman e Yeh, *Blitzscaling*, parte IV; Dharmesh Shah, "Does HubSpot Walk the Talk on Its Culture Code?", blog OnStartups, 11 abr. 2013; Kristi Riordan, "You Hire for Culture, but Have You Established What Your Culture Is?", *Medium*, 30 maio 2016; e Steve Blank, "The Elves Leave Middle Earth–Sodas Are No Longer Free", blog Steve Blank, 21 dez. 2009.

29. Adaptado de Jerry Colonna, *Reboot: Leadership and the Art of Growing Up* (Nova York: Harper Business, 2019), p. 185.

30. Para outra perspectiva, ver Rands, "The Old Guard", *Medium*, 27 jan. 2016.

31. Justin Randolph, Peter Levine e James Lattin, "Dropbox", Stanford Graduate School of Business case E471, 20 abr. 2013 (rev. 15 maio 2015).

32. Entrevista de Samir Kaul a autor, 19 jul. 2019.

33. Eisenmann e Godden, "Lit Motors".

34. William Sahlman e Matthew Lieb, "E Ink: Financing Growth", HBS case 800252, dez. 1999.

Capítulo 7: Cilada da pressa

1. Ben Popper, "Demolition Man: Why Does Fab's CEO Keep Building Companies That Suddenly Implode?", website The Verge, 26 nov. 2013.

2. Salvo se indicado de outra forma, todas as informações dos quatro primeiros parágrafos deste capítulo vêm de Adam Penenberg, "Fab.com: Ready, Set, Reset!", *Fast Company*, 16 maio 2012.
3. Allison Shontell, "The Tech Titanic: How Red-Hot Startup Fab Raised $330 Million and Then Went Bust", website Business Insider, 6 fev. 2015.
4. Captação total em 2012 vem da Crunchbase.
5. Faturamento total em 2012 vem de Penenberg, "Ready, Set, Reset!". Faturamento total em 2011 vem de Jason Goldberg, "On the Rebound from Epic Failure", blog Hackernoon, 20 jun. 2016.
6. Prejuízo de US$ 90 milhões é citado em Erin Griffith, "Fab's Eyes Are Bigger Than Its Wallet. That's Nothing $100 Million Can't Fix", *Pando Daily*, 30 abr. 2013.
7. Gastos com marketing extraídos de Erin Griffith, "The Samwer Brothers May Have the Last Laugh on Fab after All", *Pando Daily*, 26 nov. 2013.
8. Entrevista de Jason Goldberg a autor, 3 jul. 2019.
9. Informações neste parágrafo vêm de Griffith, "Samwer Brothers".
10. Entrevista de Goldberg a autor.
11. Salvo se indicado de outra forma, informações deste parágrafo vêm de Shontell, "Tech Titanic".
12. Sarah Perez, "Fab: Europe Will Be 20% of Fab's 2012 Revenue", *TechCrunch*, 7 ago. 2012.
13. Alex Konrad, "Fab Pivots Away from Flash Sales; Sets Sights on Amazon and IKEA", website Forbes, 30 abr. 2013.
14. Entrevista de Goldberg a autor.
15. Konrad, "Fab Pivots". Total de 11 mil itens consta de Zachary Crockett, "Sh*t, I'm F*cked: Jason Goldberg, Founder of Fab", website The Hustle, 17 out. 2017.
16. Entrevista de Goldberg a autor.
17. Crockett, "Sh*t, I'm F*cked".
18. Este parágrafo e o seguinte se baseiam em Goldberg, "On the Rebound".
19. Ingrid Lunden, "Fab Was Burning through $14 Million/Month before Its Layoffs and Pivot", *TechCrunch*, Oct. 20, 2014.
20. Goldberg, "On the Rebound".

21. Crockett, "Sh*t, I'm F*cked".
22. Ingrid Lunden, "Hem.com Is on the Block; Swiss Furniture Maker Vitra Likely Buyer", *TechCrunch*, 30 dez. 2015.
23. Shontell, "Tech Titanic".
24. Kate Taylor e Benjamin Goggin, "49 of the Biggest Scandals in Uber's History", website Business Insider, 10 maio 2019.
25. Claire Suddath e Eric Newcomer, "Zenefits Was the Perfect Startup. Then It Self-Disrupted", *Bloomberg Businessweek*, 9 maio 2016.
26. Há muito mistério em torno das origens do teste RAWI, mas creio que o crédito pela invenção deve ir para meu colega Shikhar Ghosh, da HBS, com alguma ajuda minha, de Felda Hardymon, de Toby Stuart e de outros membros do grupo de docentes da disciplina obrigatória de empreendedorismo do MBA da HBS.
27. Marc Andreessen cunhou o termo "fit produto-mercado" em "Part 4: The Only Thing That Matters", blog The Pmarca Guide to Startups, 25 jun. 2007. Ver também Andrew Chen, "When Has a Consumer Startup Hit Product-Market Fit?", blog @andrewchen; Sean Ellis, "Using Product/Market Fit to Drive Sustainable Growth", *Medium: Growth Hackers*, 5 abr. 2019; e Brian Balfour, "The Neverending Road to Product-Market Fit", blog Brian Balfour, 11 dez. 2013.
28. Ver bibliografia para cálculo de LTV/CAC no Cap. 2.
29. Meta de 3 é citada, entre muitas outras fontes, em Jared Sleeper, "Why Early-Stage Startups Should Wait to Calculate LTV: CAC, and How They Should Use It When They Do", para blog Entrepreneurs.
30. Para mais informações sobre análise de coortes, ver David Skok, "SaaS Metrics 2.0–A Guide to Measuring and Improving What Matters", para blog Entrepreneurs; Nico Wittenborn, "Cohort Analysis: A (Practical) Q&A", blog The Angel VC, 14 mar. 2014; e Sean Ellis e Morgan Brown, *Hacking Growth: How Today's Fastest-Growing Companies Drive Breakthrough Success* (Nova York: Currency, 2017), cap. 7.
31. Tabelas de coortes e CAC nesta seção foram adaptadas do material complementar incluído com Mark Roberge e Thomas Eisenmann, "eSig: Growth Analysis", HBS case 817009, ago. 2019 (rev. nov. 2019).
32. Mark Roberge, *The Science of Scaling*, e-book no prelo.

33. Jeff Bussgang, "Your LTV Math Is Wrong", *Seeing Both Sides*, 24 out. 2015, discute tendência de empreendedores a inflar projeções de LTV e erros que frequentemente cometem ao calcular LTV.
34. Jeff Bussgang, "Why Metrics Get Worse with Scale", *HuffPost*, 12 fev. 2015.
35. Shontell, "Tech Titanic".
36. Entrevista de Goldberg a autor, de onde também vem declaração citada no próximo parágrafo.
37. Shontell, "Tech Titanic".
38. Shontell, "Tech Titanic".
39. Hoffman e Yeh, *Blitzscaling*, pp. 217-218.
40. Paul Graham, "Startup = Growth", blog Paul Graham, set. 2012.
41. Para fontes sobre efeitos de rede, ver bibliografia no Cap. 2.
42. Para mais informações sobre condução de análise conjunta, ver Elie Ofek e Olivier Toubia, "Conjoint Analysis: A Do-It-Yourself Guide", HBS course note 515024, ago. 2014.
43. Para mais informações sobre como e por que calcular coeficiente viral, ver Adam Nash, "User Acquisition: Viral Factor Basics", blog Psychohistory, 4 abr. 2012.
44. Parte desta seção sobre custos de troca (ou migração) e da seção seguinte, sobre economias de escala, foram adaptadas de Thomas Eisenmann, "Note on Racing to Acquire Customers", HBS course note 803103, jan. 2003 (rev. set. 2007).
45. Discussão sobre decisão de "desescalar" e em que situações pode surtir efeito foi adaptada de Eisenmann, "Note on Racing".

Capítulo 8: Falta de recursos

1. Salvo se indicado de outra forma, todas as informações sobre a Dot & Bo e declarações de Anthony Soohoo e colegas da Dot & Bo incluídas neste capítulo vêm de Thomas Eisenmann, Allison Ciechanover e George Gonzalez, "Anthony Soohoo at Dot & Bo: Bringing Storytelling to Furniture E-Commerce", HBS case 820036, set. 2019 (rev. dez. 2019); e Eisenmann, Ciechanover e Gonzalez, "Anthony Soohoo: Retrospection on Dot & Bo", HBS case 820037, set. 2019 (rev. dez. 2019).

2. Jason DelRay, "One Kings Lane Sold for Less Than $30 Million after Being Valued at $900 Million", *Vox recode*, 23 ago. 2016.
3. Para análises de causas e consequências de ciclos de expansão-contração de investimentos de VC, see Paul Gompers e Josh Lerner, *The Money of Invention: How Venture Capital Creates New Wealth* (Boston: Harvard Business School Press, 2001), cap. 6; Gompers e Lerner, *The Venture Capital Cycle* (Cambridge, MA: MIT Press, 2004); Paul Gompers, Anna Kovner, Josh Lerner e David Scharfstein, "Venture Capital Investment Cycles: The Impact of Public Markets", *Journal of Financial Economics* 87 (2008): pp. 1-23; e Nicholas, *VC: An American History*, cap. 8.
4. Para outra perspectiva sobre a gestão em meio a ciclos de expansão-contração de valuations, ver Eisenmann, "Note on Racing". Para uma síntese de estudos sobre a relação entre valuations infladas no mercado de capitais e excesso de investimentos no mercado de produtos, ver Thomas Eisenmann, "Valuation Bubbles and Broadband Deployment", cap. 4, em Robert Austin e Stephen Bradley (eds.), *The Broadband Explosion: Leading Thinkers on the Promise of a Truly Interactive World* (Boston: Harvard Business School Press, 2005).
5. Ver dois posts de Ben Horowitz: "Old People", blog Andreessen Horowitz, 5 dez. 2012, e "Why Is It Hard to Bring Big Company Execs into Little Companies?" website Business Insider, 22 abr. 2010.
6. Rand Fishkin, *Lost and Founder: A Painfully Honest Field Guide to the Startup World* (Nova York: Portfolio, 2018), cap. 5.
7. Ver fontes citadas no Cap. 6 para boas práticas de contratação.
8. Thomas Eisenmann e Halah AlQahtani, "Flatiron School", HBS case 817114, jan. 2017.
9. Este parágrafo e o seguinte foram adaptados de Eisenmann e Wagonfeld, "Scaling a Startup: People and Organizational Issues".

Capítulo 9: *Moonshots* e milagres

1. Daniel Weisfield, "Peter Thiel at Yale: We Wanted Flying Cars, Instead We Got 140 Characters", website Yale School of Management, 27 abr. 2013.
2. Salvo se indicado de outra forma, todas as informações nos três primeiros parágrafos deste capítulo vêm de Max Chafkin, "A Broken Place: The

Spectacular Failure of the Startup That Was Going to Change the World", *Fast Company*, maio 2014.

3. Cargos na SAP informados por Elie Ofek e Alison Wagonfeld, "Speeding Ahead to a Better Place", HBS case 512056, jan. 2012 (rev. mar. 2012).

4. Brian Blum e Shlomo Ben-Hur, "Better Place: An Entrepreneur's Drive Goes Off Track", IMD case 940, out. 2018.

5. Informação sobre alíquotas consta de Brian Blum, *Totaled: The Billion--Dollar Crash of the Startup That Took on Big Auto, Big Oil and the World* (Sherman Oaks, CA: Blue Pepper, 2017), p. 27.

6. Os dados da campanha de captação da Better Place citados neste capítulo são da PitchBook.

7. Origem de membros da equipe consta de Blum e Ben-Hur, "Better Place: An Entrepreneur's Drive".

8. Critérios do mercado inaugural neste parágrafo e projeção de custos e capacidade de pontos de recarga e estações de troca de baterias nos dois parágrafos seguintes vêm de Ofek e Wagonfeld, "Speeding Ahead".

9. Blum, *Totaled*, p. 225.

10. Chris Nuttal, "Better Place's $200M Round to Expand Electric Car Networks", *Financial Times*, 22 nov. 2011.

11. Ofek e Wagonfeld, "Speeding Ahead".

12. Custo do veículo e do plano de assinatura vêm, respectivamente, de p. 200 e p. 205 de Blum, *Totaled*.

13. Custo do veículo e da bateria vêm, respectivamente, de p. 201 e p. 190 de Blum, *Totaled*; projeção de custo da bateria em 2008 é de Ofek e Wagonfeld, "Speeding Ahead".

14. Ofek e Wagonfeld, em "Speeding Ahead", citam US$ 600 como custo da eletricidade para percorrer 12.000 milhas e "algumas centenas de dólares" ["a few hundred dollars"] por cliente para manutenção anual. A isso, adicionei US$ 70 para depreciação de pontos de recarga e estações de troca, supondo, com base nas cifras citadas em "Speeding Ahead", especificamente 1) custo de US$ 250 por ponto de carga e de US$ 400.000 por estação de troca, e 2) dois pontos de recarga por cliente e 2.000 clientes por estação de troca. Estimei período de depreciação de dez anos para pontos de recarga e estações de troca.

15. Blum, *Totaled*, p. 86, traz relação de localidades.
16. OSCAR descrito em Blum, *Totaled*, p. 64 e p. 135.
17. Estimativa de US$ 60 milhões consta de Blum, *Totaled*, p. 67.
18. Revista *Time* é mencionada em Blum e Ben-Hur, "Better Place: An Entrepreneur's Drive". TED Talk em 19 abr. 2009.
19. Chafkin, "Broken Place".
20. Vauhini Vara, "Software Executive Shifts Gears to Electric Cars", *Wall Street Journal*, 29 out. 2007.
21. Clive Thompson, "Batteries Not Included", *New York Times Magazine*, 16 abr. 2009.
22. Reunião com GM descrita em Chafkin, "Broken Place"; e cap. 6 de Blum, *Totaled*.
23. Relação com novo responsável por veículos elétricos da Renault-Nissan e discussão sobre "parafuso inteligente" do próximo parágrafo são descritas no cap. 10 de Blum, *Totaled*, e prós e contras do "fast charging" citados na p. 61.
24. Peter Valdes-Dapena, "The Nissan Leaf Will Cost $ 25,000", website CNN Money, 30 mar. 2010.
25. Blum, em *Totaled*, p. 219, cita custo estimado de ponto de recarga da Better Place, incluindo instalação, de US$ 2.000 a US$ 3.000 e custo médio de instalação de pontos de recarga nos EUA de US$ 1.350.
26. Leslie Guevarra, "GE and Lowe's Partner to Power EV Charging at Home", website GreenBiz, 19 jul. 2011.
27. Custo de mais de US$ 2 milhões por estação é citado em Chafkin, "Broken Place".
28. Blum, *Totaled*, pp. 62-63.
29. Blum, *Totaled*, pp. 172-174.
30. Blum, *Totaled*, pp. 158-159.
31. Blum, *Totaled*, p. 193, cita atraso na entrega do Fluence.
32. Blum, *Totaled*, pp. 186-188, aborda restrições a escavação.
33. Blum, *Totaled*, p. 181, aborda regulamentação de postos de combustíveis.
34. Blum, *Totaled*, pp. 202-204.

35. Blum, *Totaled*, p. 195.
36. Chafkin, "Broken Place", cita "burn rate" diário de US$ 500.000.
37. Blum, *Totaled*, p. 226 discute taxa de uso e p. 228 aborda preocupação com valor residual.
38. Blum, *Totaled*, pp. 210-212; "Um amigo que não é de verdade não é amigo" ("Friends are either true or not friends", no original), aparece na p. 232.
39. Blum, *Totaled*, pp. 192-194.
40. Incapacidade de levantar capital e saída de Agassi descritas em Chafkin, "Broken Place", de onde também vem a informação "menos de 1.500 carros". Iniciativas de sucessores de Agassi na presidência descritas em Blum, *Totaled*, cap. 19.
41. Blum, *Totaled*, p. 258, traz dados de uso de clientes da Better Place.
42. Kristen Korosec, "Telsa's Battery Swap Program Is Pretty Much Dead", website Fortune, 10 jun. 2015.
43. Barry Staw, "The Escalation of Commitment to a Course of Action", *Academy of Management Review* 6, n. 4 (1981): pp. 577-587. A propensão a "dobrar a aposta", a se comprometer ainda mais com algo cujo resultado foi ruim, segue o princípio básico da teoria da perspectiva: que o indivíduo exibe aversão ao risco em se tratando de ganhos (ou seja, quando teve um resultado bom e tem muito a perder se uma aposta der errado) e aceita o risco em se tratando de perdas, conforme mostrado em Daniel Kahneman e Amos Tversky, "Prospect Theory: An Analysis of Decision under Risk", *Econometrica* 47, n. 2 (1979): pp. 263-292. A escalada do comprometimento condiz, também, com o efeito da rigidez diante do perigo: a tendência do indivíduo ou organização a, frente a ameaças, adotar a estratégia de sempre em vez de buscar outra, conforme descrito por Barry Staw, Lance Sandelands e Jane Dutton em "Threat-Rigidity Effects in Organizational Behavior: A Multilevel Analysis", *Administrative Science Quarterly* 26, n. 4 (1981): pp. 501-524.
44. Detalhes neste parágrafo vêm de John Bloom, *Eccentric Orbits: How a Single Man Saved the World's Largest Satellite Constellation from Fiery Destruction* (Nova York: Atlantic Monthly Press, 2016); projeções de pesquisa de mercado descritas na p. 196 e investimento de US$ 6,4 bilhões citado na p. 209.

45. Patrick Vlaskovits, "Henry Ford, Innovation, and That 'Faster Horse' Quote", blog Harvard Business Review, 29 ago. 2011.
46. Detalhes neste parágrafo obtidos de Steve Kemper, *Code Name Ginger: The Story Behind Segway and Dean Kamen's Quest to Invent a New World* (Boston: Harvard Business School Press, 2003). Projeções da ADL citadas na p. 63; teste inicial com público descrito na p. 227.
47. Jordan Golson, "Well, That Didn't Work: The Segway Is a Technological Marvel. Too Bad It Doesn't Make Any Sense", *Wired*, 16 jan. 2015.
48. Johnny Diaz, "Segway to End Production of Its Original Personal Transporter", *New York Times*, 24 jun. 2020.
49. Informações neste parágrafo e no seguinte sobre decisão de desenvolvimento do produto na GO Corp vêm de Josh Lerner, Thomas Kosnik, Tarek Abuzayyad e Paul Yang, "GO Corp", HBS case 297021, set. 2016 (rev. abr. 2017). Informações no próximo parágrafo sobre fracasso da GO Corp são de Jerry Kaplan, *Startup: A Silicon Valley Adventure* (Nova York: Penguin, 1994), cap. 13.
50. Bloom, *Eccentric Orbits*, p. 180.
51. Frederick Brooks, *The Mythical Man Month: Essays on Software Engineering* (Boston: Addison-Wesley, 1975).
52. Kemper, *Code Name Ginger*, p. 36.
53. Bloom, *Eccentric Orbits*, p. 182.
54. A origem da frase atribuída a Jobs é questionada, segundo respostas no Quora à pergunta "Where and when did Steve Jobs say, 'We're here to put a dent etc.'?" ["Onde e quando Steve Jobs disse 'Estamos aqui para deixar uma marca etc.'?"]. Alguém sugere que a frase apareceu primeiro no filme *Pirates of Silicon Valley*; outra resposta menciona a entrevista de Jobs à *Playboy* em 1985; outra, ainda, aponta várias menções a "dent in the universe" ["marca no universo"] na biografia de autoria de Walter Isaacson, *Steve Jobs* (Nova York: Simon & Schuster, 2011).
55. A frase automóvel/mainframe aparece em Kemper, *Code Name Ginger*, p. 93; a afirmação sobre crescer mais do que qualquer outra empresa está na p. 50; "interessante e irresistível" está na p. 49.
56. Michael Maccoby, "Narcissistic Leaders: The Incredible Pros, the Inevitable Cons", *Harvard Business Review*, jan. 2001.

57. Chad Navis e O. Ozbek, "The Right People in the Wrong Places: The Paradox of Entrepreneurial Entry and Successful Opportunity Realization", *Academy of Management Review* 41, n. 1 (2016): pp. 109-129, sustenta que a probabilidade de que indivíduos excessivamente confiantes e narcisistas sejam atraídos por oportunidades novas e ousadas é maior porque tendem a superestimar as chances de sucesso (devido ao excesso de confiança) e anseiam pela atenção que fazer algo inédito e impactante traz (devido ao narcisismo). Navis e Ozbek também sustentam que excesso de confiança e narcisismo inibem o aprendizado e, portanto, reduzem a chance de sucesso em novos projetos.
58. John Carreyrou, *Bad Blood: Secrets and Lies in a Silicon Valley Startup* (Nova York: Knopf, 2018), p. 43.
59. Blumberg, *Startup CEO*, cap. 37. Para informações adicionais sobre boas práticas de gestão do conselho, ver bibliografia na seção "Prioridades do conselho", do Cap. 6.
60. Frock, *Changing How the World Does Business*.

Capítulo 10: Tanque vazio

1. Andrew Lee, "Startup Mortality: What End-of-Life Care Teaches Us about Startup Failure", *Medium: Startup Grind*, 28 nov. 2017.
2. Além de Wasserman, *Founder's Dilemmas*, cap. 10, Michael Ewens e Matt Marx, em "Founder Replacement and Startup Performance", *Review of Financial Studies* 31, n. 4 (2018): pp. 1532-1565, apresentam dados sobre frequência da substituição de fundador/CEO em startups em dificuldades e mostram que desempenho da empresa tende a melhorar após troca.
3. Eric Jackson, *The PayPal Wars: Battles with eBay, the Media, the Mafia, and the Rest of Planet Earth* (Los Angeles: World Ahead, 2004).
4. Jason Koebler, "Ten Years Ago Today, YouTube Launched as a Dating Website", website Vice, 23 abr. 2015.
5. Wilson, em "Why Early Stage Venture Investments Fail", observa que, das 11 empresas de um portfólio nas quais seu retorno foi mais de 5x o investimento, 7 tinham tido sucesso ao pivotar; das cinco do portfólio consideradas um fracasso, só uma conseguira. Wilson atribui o fato às "grandes e insustentáveis 'burn rates' que tinham atingido".

6. Para outra perspectiva, ver Fred Wilson, "The Pro Rata Participation Right", blog AVC, 4 mar. 2014; e Mark Suster, "What All Entrepreneurs Need to Know about Prorata Rights", blog Both Sides, 12 out. 2014.
7. Para outra perspectiva sobre a venda de uma startup, ver Chris Dixon, "Notes on the Acquisition Process", blog cdixon, 10 set. 2012; Ben Horowitz, "Should You Sell Your Company?", blog Andreessen Horowitz, 19 jan. 2011; Chris Sheehan, "Corporate Development 101: What Every Startup Should Know", blog OnStartups, 2 abr. 2014; John O'Farrell, "Knowing Where the Exits Are",blog Andreessen Horowitz, 30 maio 2012; e James Altucher, "The 9 Most Important Things to Remember If You Want to Sell Your Company", website TechCrunch, 13 jun. 2011.
8. Eisenmann, Ciechanover e Gonzalez, "Anthony Soohoo: Retrospection".
9. Lindsay Hyde, visita a MBA da HBS durante disciplina "Entrepreneurial Failure", fev. 2019.
10. Sugestões para fundadores que vendem startup a empresa de grande porte em Scott Weiss, "The 'I-Just-Got-Bought-by-a-Big-Company' Survival Guide", blog Andreessen Horowitz, 2 fev. 2013.
11. Eisenmann et al., "Poppy (B)".
12. Fred Destin, "How to Get Really Screwed by Your Board and Investors in a Scaled Startup", *Medium*, 30 set. 2016.
13. Para outra perspectiva sobre financiamento-ponte, ver Fred Wilson, "Financing Options: Bridge Loans", blog AVC, 15 ago. 2011; e Jason Lemkin, "How Bridge Rounds Work in Venture Capital: Messy, Full of Drama, and Not Without High Risk", blog SaaStr, 20 jun. 2019.
14. Para outra perspectiva sobre gestão de cortes de pessoal, ver Erick Schonfeld, "Email from Jason Calacanis: How to Handle Layoffs", website TechCrunch, 22 out. 2008; e Fred Wilson, "MBA Mondays: How to Ask an Employee to Leave the Company", blog AVC, 2 jul. 2012.
15. Fishkin, *Lost and Founder*, cap. 17.
16. Goldberg, "On the Rebound".
17. Entrevista de Goldberg a autor.
18. Fishkin, *Lost and Founder*, cap. 17.
19. Lee, "Startup Mortality".

20. Dawn DeTienne, Dean Shepherd e Julio De Castro, em "The Fallacy of 'Only the Strong Survive': The Effects of Extrinsic Motivation on the Persistence Decisions for Under-Performing Firms", *Journal of Business Venturing* 23 (2008): pp. 528-546, apresentam um modelo teórico para explicar porque um empreendedor insistiria em um negócio que não está dando certo e testam o modelo com a análise conjunta. Um fator positivamente associado à persistência que não está na minha lista é o sucesso do empreendedor em projetos anteriores. Segundo DeTienne et al., esse empreendedor mostra tendência maior a persistir porque supõe ter uma fórmula infalível.
21. Mike Gozzo, blog My Startup Has 30 Days to Live, *Tumblr*, 2013.
22. Gozzo, 30 Days.
23. Lee, "Startup Mortality."
24. Steve Carpenter, visita à sala de aula do curso "Entrepreneurial Failure", do MBA da Harvard Business School, fev. 2019.
25. Gozzo, 30 Days.
26. Jerry Colonna, visita à sala de aula do curso "Entrepreneurial Failure", do MBA da Harvard Business School, mar. 2019.
27. Gozzo, 30 Days.
28. Gozzo, 30 Days.
29. Jasper Diamond Nathaniel, "When Your Startup Fails," Medium: Noteworthy, 15 abr. 2019.
30. Eisenmann e Ma, "Baroo (B)."
31. Baseados na experiência pessoal do autor como investidor.
32. Eisenmann e Ma, "Baroo (B)."
33. Eisenmann e Ma, "Baroo (B)."
34. Entrevista do autor com Aileen Lee, 9 jul. 2019.
35. Para outras perspectivas sobre o tema, veja: John Coyle e Gregg Polsky, "Acqui-hiring," *Duke Law Journal* 62, no. 3 (2013): 281–346; e Chris Dixon, "The Economic Logic Behind Tech and Talent Acquisitions," blog cdixon, 18 out. 2012.
36. Gozzo, 30 Days.
37. Lee, "Startup Mortality."

38. A sugestão de pagar o advogado na contratação é de Gabe Zichermann, "How and Why to Shut Down Your Startup," Medium: The Startup, 2 ago. 2019, que dá boas orientações sobre o processo de fechamento, assim como Alex Fishman em "How to Shut Down a Startup in 36 Hours," *Medium*, 2 jul. 2016. Mais recursos estão disponíveis no site The Shut Down, criado por Abigail Edgecliffe-Johnson.
39. Bethany Laurence em "Going Out of Business: Liquidate Assets Yourself or File for Bankruptcy?" e "How to Liquidate a Closing Business's Assets," disponíveis no site da NOLO, descreve as três abordagens para o fechamento de uma startup. O mesmo site também disponibiliza orientações na página "Going Out of Business".
40. Eisenmann et al., "Anthony Soohoo: Retrospection."
41. Bethany Laurence, "Negotiating Debt Settlements When You Go Out of Business," site da NOLO.
42. Eisenmann e Ma, "Baroo (B)."

Capítulo 11: Volta por cima

1. Dois primeiros parágrafos deste capítulo são baseados em Christina Wallace, "What Happens When You Fail?" cap. 13, em Charu Sharma (ed.), *Go Against the Flow: Women, Entrepreneurship and Success* (publicação independente, 2019).
2. Josh Carter, "Failing and Other Uplifting Anecdotes", *Medium*, 5 jan. 2019.
3. Nikki Durkin, "My Startup Failed, and This Is What It Feels Like", *Medium: Female Founders*, 23 jun. 2014.
4. Elisabeth Kübler-Ross, *On Death and Dying: What the Dying Have to Teach Doctors, Nurses, Clergy and Their Own Families* (Nova York: Scribner, 1969).
5. Eisenmann et al., "Anthony Soohoo: Retrospection".
6. Eisenmann et al., "Anthony Soohoo: Retrospection".
7. O trabalho acadêmico de Shepherd sobre o fracasso no empreendedorismo é sintetizado em Dean Shepherd, Trenton Williams, Marcus Wolfe e Holger Patzelt, *Learning from Entrepreneurial Failure: Emotions, Cognitions, and Actions* (Cambridge, Reino Unido: Cambridge University Press, 2016). Para o leitor não especializado, ideias de Shepherd são apresentadas em

From Lemons to Lemonade: Squeeze Every Last Drop of Success Out of Your Mistakes (Upper Saddle River, NJ: Prentice Hall, 2009). Walsh e Cunningham, em "Business Failure and Entrepreneurship", resumem outros estudos acadêmicos sobre como um empreendedor se recupera após um fracasso.

8. Eisenmann et al., "Poppy (B)".
9. Adi Hillel, "Killing Your Startup and Staying Alive: Four Steps to Entrepreneurial Resilience", *Medium: Hubitus*, 23 mar. 2016.
10. Walsh e Cunningham, em "Business Failure and Entrepreneurship", resumem estudos acadêmicos sobre como o empreendedor aprende com o fracasso do negócio. Amy Edmondson, em "Strategies for Learning from Failure", *Harvard Business Review*, abr. 2001, dá uma visão geral de distintas razões para o fracasso organizacional, de entraves para se aprender com o fracasso e de estratégias para superar esses entraves.
11. Y. Liu, Y. Li, X. Hao e Y. Zhang, em "Narcissism and Learning from Entrepreneurial Failure", *Journal of Business Venturing* 34 (2019): pp. 496-512, apresentam dados de estudos que indicam ser menor a probabilidade de que fundadores narcisistas aprendam com o fracasso de uma startup anterior.
12. Todas as declarações de Goldberg neste capítulo vêm de Goldberg, "On the Rebound".
13. Startups com sede nos EUA fundadas em 2013 ou 2014 e fechadas em 2015 depois de levantar pelo menos US$ 500.000 foram identificadas com dados da PitchBook. Trajetória profissional de CEOs foi baseada em seu perfil no LinkedIn. Dos 50 CEOs, 25 tinham fundado uma startup antes da que fechou em 2015; os outros 25 eram fundadores de primeira viagem.
14. Jason Cope, "Learning from Entrepreneurial Failure: An Interpretive Phenomenological Analysis", *Journal of Business Venturing* 26 (2011): pp. 604-623.
15. Fishkin, *Lost and Founder*, Afterword.
16. Eisenmann e Ma, "Baroo (B)".
17. "Agassi Turns Environment Friendly Focus to Mass Transport", *Haaretz*, 7 ago. 2014.

Carta a um(a) fundador(a) de primeira viagem

1. Graham, "Startup = Growth".
2. Daniel Kahneman, *Thinking, Fast and Slow* (New York: Farrar, Strauss and Giroux, 2011).
3. Respostas de ex-alunos que fundaram empresas apresentadas em Tom Eisenmann, "No Regrets (Mostly): Reflections from HBS MBA '99 Entrepreneurs", blob da disciplina Launching Technology Ventures, 28 mar. 2011.

Apêndice: Pesquisa de startups em fase inicial

1. O modelo de regressão logística multinomial que eu usei teve um bom ajuste com N = 470; a diferença qui-quadrada para teste de razão de verossimilhança de ajuste do modelo = 198,1, com 92 graus de liberdade e nível de significância = 0,000; e Cox & Snell pseudo R-quadrado = 0,344. A regressão logística ordinal produziu resultados muito parecidos, mas usei a regressão logística multinomial porque meus dados não satisfizeram o requisito de regressão ordinal para probabilidades proporcionais. Ou seja, o efeito dos preditores sobre as chances de passar de um valuation baixo para um médio não foi o mesmo que seu efeito sobre as chances de médio para alto. Mais detalhes sobre o modelo e os resultados da regressão estão disponíveis em um *working paper* do autor.